Thomas Friedrich-Hoster

Newa das Steinzeitmädchen

Eine Abenteuergeschichte aus der Steinzeit

Bibliografische Information der Deutschen Nationalbibliothek. Die Deutsche Nationalbibliothek verzeichnet diese Publikation in der Deutschen Nationalbibliografie; detaillierte bibliografische Daten sind im Internet über http.//dnb.dnb.de abrufbar.

© 2022
Autor - Dr. Thomas Friedrich-Hoster
Cover Design - Claudia Spoerlein

Herstellung und Verlag. BoD - Books on Demand, Norderstedt

ISBN. 978-3-756221486

Für meinen Vater

Inhaltsverzeichnis

Der Clan	9
Liebe/r junge/r Leser/in	10
Newa und die Jojos	11
Liebe/r junge/r Leser/in	21
Die Jagd	22
Liebe/r junge/r Leser/in	33
Bras Unfall	34
Liebe/r junge/r Leser/in	46
Die Medizinfrau	47
Liebe/r junge/r Leser/in	56
Die Ziegen	57
Liebe/r junge/r Leser/in	70
Newas Schutzgeist	71
Liebe/r junge/r Leser/in	85
Newas Ur-Großmutter	86
Liebe/r junge/r Leser/in	97
Brot	98
Liebe/r junge/r Leser/in	112
Newa und Bra	113
Liebe/r junge/r Leser/in	124
Die Wölfe	125
Liebe/r junge/r Leser/in	137
Die Feuerjäger	138
Liebe/r junge/r Leser/in	150

Der große Rat	151
Liebe/r junge/r Leser/in…	164
Der Plan der Jojos	165
Liebe/r junge/r Leser/in…	178
Wasors Entscheidung	179
Liebe/r junge/r Leser/in…	193
Moras Rettung	194
Liebe/r junge/r Leser/in…	210
Das Hochtal	211
Liebe/r junge/r Leser/in…	224
Die Ausgestoßenen	225
Liebe/r junge/r Leser/in…	238
Die Leoparden	239
Liebe/r junge/r Leser/in…	249
Die Rückkehr	250
Liebe/r junge/r Leser/in…	261
Der Frühling kommt	262
ENDE	275

Der Clan

Wasor, der Anführer des Clans
Bala, seine Frau
Tugor, Wasors und Balas Sohn,
Mila, Tugors kleine Schwester

Javor, Newas Vater
Newa, die Hauptperson
Andar, ihre Mutter
Mora, ihre kleine Schwester
Kato, ihr Großvater
Hadur, die Medizinfrau

Gor, ein Jäger
Kolgi, seine Frau
Jag, Gors Vater, der Älteste des Clans
Bra, Gors und Kolgis Sohn
Iso, ihre Tochter,

Kodar, ein Jäger
Kisa, seine Frau
Krom, Kodars Mutter
Gala, Kodars und Kisas Tochter
Krikri, Galas kleine Schwester

Bandor, der jüngste Jäger
Vina, seine Frau
Devon, Bandors Vater
Alascha, Bandors und Vinas Baby

Die Ausgestoßenen.
Uda, die ausgestoßene Feuerjägerin
Morg, ihr Sohn

Liebe/r junge/r Leser/in...

In den Geschichten von NEWA lernst du ein kleines Steinzeit-Mädchen kennen. Newa wohnt mit ihrer Familie und ihrem Clan in einer Höhle. Zusammen mit ihren Freunden erlebt sie viele Abenteuer. Sie denkt und fühlt so ähnlich, wie Du es vielleicht auch tust.

Aber das war nicht die Wirklichkeit in der Steinzeit. Die Menschen in der Steinzeit lebten nämlich in einem ständigen Kampf um das Überleben in einer sehr gefährlichen Umwelt. Es gab keine festen Häuser, keine Heizung und kein Einkaufszentrum um Essen einzukaufen. Dafür gab es aber jede Menge wilde Tiere.

Wenn **Natur** also „Alles ist, was nicht vom Menschen gemacht ist", so ist **Kultur** „Alles, was vom Menschen gemacht ist". Man kann auch sagen, dass der Mensch große Teile der Natur in Kultur verwandelt hat. Er hat die Natur „kultiviert".

Ein gutes Beispiel dafür ist das Halten von Haustieren. In der folgenden Geschichte findet Newa einen kleinen Wolf und nimmt ihn als Haustier mit in ihre Höhle. So ähnlich könnte es vielleicht vor etwa 10 000 bis 20 000 Jahren gewesen sein, als aus dem wilden Wolf ein Hund wurde. Der Hund ist vermutlich das erste Haustier, das die Menschen hatten.

Haustiere sind übrigens keine Tiere, die zuhause leben und die man mal eben so in einer Tierhandlung kaufen kann, wie zum Beispiel einen Kanarienvogel oder einen Fisch für das Aquarium. Die richtigen Haustiere zeichnen sich dadurch aus, dass sie dem Menschen einen Nutzen bringen und dass sie anders sind als ihre wilden Vorfahren.

Kennst Du noch andere Haustiere?

Es sind nämlich gar nicht so viele Tiere, die der Mensch als Haustiere nutzt. Ich habe mich entschlossen, jedem Kapitel der Newa-Geschichte einen kurzen Kommentar hinzuzufügen, der etwas genauer die wahren Vorgänge erklärt, die hinter den Geschichten stehen. Ich hoffe sehr, dass du das verstehen kannst. Wenn es zu schwirig ist, lass es Dir einfach von Deinen Eltern, Deinem Lehrer oder Deiner Lehrerin erklären.

Viel Spaß bei der Geschichte

Newa und die Jojos

An diesem Tag wachte Newa sehr früh auf. Es war ein besonderer Tag. Sie hatte Geburtstag und wurde zehn Jahre alt. Und sie wurde eine Jojo.

Die Zahl zehn hatte für die Steinzeitmenschen eine ganz wichtige Bedeutung, denn das Leben der Menschen war in Abstände von 5 Jahren eingeteilt. Bis man 5 Jahre alt war, war man ein Kind und hatte nichts zu sagen. Ein Kind durfte den ganzen Tag spielen und hatte keine Pflichten. Es musste immer in der Höhle bleiben bei seiner Mutter. Wenn ein Kind einen Erwachsenen etwas fragte, bekam es meistens zur Antwort „dafür bist du noch zu klein" oder „das kannst du noch nicht". Bis zum 10. Geburtstag war man zwar immer noch ein Kind und hatte nichts zu sagen aber man hatte auch Pflichten. Die größeren Kinder mussten ihren Müttern helfen und lernten Feuer zu machen und Wurzeln zu stampfen.

Newa hatte die letzte Zeit gehasst. Es wurde endlich Zeit, dass sie eine Jojo würde. So wurden die Kinder nach ihrem 10. Geburtstag genannt. Das bedeutete, dass man das Feuer verlassen und aus der Höhle hinaus in den Wald durfte. Alle Jojos lebten in einer Gruppe mit anderen Kindern zwischen dem 10. und dem 15. Lebensjahr zusammen. Sie spielten alle möglichen Spiele, wie sie auch heute Kinder spielen.

Aber die Jojos hatten mehr Pflichten als die Kinder. Jungen und Mädchen hatten unterschiedliche Aufgaben. So lernten die Mädchen zum Beispiel, wie man Essen zubereitet, Körbe flechten und Felle gerben kann. Die Jungen lernten, wie man Steinmesser baut oder wie man im Wald eine Spur findet. Und die Jojos hatten die wichtige Aufgabe dafür zu sorgen, dass immer genug Holz in der Höhle war, um die Feuer in Gang zu halten. Außerdem mussten sie jeden Tag Wasser vom Bach holen. Ab dem 15. Lebensjahr war man dann ein/e Erwachsene/r aber das interessierte Newa noch nicht. Heute war sie richtig froh und glücklich darüber, dass sie endlich kein Kind mehr war, sondern eine Jojo. Ihre

Freundin Iso war schon im letzten Jahr eine Jojo geworden und seit dieser Zeit hatte sich Iso nur noch wenig mit Newa beschäftigt. Darüber hatte sich Newa ganz schön geärgert.

In der Höhle schlief noch alles und nur die Wache am Höhleneingang war wach. Der Wächter musste aufpassen, dass sich nachts keine Tiere in die Höhle schlichen und darauf achten, dass das große Feuer am Eingang nicht aus ging. Der Wächter an diesem Morgen war Gor. Er war der Vater von Iso und Bra. Bra war der ältere Bruder von Iso. Newa mochte ihn ganz gerne, denn er war gescheit und gab nicht immer so an, wie der andere Junge im Clan. Das war Tugor, der Anführer der Jojos und Sohn des Clan-Anführers. Er war groß und stark und bestimmte immer, was die anderen machen sollten. Newa wickelte sich aus ihrem Schlaffell, stand auf und ging zu Gor. Gor freute sich, als er Newa sah.

„Wie geht es dir heute an deinem Geburtstag?" fragte er Newa.

„Ich bin ganz aufgeregt," sagte sie. „Was wird heute alles passieren?"

„Das weiß man nie," meinte er. „Die Jojos haben sich bestimmt etwas Lustiges ausgedacht, um dich aufzunehmen. Du wirst deinen ersten Zusatznamen bekommen. Den bekommst du, nachdem du das erste Mal mit allen Jojos im Wald warst und etwas erlebt hast. Pass auf, sonst bekommst du einen komischen Namen. Mich haben sie damals „Raupe" genannt. Das fand ich nicht lustig. Es lag nur daran, dass ich auf einer Wiese eine Raupe gefunden hatte und die anderen gerufen hatte. Du weißt nie, was sie sich ausdenken. Den Namen behältst du für immer. Aber, auch wenn er blöde ist …. und meistens ist er blöde…, mach dir nichts draus. Es kommen im Laufe deines Lebens noch andere dazu."

Newa erinnerte sich. Iso hatte geweint, als sie ihren Namen bekommen hatte. „Regenwurm". Sie hatte sich vor einem Regenwurm erschreckt und die anderen hatten es gesehen. Na, das konnte Newa nicht passieren. Vor einem Regenwurm hatte sie keine Angst. Sie nahm sich vor, sich auf keinen Fall zu blamieren.

Newa blieb noch eine Weile bei Gor am Höhleneingang sitzen und beobachtete, wie die Sonne rot über der weiten Grasebene aufging. Von der Höhle aus, konnte man weit blicken. Auf der rechten Seite war der Wald, der an den Berghängen wuchs. Vor der Höhle ging ein Weg den Berg hinunter zu einer riesigen Grasebene, die bis zum Horizont reichte. Links der Höhle floss ein Bach den Berg hinunter bis zu einem kleinen See. Newa hatte oft am Höhleneingang gesessen, hinausgeschaut und sich vorgestellt, wie sie hinunter zum See laufen wollte. Bisher war sie immer nur mit ihrer Mutter am Bach gewesen um Wasser zu holen. Das sollte jetzt endlich anders werden. In der Höhle wurde es unruhig. Mehr und mehr Menschen wachten auf und bewegten sich.

„Endlich geht es los", dachte Newa. Sie ging zurück zu ihrem Feuer und begrüßte Andar, ihre Mutter und Kato ihren Großvater. Ihre kleine Schwester Mora war ebenfalls aufgewacht und meckerte rum.

„Mama gibt's gleich was zu essen? Ich habe Hunger. Wann wird Newa endlich Jojo? Ich will auch sofort Jojo werden."

Newa verdrehte die Augen. Mora nervte sie manchmal ganz schön. Immer wollte sie das gleiche haben und machen wie Newa und dauernd mit ihr zusammen sein. Das würde sich jetzt hoffentlich endlich ändern. Andar gab jedem etwas zu essen. Es war getrocknetes Fleisch. Newa mochte das nicht, aber es gab nichts anderes. Die Früchte, die Andar vorgestern gesammelt hatte, waren gegessen und die übrigen waren verfault. Nachdem sie gegessen hatten begann Javor, ihr Vater, zu sprechen.

„Heute ist dein großer Tag, Newa," sagte er. „Du wirst heute zehn Jahre alt und ab heute bist du eine Jojo. Du wirst nicht mehr so oft bei uns am Feuer sein und wirst ab heute auf dich selbst aufpassen müssen. Sei vorsichtig draußen im Wald, dass du dich nicht verletzt und keine gefährlichen Tiere triffst. Lerne dich schnell auf einem Baum in Sicherheit zu bringen. Die wenigsten Tiere können wirklich gut klettern. Und nimm dich in Acht auf der großen Graswiese. Dort gibt es kaum Bäume auf die man klettern kann und die Raubtiere sind schnell. Ich habe hier für dich einen Beutel mit getrocknetem Fleisch, damit du immer etwas zu essen hast, wenn du unterwegs bist". Dann sprach Andar.

„Mir wäre es ja am liebsten, wenn du schön bei mir in der Höhle bleiben könntest, aber die Regel des Clans sieht es vor, dass du jetzt eine Jojo wirst. Ich habe hier einen kleinen ausgehöhlten Kürbis für dich. Darin ist Wasser, damit du keinen Durst bekommst. Pass gut auf dich auf."

Newa guckte ganz verdattert. So hatte sie sich das nicht vorgestellt. Ihr Vater machte ihr Angst und ihre Mutter auch. Was war mit dem ganzen Spaß, den die Jojos immer hatten? Außerdem hatte sie nicht vor, ganz allein im Wald zu sein. Dann sprach ihr Großvater Kato.

„Liebe Newa, ich bin ganz sicher, dass du viel Spaß haben wirst als Jojo und dass dir auch nichts passieren wird. Hier habe ich ein Geschenk für dich gebaut. Es ist ein Steinmesser mit einem Gürtel und einer Hülle. Das kannst du ab jetzt tragen." Er gab ihr einen Gürtel, mit einer Scheide. Darin steckte ein Steinmesser. Sie zog es heraus. Es hatte einen schmalen Griff, der genau für ihre Hand passend war. Das Messer war aus Feuerstein, schmal und an einer Seite sehr scharf. Newa freute sich über das tolle Geschenk und gab ihrem Großvater einen Kuss.

„Danke, danke," sagte sie. Hadur, die Medizinfrau, die an ihrem Feuer lebte, hatte auch ein Geschenk für sie. Sie gab ihr einen kleinen Beutel mit Kräutern.

„Was ist da drin?" wollte Newa wissen.

„Wenn du eine Verletzung hast, kannst du diese Kräuter daraufflegen. Die dunkelgrünen Blätter stillen jede Blutung und die gelben Blätter verhindern, dass sich die Wunde entzündet. Beides ist sehr, sehr wichtig, sonst kann man auch bei kleinen Wunden schlimm krank werden."

Newa bedankte sich bei Hadur und umarmte sie. Sie befestigte den Fleischbeutel, den Wasserkürbis und den Medizinbeutel an ihrem Gürtel mit dem Messer und band ihn sich um. Dann schaute sie hoch. Um ihr Feuer hatten sich inzwischen alle Jojos versammelt. Newas Herz schlug plötzlich ganz schnell. Es ging los. Tugor fing an zu sprechen.

„Hallo Newa, wir wollen dich abholen in den Wald, denn du gehörst ab heute zu uns, den Jojos. Bist du bereit?" Das gehörte zu der Regel des Rituals. Jedes Kind wurde gefragt, ob es bereit sei.

„Ja," sagte Newa, „ich bin bereit."

„Dann geht es jetzt los," sagten die Jojos im Chor. Sie begannen das Jojo-Lied zu singen und tanzten um Newa herum.

„Newa, Newa, Newa
bist du jetzt bereit?
Komm in unsere Gruppe
Sei dabei gescheit

Es wird etwas passieren,
Dass du den Namen kriegst
Er wird dich begleiten
Solang du Jojo bist.

„Newa, Newa, Newa
Halt die Regel ein
Du gehörst zu uns
Wir lassen uns nie allein.

Zusammen sind wir stark
So kann dir nichts geschehen
Du bist von jetzt an Jojo
Das werden alle sehen

Die Jojos nahmen Newa bei der Hand und gingen mit ihr zur Höhle hinaus. Dort rannten alle los und verschwanden im Wald.

„Halt, nicht so schnell," rief Newa. Damit hatte sie nicht gerechnet. Aber schnell fiel ihr ein, was ihr Gor heute morgen erzählt hatte.

„Nur nicht blamieren," sagte sie sich. „Ich lasse mich nicht unsicher machen. Das schaffen die nicht." Sie nahm ihren ganzen Mut zusammen und marschierte den anderen hinterher. Als sie in den Wald kam, umfing sie eine tiefe Ruhe. Die Vögel zwitscherten und flatterten durch die Gegend. Newa ging einen Pfad entlang, den wohl auch die Jojos und die Jäger nahmen, wenn sie in den Wald gingen. Nach einiger Zeit kam sie an eine kleine Lichtung. Felsen lagen herum, Schmetterlinge, so groß wie ihre Hand flogen von Blüte zu Blüte. Newa fühlte sich großartig.

Aber wo waren die anderen Jojos? Newa war sich sicher, dass sie sie beobachteten, um sie bei einer blöden Sache zu erwischen und ihr einen doofen Namen zu geben. Aber genau das wollte sie nicht. Also verließ sie die Lichtung und wenig später auch den ausgetretenen Pfad. Bald befand sie sich in tieferem Wald. Sie versteckte sich hinter einem Busch und wartete. Wie sie es vermutet hatte, kamen nach kurzer Zeit die Jojos hinter einigen Bäumen hervor. Sie hatten sie beobachtet.

„Wo ist sie hin?" fragte Tugor. „Ich habe sie nicht mehr gesehen."

„Keine Ahnung," sagte Iso. „Eben war sie noch da." Newa überlegte, ob sie aus ihrem Versteck herauskommen sollte, aber es könnte passieren, dass ihr die Jojos einfach den Namen „Angsthase versteckt sich" gaben oder einfach wieder verschwanden und das Spiel ginge von vorne los.

„Wir müssen sie suchen," sagte Tugor. „Sie ist das erste Mal im Wald und kennt sich nicht aus. Nachher passiert etwas, und dann gibt es Ärger. Wir verteilen uns und suchen sie." Die Jojos verschwanden im Wald. Nach einiger Zeit hörte sie, wie sie ihren Namen riefen. Newa freute sich. Sie hatte die Jojos reingelegt.

Dann wurde ihr plötzlich ganz komisch. Was sollte sie jetzt machen? Alleine im Wald spielen? Keine gute Idee. Nach Hause gehen? Langweilig und der neue Name wäre beinahe klar. So was wie „Nach Hause Geher" oder „Spielverderber". Keine gute Idee. Sie krabbelte aus ihrem Versteck heraus und überlegte, dass sie die Jojos verfolgen könnte, um sie zu überraschen. Das war eine gute Idee. Sie rannte los. Nach einigen Schritten blieb sie wieder stehen. Wo waren die Jojos? Die Stimmen konnte sie nicht mehr hören. Die Jojos waren alle weg und sie war plötzlich ganz allein. Newa ärgerte sich über sich selbst. Sie war blöd gewesen. Hätte sie doch einfach das doofe Spiel der Jojos mitgemacht und sich einen doofen Namen geben lassen. Schließlich hatte ja jeder einen doofen Namen. Tugor hieß „Nasenbohrer", weil er sich damals hingesetzt hatte und in der Nase gebohrt hatte. Und Gala hieß „Blümchen", weil sie Blümchen gepflückt hatte. Newa ärgerte sich immer mehr und lief ratlos im Wald herum. Wo war nochmal der Weg nach Hause? Sie hatte langsam keine Lust mehr und wollte jetzt die anderen treffen.

Da hörte sie plötzlich etwas. Ein Fiepen. Ganz leise. Sie musste ganz still stehen bleiben, um zu hören woher es kam. Es war ganz in der Nähe. Ihre Gedanken ratterten. War da Gefahr? Sicherheitshalber schaute sie sich nach einem geeigneten Baum um, auf den sie im Notfall klettern konnte. Ja, da war ein guter Baum. Ganz leise schlich sie durch den Wald auf das Fiepen zu. Es wurde lauter. Sie blieb stehen und lauschte auf andere Geräusche. Bis auf das Zwitschern der Vögel war alles ruhig. Langsam wurde sie etwas ruhiger. Sie dachte an die Worte ihres Großvaters Kato, der ihr beigebracht hatte, auf die Natur zu hören.

„Wenn plötzlich alles stumm ist, hält die Natur den Atem an. Dann besteht Gefahr und du musst dich schnell in Sicherheit bringen," hatte er ihr einmal gesagt, als sie ihn gefragt hatte, wie man sich im Wald verhalten muss. Newa ging weiter. Sie kam an einen dichten Busch. Dort drin war das Fiepen. Sie zog ihr Messer aus dem Gürtel und bog die Zweige auseinander. Und da sah sie ein Wolfsjunges, welches sie mit zwei großen Augen anblickte. Es war ganz weiß mit einem schwarzen Stern auf der Stirn. Es sah ausgehungert aus und das Fell war ganz verfilzt. Anscheinend hatte die Wolfsmutter es verstoßen, vielleicht weil es mit der weißen Farbe anders aussah als ihre anderen Jungen. Jedenfalls war es ganz alleine. Newa griff an ihren Gürtel und holte ein Stück trockenes Fleisch aus dem Beutel, den ihr Vater ihr geschenkt hatte. Sie hielt es dem kleinen Wolf hin. Der schnappte gierig danach.

„Gut," dachte Newa, „immerhin braucht er keine Milch mehr und man kann ihn füttern." Sie merkte in diesem Augenblick, dass sie den kleinen Wolf mitnehmen wollte in ihre Höhle. Das fand sie eine tolle Idee. Sie nahm ein weiteres Stück Fleisch in die Hand und ging davon. Der kleine Wolf folgte ihr sofort. Newa ging langsam weiter. Auf einmal hörte sie in der Ferne die Stimmen der Jojos, die ihren Namen riefen. Erleichtert ging sie in diese Richtung. Nach einiger Zeit wurde der Wald wieder etwas heller. Die Bäume standen nicht mehr ganz so dicht und die Sonne fiel durch die Bäume auf den Waldboden. Etwas später erreichte sie die Lichtung mit dem Baum. Endlich wusste sie wieder wo sie war. Newa setzte sich unter den Baum und der kleine Wolf kam zu ihr und legte den Kopf auf ihren Schoß. Er schleckte mit seiner kleinen Zunge ihre Hand.

„Bestimmt hast du Durst," sagte Newa zu ihm. Sie nahm ihren Wasserkürbis und gab dem Wolf etwas Wasser zu trinken. Der schlabberte gleich los, sodass Newa ganz nass gespritzt wurde. Sie lachte. Dann hörte sie wieder die Jojos, die ihren Namen riefen. Newa hörte die Angst in den Stimmen ihrer Freunde. Da bekam sie ein ganz schlechtes Gewissen. Sie holte tief Luft und rief ganz laut.

„Jojos, Jojos ich bin auf der Lichtung. Wo seid ihr? Kommt auf die Lichtung. Ich bin auf der Lichtung." Es dauerte nicht lange, da kamen alle Jojos auf die Lichtung. Sie kamen zu dem Baum und standen aufgeregt um sie herum. Die Jojos waren sauer. Tugor schimpfte.

„Hey Newa, wo bist du gewesen? Wir haben dich gesucht und uns schlimme Sorgen gemacht. Du warst ganz alleine im Wald an deinem ersten Tag. Das ist nicht in Ordnung. Es kann dir etwas passieren und wir sind alle verantwortlich. Die Regel der Jojos ist, dass wir aufeinander aufpassen. Und das haben wir so lange gemacht, bis du verschwunden bist. Wenn dich ein Tier angefallen hätte, hätten wir dir nicht helfen können. Vielleicht hast du das für besonders mutig gehalten, aber das war es nicht. Du bist unvernünftig, ja sogar dumm gewesen. Ich glaube das wird vielleicht dein neuer Name sein. „Dummi".

Newa war ganz verdattert. Gerade hatte sie sich noch so sehr gefreut über ihren kleinen Wolf und jetzt bekam sie Schimpfe von ihren Freunden. Sie war ganz kleinlaut als sie sagte.

„Ich habe das doch nicht gewollt. Ich wollte euch am Anfang nur loswerden, weil ich wusste, dass ihr mich beobachtet. Und dann wart ihr auf einmal alle weg und ich wusste nicht mehr wo ich war. Da wollte ich nur noch euch finden aber dann habe ich den Kleinen hier gefunden." Sie holte den kleinen Wolf hinter ihrem Rücken hervor, wo er sich versteckt hatte, als die Jojos gekommen waren. Die Jojos guckten verdattert. Einigen stand der Mund offen, so erstaunt waren sie. So standen sie lange da und guckten den kleinen Wolf an, der mit den Händen von Newa spielte. Endlich fragte Iso.

„Ähhhhhh…..wie……..was ist denn das? Wo hast du den denn her?"

„Ich habe ihn im Wald gefunden," erwiderte Newa. „Er war ganz allein und anscheinend schon einige Tage unterwegs. Keine Mutter weit und breit. Er frisst schon Fleisch, ist aber fast verhungert und verdurstet. Ich habe ihn gefüttert und jetzt folgt er mir. Ich will ihn mit in die Höhle nehmen."

„Ääääähhhhhhh…..ich weiß nicht so recht….." meinte Tugor.

„Schaut mal, er ist ganz lieb," erwiderte Newa, „und wenn man ihn gut füttert, tut er einem bestimmt nichts, auch wenn er einmal groß ist. Ich glaube, er denkt, ich bin seine Wolfsmami." Da fingen die anderen alle an zu lachen. Die Spannung löste sich und bald spielten alle Jojos mit dem kleinen Wolf.

„Ich weiß jetzt, welchen Namen wir dir geben werden," sagte Iso auf einmal. „Du heißt ab jetzt „Dumme Wolfsmami".

„Ja, das ist gut," meinten die anderen auch. „Der Name ist etwas lang aber je nachdem wie du dich verhältst, können wir „Dummi" oder „Wolfsmami" rufen," sagte Tugor. Die anderen klatschten. Newa guckte ein wenig beleidigt aber insgeheim war sie froh, dass sie den Namen „Wolfsmami" bekommen hatte, obwohl sie ja wirklich ein wenig dumm gewesen war, als sie ganz allein im tiefen Wald geblieben war. Später zogen die Jojos mit dem kleinen Wolf nach Hause in die Höhle. Ihr Großvater kam abends noch einmal zu ihr.

„Weißt du Newa, als ich noch ein junger Mann war, hörte ich einmal von einem anderen Stamm, der Wölfe als Begleiter hatte. Ich habe das damals nicht geglaubt, aber vielleicht geht es ja mit deinem Wolfsjungen. Ich bin einmal gespannt was wir mit dir noch alles erleben." Newa kuschelte mit ihrem kleinen Wolf auf ihrem Schlaffell.

„Wie soll dein Wolf denn heißen?" fragte der Großvater. Newa überlegte nicht lange.

„Schnee," sagte sie, „weil er so weiß wie Schnee ist."

Dann schlief sie ein.

Liebe/r junge/r Leser/in...

In der ersten Geschichte wurde Newa in die Gruppe der Jojos aufgenommen. Vermutlich gab es niemals so eine Gruppe, bestimmt keine, die genau so hieß. Was es aber gab, waren Gruppen von Menschen, die zusammenlebten. Ganz ähnlich wie Wölfe, Elefanten, Ziegen oder auch Menschenaffen, die als die nächsten Verwandten von uns Menschen gelten, waren die ersten Vorfahren der Menschen im Grunde **Rudeltiere**. *Nur so, nämlich in einer Gruppe oder als Rudel, hatten sie die Chance in der Wildnis zu überleben.*

Auch heute leben wir in Gruppen. Das hat sich niemals verändert. Es gibt natürlich auch Einzelgänger aber im Grunde sind Menschen nicht gerne alleine. Die kleinste **Gruppe** *ist die Familie, eine andere Gruppe ist Deine Schulklasse oder sind Deine Freunde oder Freundinnen. Auch eine Fußball- oder Handballmannschaft ist eine solche Gruppe. Gruppen geben uns meistens Geborgenheit und Sicherheit.*

In der Geschichte lernst Du auch ein **Ritual** *kennen. Es findet statt bei der Aufnahme Newas in die Gruppe der Jojos. Das Lied der Jojos und die Ereignisse im Wald um die Namensgebung sind Teile des Aufnahmerituals. Rituale finden statt bei allen möglichen Veränderungen in unserem Leben. Sie markieren häufig Übergänge von einem Lebensabschnitt in den nächsten. Manchmal sind sie sehr groß und feierlich, manchmal sind sie aber auch nur ganz klein. Du kennst sicher auch Rituale.*

Na, fällt Dir eins ein?

Die Zeremonie bei einer Hochzeit, Geburtstagskerzen und Geschenke am Geburtstag oder auch das Winken, wenn man sich verabschiedet, die Schultüte am ersten Schultag und das gemeinsame Beten in der Kirche – alles das sind kleine Rituale.

Rituale verbessern unsere Zusammengehörigkeit, wenn wir sie gemeinsam miteinander ausführen

Die Jagd

Newa wurde wach, weil Schnee ihr das Gesicht ableckte. Der kleine Wolf war in kurzer Zeit schon ganz schön gewachsen.

„Igitt," rief sie gleich und setzte sich auf. Schnee war schon wach und sprang um Newa herum. Immer wieder sprang er auf ihren Schoss und leckte ihr mit seiner Zunge das Gesicht ab. Nachdem Newa wusste, was da so nass in ihrem Gesicht war, musste sie immer lachen, wenn Schnee sie ableckte.

„Du hast bestimmt Hunger", rief sie und stand auf. Es war noch ganz früh. Die anderen Höhlenbewohner schliefen alle noch tief und fest. Javor schnarchte ein wenig und Schnee lief auf ihn zu, um ihm ebenfalls das Gesicht abzulecken.

„Halt," rief Newa und fasste Schnee am Nacken am Fell und hielt ihn fest. „Das darfst du nicht machen, Schnee," sagte sie zu dem kleinen Wolf. „Javor muss sich ausschlafen. Heute ist der Tag der Jagd, und die Männer des Stammes müssen ein großes Tier jagen, damit wir etwas zu essen haben. Das letzte Mal, als sie auf einer Jagd waren, haben sie kein Großtier gefunden und nur einige Hasen und ein Reh mit nach Hause gebracht. Da hatten wir leider nur ganz wenig zu essen. Hoffentlich wird das heute besser."

Newa ging ans Feuer und öffnete den kleinen Beutel, den ihr Javor geschenkt hatte. Sie holte einige kleine getrocknete Fleischstückchen heraus und hielt sie Schnee hin. Schnee kam sofort zu Newa und nahm die kleinen Fleischstückchen aus ihrer Hand. Der kleine Wolf fraß mit viel Appetit. Dabei kam es vor, dass Newa nicht schnell genug war mit dem Nachschub. Sofort setzte sich der kleine Wolf hin und schaute Newa erwartungsvoll an. So kam es, dass Newa mit Schnee ein kleines Spiel begann. Sie gab ihm das Fleischstückchen nur, wenn sich Schnee hinsetzte und wartete.

„So ist es brav Schnee," sagte Newa. Dann hob sie ihre Hand ohne ein Fleischstück, und Schnee stand auf. Sie nahm die Hand herunter und Schnee setzte sich, denn er wollte ja ein Fleischstückchen. Immer wieder spielte Newa mit Schnee diese kleine Übung, bis der kleine Wolf es richtig gut konnte. Ihm machte das Spielen mit Newa sichtlich Spaß. Newa hatte eine Idee. Immer wenn sie ihre Hand hob und Schnee aufstand sagte sie „Auf", wenn sie ihre Hand senkte und der Wolf sich setzte, sagte sie „Ab". So spielten sie eine ganze Weile miteinander.

Dann hatte Newa eine neue Idee. Sie sagte „Ab" und Schnee setzte sich hin. Newa nahm ein kleines Stück Fleisch in ihre Hand und ging einige Schritte in Richtung Höhleneingang. Sofort sprang Schnee auf und wollte ihr folgen aber Newa sagte „Ab" und senkte energisch ihre Hand. Schnee stoppte und setzte sich hin.

„Schön ruhig bleiben, Schnee," sagte Newa und ging langsam weiter zum Höhleneingang. Schnee hatte begriffen, dass er sitzen bleiben sollte und beobachtete Newa aufmerksam. Erst als Newa am Höhleneingang stand, drehte sie sich um, hob ihre Hand und rief laut „Auf". Sofort sprang Schnee auf und flitzte schwanzwedelnd zu Newa. Die belohnte ihren Wolf mit dem kleinen Fleischstückchen und freute sich. Newas Großvater hatte das Spiel beobachtet.

„Das hast du gut gemacht Newa," sagte er. „Ich glaube dein kleiner Wolf ist sehr gescheit. Er hat sehr gut begriffen, was du ihm beigebracht hast. Ich glaube, du kannst ihm mit der Zeit noch sehr viele andere Dinge beibringen, denn er möchte gerne von dir lernen."

Newa war ganz stolz auf ihren Erfolg mit Schnee. Sie schaute zu ihrem Vater. Er war schweigsam und aß etwas Fleisch und einige Wurzeln, die Hadur gestern gesammelt hatte. Newa wusste, dass er sich auf die Jagd vorbereitete. Eine gemeinsame Jagd war immer ein großes Ereignis für die Höhlenmenschen. Von dem Erfolg hing es ab, ob sie hungern mussten oder ob es genug zu essen gab. Glücklicherweise lag die Höhle in einem Gebiet, in dem es genug Wild gab, und so mussten sie selten

Hunger leiden. Allerdings zogen die vielen Wildtiere auch Raubtiere an, die eine Gefahr für die Menschen darstellten.

Die Männer gingen meistens alleine auf die Jagd in den Wald und was sie erlegten, blieb als Beute an ihrem eigenen Feuer. Aber manchmal gingen die Jäger auch gemeinsam los in das große Grasland, um größere Tiere für die Gemeinschaft zu jagen. Dann bestimmte immer der Anführer Wasor den Plan, wie sie das Wild jagen sollten. Oft hatte er große Erfolge gehabt und er war deswegen auch der Anführer des Clans. Javor, Newas Vater war aber klüger als Wasor und hatte häufig andere Vorstellungen, wie eine Jagd ablaufen sollte. Deswegen bekamen die beiden manchmal Streit. Aber heute hatte Javor beschlossen keinen Ärger mit Wasor anzufangen. Er hatte selbst erst vor einigen Tagen ein Reh erlegt und deswegen gab es an seinem Feuer keinen Hunger.

Newa war aufgeregt, denn die Jojos durften mit auf die Jagd gehen und sie war das erste Mal dabei. Sie durften zusehen, wie die Jäger das Wild einkreisen und erlegten. Es dauerte nicht lange, da brach die Gruppe auf. Wasor sagte.

„Die Jojos bleiben erst einmal zusammen mit uns. Wir müssen heute ein kleines Stück in das große Grasland gehen, denn ich habe dort gestern eine Büffelherde gesehen. Wir wollen versuchen einen großen Büffel zu erlegen."

Die Männer guckten sich alle an. Büffel zu jagen war gefährlich, denn mit ihren Speeren mussten sie nahe an die Büffel heranschleichen, um sie zu treffen. Und die Büffel waren sehr schnell. Wenn man nicht mit dem ersten Versuch den Speer richtig traf, waren meistens alle Büffel weg und der Speer noch dazu. Außerdem musste man aufpassen, dass einen die Büffel nicht zertrampelten, wenn sie davonrannten. Vor vielen Jahren war der Vater Kodars bei einer Büffeljagd auf diese Weise ums Leben gekommen. Javor guckte verschlossen vor sich hin. Newa merkte, dass er etwas sagen wollte, es aber nicht tat. Dann brachen sie auf. Schnee sprang auf und kam an Newas Seite aber Javor sagte.

„Nein Newa, dein kleiner Wolf muss zuhause bleiben. Wenn die Büffel seine Witterung bekommen, laufen sie vielleicht weg, denn sie wollen keinen Ärger mit einem Wolfsrudel bekommen. Die Wolfsrudel jagen wie wir Menschen in einer Gruppe und versuchen immer die schwächsten Tiere zu kriegen. Die Büffel haben Angst vor ihnen." Newa war traurig aber sie verstand ihren Vater. Sie bückte sich zu Schnee, umarmte ihn und flüsterte in sein Ohr.

„Schnee du musst heute zuhause bleiben, aber morgen gehen wir beide in den Wald." Und dann bewegte sie unauffällig ihre Hand und sagte ganz leise. „Ab." Schnee setzte sich hin und blieb in der Höhle, als die anderen auf die Jagd gingen.

Die Gruppe ging langsam den Berg vor der Höhle hinunter zum großen Grasland. Sie hatte ein bisschen Angst, denn ins große Grasland durfte man niemals alleine gehen, weil es dort die großen Raubtiere gab. Newa drehte sich um. Sie schaute zurück zur Höhle, die direkt am Waldrand lag. Im Eingang stand ihr Großvater Kato und Jag der Stammesälteste. Sie unterhielten sich und Newa hätte zu gerne gewusst worüber. Sie gingen etwa eine Stunde lang, da hob Wasor plötzlich die Hand. Alle hielten an. Er flüsterte.

„Dort hinten sind die Büffel. Wir müssen uns vorsichtig anschleichen und von links kommen. Die rechte Seite lassen wir frei, damit die Büffel dorthin fliehen können und wir nicht zertrampelt werden. Die Jojos bleiben hier in Sicherheit und beobachten alles."

Newa hob vorsichtig den Kopf. In wenigen 100 Schritten Entfernung stand eine Büffelherde von etwa 50 Büffeln. Ihr Herz schlug schneller. Sie war sehr aufgeregt. Den anderen Jojos ging es genauso. Die Männer schlichen sich leise an. Newa konnte sie nicht mehr sehen, sobald sie im tiefen Gras verschwunden waren. Es dauerte sehr lange und die Jojos wurden beinahe ungeduldig aber sie durften nicht sprechen.

Plötzlich sah Newa wie Wasor ganz nahe bei einem Büffel aus dem Gras auftauchte und seinen Speer auf den Büffel schleuderte. Dann ging alles ganz schnell. Auch die anderen Männer tauchten aus dem

Gras auf und schleuderten ihre Speere. Aber sie waren zu spät. Nachdem Wasor seinen Speer geworfen hatte, waren die Büffel erschrocken und sofort los galoppiert. Die Speere der anderen verfehlten ihre Ziele, weil die Büffel sich bewegten und sehr schnell davonliefen. Newa blickte den galoppierenden Büffeln hinterher und suchte den Büffel mit Wasors Speer. War er getroffen und tot? Zuerst sah sie ihn gar nicht. Aber dann entdeckte sie ihn. Er galoppiert mit den anderen Büffeln davon und Wasors Speer steckte in seinem Höcker. Die Jagd war missglückt. Nach kurzer Zeit kamen die Männer zu den Jojos zurück. Die Stimmung war sehr schlecht. Wasor schimpfte.

„Dieser blöde Büffel hat meinen Speer mitgenommen." Gor meinte.

„Warum hast du den größten Bullen gewählt für deinen Wurf? Vielleicht hättest du ein kleineres Tier töten können." So stritten die Männer eine ganze Weile. Newa guckte in die Gegend und da entdeckte sie auf einmal die Büffelherde ein kleines Stück entfernt im Grasland. Ihre Flucht war nur kurz gewesen und jetzt grasten sie friedlich. Newa schubste ihren Vater an, der sich an dem Streit der Männer nicht beteiligt hatte.

„Schau mal, da vorne stehen die Büffel. Ihr könnt sie noch einmal jagen." Javor schaute auf. Seine Augen blitzten als er sagte.

„Wasor, sieh da hinten stehen die Büffel. Noch ist nichts verloren, aber ich habe eine andere Idee, wie wir sie jagen können." Wasor war sauer.

„Nein, nein wir versuchen es noch einmal auf die gleiche Weise." Jetzt wurde auch Javor sauer.

„Hör mir zu Wasor. Dort hinten ist eine kleine Felsspalte im Grasland. Wenn es uns gelingt, die Herde zu dieser Spalte zu treiben, werden vielleicht einige von ihnen stürzen und wir können sie erlegen. Ich hätte folgenden Plan. Zwei Jäger, Wasor und Gor warten versteckt in der Felsspalte, die anderen Jäger umgehen die Herde von hinten und die Jojos bleiben auf der anderen Seite. Auf mein Zeichen springen wir alle auf und machen Lärm. Die Büffel werden dann in Richtung der Felsspalte laufen und wir haben sie."

Wasor guckte mürrisch. Aber die anderen Jäger fanden den Plan Javors gut. Kodar meinte.

„Das ist doch eine gute Idee, und wenn der Plan gelingt und mehrere Büffel stürzen, haben wir mehr Büffelfleisch als wir jemals hatten." Wasor dachte nach.

„Aber wir haben nicht genug Speere, es sei denn, ihr gebt Gor und mir alle eure Speere. Dann seid ihr unbewaffnet." Dies war ein schwieriger Vorschlag, denn ein Jäger gab niemals seinen Speer einem anderen Mann. Javor ergriff diese Chance und sagte.

„Gute Idee Wasor. Das war mir nicht eingefallen. Natürlich müssen wir dir und Gor unsere Speere geben, sonst könnt ihr die Büffel nicht töten. Uns nützen sie ja nichts." Wasor freute sich. Jetzt hatte er eine wesentliche Idee zur erfolgreichen Jagd beigetragen und konnte deswegen dem Vorschlag Javors zustimmen. Er stellte sich groß auf.

„Also los. Tugor du führst die Jojos. Schleicht euch an die Büffel heran aber nicht zu nahe. Stellt euch in einer Linie auf, und sobald die Jäger aufspringen, tut ihr das gleiche und schreit und winkt was das Zeug hält. Wenn ihr an eurer Position seid, hebt der Führer jeder Gruppe die rechte Hand sodass sie über dem Gras zu sehen ist, damit Javor das Zeichen geben kann. Wollen wir mal hoffen, dass es diesmal klappt."

Die Gruppen verteilten sich. Wasor und Gor nahmen alle Speere und schlichen im Gras zu der schmalen Felsspalte, die sich in einiger Entfernung durch das Grasland zog. Javor, Bandor und Kodar umschlichen die Büffelherde in einem weiten Bogen und die Jojos schlichen direkt auf die Büffel zu. Endlich hob Tugor langsam seine Hand. Die Jojos waren in Position. Es dauerte einige Zeit. Dann tauchte zuerst Wasors Hand aus dem Gras auf. Sie war kaum zu sehen. Nur wenn man wusste wo die Spalte war, konnte man sie erkennen. Es dauerte noch einige Minuten, dann tauchte auch Javors Hand in der Nähe der Büffelherde auf. Die Jojos waren ganz aufgeregt. Gleich ging es los und sie waren an der Jagd beteiligt.

In diesem Moment sprangen Javor, Kodar und Bandor aus dem Gras und liefen laut schreiend auf die Büffelherde zu. Sofort rannten die Büffel los.

„Los," schrie Tugor und die Jojos sprangen ebenfalls aus dem Gras in die Höhe und wedelten mit den Armen. Die Büffel sahen die Jojos und erschraken wieder. Sie machten eine Wendung und galoppierten jetzt direkt auf die Felsspalte zu, in der Wasor und Gor warteten. Javors Plan schien zu funktionieren.

Dann passierte es. Der erste Büffel stolperte und stürzte. Die anderen wichen aus, ein Teil fiel in die Spalte, ein anderer Teil machte einen Bogen und lief an der Spalte vorbei. Wasor und Gor sprangen auf und stürzten sich auf die gestürzten Büffel. Da sie sehr nahe an den Tieren waren, konnten sie in kurzer Zeit mit ihren Speeren vier Büffel töten. Die anderen sprangen auf und liefen davon.

Kurz darauf hatten die Jojos und die anderen Jäger Wasor und Gor erreicht. Sie stimmten alle ein Freudengeheul an. So viele Büffel hatten sie noch nie bei einer Jagd erlegen können. Sie waren mächtig stolz auf sich und klopften sich immer gegenseitig auf die Schulter. Wasor umarmte Javor und sagte.

„Das war eine tolle Idee von dir mit der Treibjagd. Ja, so wollen wir eine solche Jagd jetzt immer nennen. Das hat gut geklappt. Und ich habe sogar meinen Speer wieder. Der Bulle hat ihn verloren als er stürzte. Leider ist er aber davongelaufen." Es dauerte eine Weile, bis sich die Männer beruhigt hatten. Dann wurden sie still und guckten sich gegenseitig an. Kodar stellte als erster die Frage, die allen im Kopf herum ging.

„Und jetzt? Wie kriegen wir die vier Büffel zu unserer Höhle?" Das hatte sich niemand überlegt. Normalerweise hätten die Männer einen Büffel zerteilt und jeder hätte ein Teil tragen können. Aber vier Büffel? Das waren einfach zu viele.

„Wir nehmen nur einen Büffel und lassen die anderen hier," schlug Bandor vor. „Holen wir einfach den Rest morgen."

„Das geht nicht," sagte Gor. „Die Tiere ziehen sofort die großen Raubtiere an. Morgen ist das richtig gefährlich sich hierher zu wagen. Da kann man schon mal einen Säbelzahntiger oder große Hyänen treffen." Wasor nickte. Auch Javor hielt nichts von dem Vorschlag Bandors. Ratlos blickten sie sich an.

Newa hatte auf einmal Angst bekommen vor den großen Raubtieren und schaute sich aufgeregt um. In der Nähe standen einige dünne Bäume im Grasland. Der Wald mit den großen Bäumen, auf die man im Notfall schnell klettern konnte, war weit weg. Auch der kleine Bach war nirgends zu sehen, aber man konnte ihn in der Nähe plätschern hören. Die Männer diskutierten und begannen den ersten Büffel zu zerlegen. Sie hatten sich entschieden wirklich nur einen Büffel mitzunehmen und die anderen liegen zu lassen. Sie waren wohl umsonst getötet worden. Da kam Newa eine Idee.

„Javor, Javor wie wäre es, wenn wir aus diesen Bäumen da hinten und zwei Büffelfellen eine Rutsche bauen und die Büffel aufladen und über das Land ziehen?" Javor schaute sie überrascht an. Wasor schimpfte.

„Newa halte deinen Mund. Du als jüngste Jojo hast gar nichts zu sagen hier in der Wildnis." Newa verstummte erschrocken. Das hatte sie nicht erwartet. Auch die anderen schwiegen. Lange. Dann kratzte sich Wasor am Kopf. Erst einmal, dann nochmal. Javor guckte in die Luft. Die anderen guckten zu den Bäumchen.

„Los," rief Wasor. „Schnell, bevor es dunkel wird und die Raubtiere kommen. Gor und Kodar, ihr zieht zwei Büffelfelle ab, Javor und Bandor ihr fällt die Bäumchen, Newa, Gala und Iso ihr schneidet dünne Fellstreifen, um die Bäume zusammenzubinden und der Rest zerteilt die Büffel. Nehmt nur das Fleisch mit. Keine Köpfe, keine Hörner, keine Knochen."

Alle sprangen auf und fingen an zu arbeiten. Es dauerte nicht lange, da waren die Rutschen aus jeweils zwei Baumstämmen und einem Büffelfell zusammengebunden und konnten mit dem Büffelfleisch beladen werden. Alle waren geschwitzt aber zufrieden. Noch schien die Nachmittagssonne hell und stand hoch über dem Horizont, als die Jäger aufbrachen, um ihre Beute nach Hause zu transportieren. Jeweils ein Jäger und zwei Jojos zogen eine Rutsche. Drei Jäger bewachten die Gruppe und passten auf. Und Newa ging vorneweg, weil sie die Jüngste war und noch nicht so schwer tragen konnte. Die Gruppe kam gut voran und bald konnten sie in der Ferne ihre Höhle erkennen. Als sie näher kamen winkte Newa und rief laut.

„Schnee – Auf". Es dauerte nur wenige Minuten, da sah sie einen weißen Punkt aus der Höhle kommen, den Berg hinunter flitzen und im Gras verschwinden. Schnee hatte sie gehört und kam zu ihr. Newa freute sich riesig. Etwas später schoss ein weißer Fellball aus dem tiefen Gras heraus und sprang an Newa in die Höhe. Schnee hatte seine Wolfsmami gefunden.

„Oh wie schön, dass du da bist," rief Newa. „Stell dir vor. Wir haben vier Büffel erlegt. Wir haben jetzt ganz viel zu essen. Auch du wirst immer satt werden." Schnee sauste ständig um Newa und die anderen herum und wedelte wie verrückt mit dem Schwanz. Wasor war etwas genervt.

„Warum ist dein komischer Wolf jetzt plötzlich bei uns? Er hat hier auf der Jagd nichts verloren. Das hier ist kein Spiel." Newa erschrak. Sie packte Schnee und sagte.

„Sei ganz ruhig." Sofort beruhigte sich Schnee und lief neben Newa her. Die Höhle kam immer näher, während die Sonne langsam unterging und die Dämmerung einsetzte. Da blieb Schnee plötzlich stehen. Er hielt die Nase nach links und hob seinen linken Fuß hoch. Seine Nackenhaare stellten sich auf und er begann leise zu knurren.

„Komm", sagte Newa, aber Schnee blieb stehen. Inzwischen hatten die anderen Jäger bemerkt, dass Newa und Schnee standen.

„Was ist los?" fragte Javor.

„Schnee hat etwas gerochen. Da vorne muss etwas im Gras sein," meinte Newa. Sofort packte Javor seinen Speer fester und winkte Bandor zu sich. Langsam schlichen sie durch das Gras.

Da passierte es. Bevor Newa ihn festhalten konnte, duckte sich Schnee und verschwand im Gras. Wenige Sekunden später hörten ihn alle laut bellen und im nächsten Moment sprang ein Fuchs auf und verschwand mit großen Sätzen in Richtung Wald. Die Männer lachten, als Schnee schwanzwedelnd zu Newa zurückkam. Sie streichelte ihn.

„Na du machst mir ja vielleicht Sachen. Verscheuchst einfach einen Fuchs," sagte sie. Sie lachte, aber insgeheim war sie sehr erschrocken und machte sich Gedanken. Der Fuchs war für die Gruppe kein gefährliches Raubtier gewesen aber es hätte ja auch ein großes Raubtier sein können. Und Schnee hätte es mit Sicherheit lange vor einem Jäger bemerkt. Der Fuchs hatte Angst vor dem Wolf gehabt obwohl Schnee ja noch ein sehr kleiner Wolf war. Aber anscheinend hatten der Geruch und das Gebell des Wolfes schon genügt, um ihn in die Flucht zu schlagen. Sie erzählte ihre Gedanken niemandem und beschloss alles am Abend mit ihrem Großvater Kato zu besprechen. Kurze Zeit später hatten sie die Höhle erreicht. Nachdem die Männer den Verlauf der Jagd berichtet hatten und alle etwas gegessen hatten, setzte sich Newa zu ihrem Großvater, er vor der Höhle saß.

„Du Kato," sagte sie. „Ich muss dir einiges berichten, was die Männer nicht erzählt haben." Ihr Großvater sah sie schweigend an. Dann lächelte er.

„Das habe ich mir schon gedacht," meinte er. „Dann fang mal an."

„Die Männer haben nicht erzählt, dass ich die Idee mit der Rutsche hatte." Der Großvater lachte ein wenig.

„Na und? Die Männer sind so stolz auf den Jagderfolg und dir kann es doch egal sein. Hauptsache du weißt es noch." Newa war verdattert, aber wenn sie es sich so recht überlegte wusste sie, dass ihr Großvater recht hatte.

„Und dann die Geschichte mit Schnee. Er hat einen Fuchs im Gras gerochen und uns gewarnt. Dann ist der Fuchs weggelaufen, obwohl Schnee ja nur ein kleiner Wolf ist. Meinst du das liegt am Geruch von Schnee? Javor hat mir heute erzählt, dass Büffel vor Wolfsrudeln fliehen, wenn sie eins riechen. Und wir haben ja heute eine Treibjagd gemacht, indem wir Lärm gemacht haben, um die Büffel zu scheuchen. Da habe ich mir etwas überlegt. Vielleicht könnte Schnee ja bei einer Treibjagd mitmachen und mit seinem Wolfsgeruch auch Büffel scheuchen. Was meinst du Großvater?" Newa schaute ihren Großvater mit großen Augen erwartungsvoll fragend an.

Ihrem Großvater stand der Mund offen. Er guckte Newa ganz verdattert an. So etwas hatte er noch nie gehört. Einen Wolf aufgrund seines Geruchs bei einer neuen Form der Jagd verwenden um Büffel aufzuscheuchen? Ein sehr merkwürdiger Gedanke. Aber Kato musste zugeben, dass der Gedanke in sich sehr schlüssig war. Als er dies gedacht hatte, machte er seinen Mund wieder zu. Er guckte Newa ernst an und sagte.

„Newa, das ist ein guter Gedanke aber ich weiß nicht ob er funktioniert. Jedenfalls darfst du das auf keinen Fall den Männern erzählen. Sie wären beleidigt. Du hast ja gesehen, wie schwierig es für sie ist, neue Gedanken anzunehmen, noch schlimmer, wenn sie von einem Kind kommen. Jedenfalls bin ich sehr stolz auf dich." Newa kuschelte sich an ihren Großvater. Ihr fiel ein, wie sie am Morgen mit Schnee gespielt hatte und wie sie ihm kleine Kunststückchen beigebracht hatte. Da wusste sie plötzlich, was sie am nächsten Morgen tun wollte.

Liebe/r junge/r Leser/in...

In der letzten Geschichte wurde eine Jagd auf Büffel beschrieben. Tatsächlich war die Jagd auf verschiedene Tiere das, was die Menschen jeden Tag tun mussten. Fanden sie keine Jagdbeute, mussten sie hungern. Im Laufe der Zeit entwickelten sie verschiedene Jagdtechniken, wie beispielsweise die in der Geschichte beschriebene Treibjagd. Und sie entwickelten Jagdwaffen und Werkzeuge zum Transport und zur Bearbeitung der Jagdbeute wie ein Messer oder ein Steinbeil.

Da die ersten Werkzeuge und Waffen aus Stein hergestellt wurden, gab man dieser Zeit den Namen **Steinzeit**. *Tatsächlich sind die verschiedenen Werkzeuge, Waffen und anderen Dinge des alltäglichen Lebens wie beispielsweise ein Kochtopf oder eine Nähnadel zu ganz unterschiedlichen Zeiten erfunden worden. Oft kann man nicht einmal genau sagen, wann und wo das war.*

Woran liegt das?

Die Zuordnung einer Erfindung oder Entwicklung zu einem Zeitabschnitt geschieht durch die Wissenschaft der **Archäologie**. *Die Archäologen versuchen durch Dinge, die sie in der Erde finden, Rückschlüsse auf frühere Zeiten zu ziehen. Aber das Problem ist, dass es Zufall ist, was sie finden und, dass sie viele Dinge, die in der Erde liegen einfach nicht finden, weil sie nicht die ganze Welt umgraben können. Außerdem ist vieles, was es in der Steinzeit gab, einfach nicht mehr da. Zum Beispiel alle Tiere, die inzwischen ausgestorben sind. Auch unsere Vorfahren.*

Du kannst Dir sicher denken, warum Steinwerkzeuge besser zu finden sind als zum Beispiel ein geflochtener Korb.

Na? ---- Stimmt.

Das Steinwerkzeug bleibt erhalten und der Korb ist inzwischen vermodert.

Bras Unfall

Als Newa aufwachte war sie zunächst ganz durcheinander. Sie hatte einen Traum gehabt, der sie beschäftigte.

Ganz alleine war sie über die große Graslandschaft gegangen, obwohl das ja verboten war. Sie hatte keine Angst gehabt, denn Schnee war bei ihr. Im Traum war er inzwischen zu einem großen, starken Wolf geworden.

Er ging neben ihr her und sie fühlte sich in seiner Gegenwart sicher. Sie gingen zu einem kleinen Hügel von wo Newa die Ebene besser überblicken konnte. Dort stellte sie sich auf und Schnee lief davon und verschwand im tiefen Gras. Dann sah sie auf einmal in der Ferne ein kleines Rudel Löwen, das langsam auf sie zu kam. Newa rief nach Schnee. Er war weg und sie bekam große Angst.

Plötzlich rannten viele Wölfe um sie herum. Ein großes Rudel war unterwegs und machte einen riesigen Lärm. Schnee war dabei. Newa hob ihre Hand und alle Wölfe standen still. Sie bewegte ihren Arm nach links und rechts und die Wölfe folgten ihrer Bewegung. Sie rannten immer im Kreis um Newa herum und schützten sie auf diese Weise vor den Löwen, die umkehrten und im großen Grasland verschwanden.

Dann war sie aufgewacht.

Sie dachte über ihren Traum nach. Wäre das wirklich eine Möglichkeit für die Menschen sich vor Großraubtieren zu schützen, indem sie Wölfe dressierten? Mit diesen Gedanken im Kopf stand sie auf. Schnee war schon wach und wartete auf sie. Newa aß etwas von dem gebratenen Büffelfleisch, was es gestern zum Abendessen gegeben hatte und stopfte eine große Handvoll in ihren Beutel.

„Komm mit Schnee," sagte sie und hob ihre Hand. Sofort kam Schnee an ihre Seite und sie gingen zusammen zur Höhle hinaus. Gor hatte Wache und winkte ihnen freundlich zu.

„Pass auf kleine Newa," rief er ihr zu. „Geh nicht zu weit weg. Aber ich sehe, du hast ja deinen Wolf dabei. Da kann dir ja nichts passieren."

Newa winkte zurück und ging ein Stück in Richtung des Baches.

„So mein lieber Schnee," sagte sie. „Jetzt wollen wir mal sehen, was ich dir heute so beibringen kann." Schnee saß vor ihr und schaute sie erwartungsvoll an.

Newa sagte „Lauf" und deutete mit ihrer rechten Hand nach rechts, aber Schnee schaute nur einmal kurz in diese Richtung, blieb aber erwartungsvoll vor ihr sitzen. Sie versuchte es noch einmal und hatte erneut keinen Erfolg.

„Vielleicht muss er erst mal kapieren, dass wir gerade wieder üben," dachte Newa. Also machte sie die Übungen vom Vortag mit Schnee. Setzen und stellen. Das funktionierte prima. Newa lobte Schnee und gab ihm ein kleines Stückchen Fleisch. Dann ließ sie ihn sitzen, ging weg und winkte ihn dann zu sich. Auch das ging prima. Aber wie sollte sie dem Wolf beibringen, dass er nach rechts von ihr weglief? Da kam ihr eine Idee. Sie nahm ein Stück Fleisch aus ihrer Tasche und warf es mit der rechten Hand weit nach rechts. Dazu rief sie laut „Hooohhh". Sofort sauste Schnee hinter dem Fleisch her, schnappte es noch in der Luft und fraß es auf. Newa senkte ihre Hand, rief „Ab" und Schnee setzte sich hin.

Dann warf sie ein Stück Fleisch nach links und rief laut „Heeehhh". Schnee zischte los. Um das Fleisch zu fangen war er diesmal nicht schnell genug, aber er fand es sofort im Gras. So spielten sie eine Weile. Dann hörte Newa auf mit dem Fleisch zu werfen und winkte nur noch mit ihrer Hand nach links und nach rechts. Dazu rief sie immer „Hooohhh" und „Heeehhh". Schnee hatte seine Übung kapiert und lies sich von Newa nach links und rechts dirigieren wie es Newa wollte. Zwischendurch ließ sie ihn sitzen oder holte ihn zu sich.

Newa war glücklich. Sie hatte ihren Wolf dressiert und er machte genau was sie wollte. Sie fütterte ihn mit Fleisch bis ihr kleiner Beutel leer war und tollte mit ihm in der Sonne herum. Dann übten sie nochmal. Schnee hatte nichts vergessen. Einmal war Schnee so weit weggelaufen, dass er Newa kaum noch hören konnte. Newa rief so laut wie sie nur konnte, aber Schnee machte was er wollte. In ihrer Not pfiff Newa laut nach ihm. Schnee stand sofort still und drehte sich um. Sie winkte und rief laut „Komm her". Sofort kam Schnee angerannt und wedelte mit seinem Schwanz. Ihm machte es sichtlich Spaß auf diese Weise mit Newa zu spielen, denn für Schnee war dies alles nur ein Spiel.

„Wir müssen jetzt zurück mein lieber Schnee," sagte sie zu ihm. „Heute gehen die Jojos alle in den Wald. Wir spielen dort und sammeln später Beeren und Wurzeln. Vielleicht darfst du mitkommen."

„Wo warst du gewesen," fragte ihre Mutter, als sie wieder in der Höhle angekommen waren. Sie war ärgerlich, weil Newa nicht bei der Vorbereitung des Morgenessens geholfen hatte.

„Ich war mit Schnee draußen und ...wir haben gespielt." Newa hatte überlegt, ob sie Andar erzählen sollte, was sie mit Schnee geübt hatte. Im letzten Moment hatte sie es sich anders überlegt. Sie befürchtete, dass ihre Mutter nicht damit einverstanden sein könnte und schimpfen würde. Ihre Mutter hatte es immer am liebsten, wenn sich Newa gar nicht vom Feuer entfernte. Nach ihrer Meinung sollten die Mädchen auch nicht in den Wald gehen. Auch dass die Jojos gestern auf der Jagd eine wichtige Rolle gespielt hatten, fand Andar ganz schlecht. Newa hatte beim Abendessen gehört, wie sich Andar mit Javor gestritten hatte, als Javor ihr erzählt hatte, wie Newa die Idee mit der Büffelrutsche gehabt hatte.

„Was macht dieses Kind?" hatte sie gesagt. „Sie ist ein Mädchen und wird später einen Mann heiraten. Dann muss sie am Feuer sitzen, Körbe flechten und wissen, wie man aus einem Fell einen Umhang macht. Sie muss ganz andere Dinge können als jagen. Denk mal darüber nach, Javor." Javor hatte nichts mehr dazu gesagt, was für Newa nur heißen konnte, dass Andar im Grunde recht hatte. Newa war traurig, aber sie hatte beschlossen, dass sie beides lernen wollte. Frauentätigkeiten und Männertätigkeiten. Und für einen Mann und heiraten interessierte sie sich sowieso nicht. Im Augenblick fand sie die Männertätigkeiten einfach viel spannender als die Frauentätigkeiten. Um ihrer Mutter einen Gefallen zu tun sagte sie.

„Wir Jojos gehen nachher in den Wald. Wir wollen spielen und danach Beeren und Wurzeln suchen. Vielleicht kannst du mir zeigen, wie man einen Korb macht. Dann kann ich die Beeren und Wurzeln besser transportieren." Andar guckte ihre Tochter misstrauisch an. Sie wunderte sich, dass ihre Tochter plötzlich so viel Interesse am Körbe flechten hatte. Wollte sie sie ärgern? Aber Newa lächelte sie so freundlich an, dass Andar ihre Bedenken vergaß.

„Klar," sagte sie, „komm her, ich zeige es dir." Sie setzten sich zusammen hin. Andar nahm einige kräftige Zweige und legte sie alle zu einem Stern zusammen. An der Stelle, wo sie alle übereinander lagen, wickelte sie einen dünnen Fellstreifen um die Zweige, sodass der Stern zusammenhielt. Dann machte sie alle Zweige mit Wasser nass und bog sie nach oben, dass sie einen Kelch bildeten. Newa machte ihr alles nach.

„Jetzt brauchen wir sehr dünne und weiche Zweige wie diese hier. Sie kommen von Weidenbäumen. Das sind die Bäume, die am Bach stehen und die Zweige hängen lassen. Deren Holz ist besonders biegsam, wenn es noch ganz frisch ist," erklärte Andar. Sie nahm die Weidenzweige und flocht sie durch die zusammengebundenen Zweige. Es war wichtig die Weidenzweige ganz eng zu flechten und immer wieder zusammenzudrücken. Auch Newa bemühte sich einen schönen Korb zu flechten, aber es gelang ihr noch nicht so gut wie Andar.

„Du musst die Zweige richtig feste einflechten. Je fester du das machst, desto stabiler wird der Korb." Nach einiger Zeit waren sie fertig. Da kamen auch schon Iso und Gala, Newas Freundinnen, um sie abzuholen.

„Hallo Newa," riefen sie. „Kommst du mit in den Wald?"

„Klar," rief Newa und schnappte ihren Korb. „Komm Schnee, los geht's, wir gehen in den Wald." Der Wolf sprang auf und wedelte mit dem Schwanz. Er freute sich, dass wieder etwas passierte. Das Körbe flechten hatte er langweilig gefunden. Die Jojos trafen sich am Höhleneingang. Dort saß Jag, der Älteste der Männer im Clan. Er freute sich immer, wenn er die Kinder sah.

„Na ihr Jojos, was habt ihr heute vor?" fragte er.

„Wir wollen im Wald spielen und danach Beeren und Wurzeln sammeln," sagte Tugor. „Natürlich nur die Mädchen. Wir Jungen üben dann mit dem Speer zu werfen." Dabei stellte er sich stolz vor Jag und zeigte dem alten Mann seine beiden Speere, die er in der Hand hatte.

„Das sind schöne Speere," sagte Jag. „Wer hat sie gemacht? Dein Vater?"

„Ja," antwortete Tugor. „Er kann sehr gute Speere machen. Beinahe so gut wie du früher." Jag guckte etwas traurig auf den Boden.

„Das stimmt, Tugor. Meine Hände sind leider alt geworden und das Bearbeiten von Holz und Stein fällt mir immer schwerer. Ja, früher habe ich für alle Männer im Stamm die Waffen gemacht. Die Messer aus Stein, die Speere und die Steinbeile. Aber heute muss das jeder Mann für sich selber machen. Ich kann es leider nicht mehr." Newa war neugierig geworden. Das hatte sie gar nicht gewusst von dem alten Jag. Sie beschloss, sich einmal mit ihm zu unterhalten. Vielleicht konnte sie ja von ihm lernen, wie man Waffen baut. Sonst würde ihr das mit Sicherheit niemand erklären, da es Mädchen und Frauen verboten war, Waffen zu tragen außer einem Steinmesser, um Wurzeln, Äste und Früchte zu schneiden. In der Höhle wurden auch kleine Arbeitsbeile verwendet, mit denen Fleisch zerteilt wurde. Aber die schweren Jagdbeile oder auch einen Speer durften Frauen nicht tragen.

Die Kinder gingen den schmalen Weg hinunter in den Wald. Sofort umfing sie eine angenehme Kühle. Sie gingen den Pfad entlang bis zu der kleinen Lichtung, die Newa bereits gut kannte. Dort hielten sie an. Tugor bestimmte was sie machen sollten.

„Zuerst machen wir Wettklettern auf die Bäume. Auf mein Zeichen laufen alle los und klettern auf einen Baum. Wer am höchsten kommt, hat gewonnen."

Newa fand das ein blödes Spiel. Die anderen Kinder waren alle schon größer als sie und kamen besser an die Äste heran. Deswegen waren sie bestimmt schneller und konnten auch höher klettern. Trotzdem machte sie eifrig mit. Sie suchte sich einen schlanken jungen Baum, bei dem sie leicht die unteren Äste erreichen konnte und kletterte hinauf. Schnee, der mitgelaufen war, blieb am Boden stehen und guckte erstaunt zu Newa hinauf. Newa strengte sich an. Die ersten paar Äste waren schwierig zu erklettern, aber je höher sie kam, desto leichter ging es. Irgendwann wurde der Baum zu dünn und fing an unter dem Gewicht Newas zu schwanken. Auch wurden die Äste immer dünner. Sie musste anhalten. Dann guckte sie sich um. Die anderen Kinder hatten sich ältere und kräftigere Bäume ausgesucht. Gala und Iso waren nicht so schnell gewesen wie Newa, aber sie kamen viel höher, weil ihre Bäume und damit auch deren Äste dicker waren. Bra und Tugor kamen am höchsten. Sie waren auf den gleichen Baum geklettert. Es war eine hohe, dicke Eiche. Beide wollten immer höher und höher.

„Ihr könnt aufhören," rief Gala. „Ihr habt gewonnen."

Aber Tugor und Bra kletterten immer weiter. Jeder wollte gewinnen. Newa bekam Angst um die beiden. Wenn einer von beiden jetzt abstürzte? Kaum hatte sie das gedacht, da brach auch schon ein Ast unter dem Gewicht von Bra. Er schrie laut auf und fiel in die Tiefe. Zum Glück blieb er schon nach kurzem Sturz mit seiner Felljacke an einem anderen Ast hängen. Alle Jojos waren erschrocken.

„Bra, Bra ist alles in Ordnung?" rief Iso. Aber Bra jammerte nur. Anscheinend hatte er Schmerzen. Tugor kletterte schnell hinunter zu ihm.

„Er ist verletzt," rief er. „Ein Ast hat seinen Arm aufgerissen und er blutet ganz stark. Was machen wir jetzt nur?"

„Kannst du ihm helfen?" rief Newa.

„Wie soll ich das denn machen," fragte Tugor ein wenig böse. Er machte sich Vorwürfe, weil er das Kletterspiel vorgeschlagen hatte.

„Du musst ihn festhalten, dass der nicht noch weiter herunterfällt," rief Iso. „Gala, lauf in die Höhle und hole die Männer. Sie müssen helfen, Bra wieder auf den Boden zu holen." Gala rannte davon so schnell sie konnte.

Newa war inzwischen zu dem Baum gegangen und begann langsam hochzuklettern. Von oben tropfte das Blut herunter.

„Was machst du da?" rief Iso. „Willst du auch runterfallen wie Bra?" Newa sagte nichts denn sie hatte Angst und musste sich beim Klettern konzentrieren. Langsam kletterte sie immer höher und höher.

„Nur nicht nach unten gucken," dachte sie die ganze Zeit. „Und immer sicher stehen und greifen. Immer eine Hand am Baum. Ein sicherer Schritt nach dem anderen."

Es dauerte ziemlich lange, bis sie Tugor und Bra erreicht hatte.

„Was soll das," fragte jetzt auch Tugor böse. Newa guckte ihn wortlos an. Sie hatte keine Lust mit diesem Hohlkopf zu diskutieren. Vorsichtig untersuchte sie Bra. An seinem Oberarm klaffte eine breite, tiefe Wunde aus der ständig Blut floss. Ein abgebrochenes Aststück steckte noch drin. Das Blut tropfte durch die Blätter des Baumes bis auf den Boden. Dort war schon ein kleiner Blutsee. Bra wimmerte. Newa wurde auf einmal komisch im Bauch.

„Nur nicht schlapp machen," dachte sie. „Das kriege ich hin." Sie setzte sich auf einen dicken Ast und klemmte sich mit ihren Beinen sicher ein. So konnte sie nicht herunterfallen. Das komische Gefühl in ihrem Bauch wurde weniger. Dann nahm sie ihren Fellgürtel und band den auf dem Ast hängenden Bra fest, sodass er nicht mehr abstürzen konnte.

„Du kannst ihn jetzt loslassen, Tugor," sagte sie kurz. Dann zog sie langsam das Aststück aus Bras Oberarm. Er schrie auf und die Wunde blutete auf einmal noch stärker.

„Nicht bewegen," sagte Newa, „es ist gleich vorbei." Sie öffnete ihren Kräuterbeutel, der an ihrem Gürtel hing und holte eine Handvoll grüner Blätter heraus. Die Blätter legte sie auf die stark blutende Wunde und drückte sie mit einer Hand fest. Mit den Zähnen und der anderen Hand riss sie einen schmalen Fellstreifen von ihrer Jacke ab und drückte ihn auf die Wunde. Inzwischen hatte Tugor begriffen, was sie vorhatte. Er nahm seinen Gürtel ab und wickelte ihn fest um Bras Arm und den Fellstreifen. Nach kurzer Zeit hörte die Blutung auf. Bra hörte auf zu wimmern. Newa war erleichtert.

„Ich habe gar keine Schmerzen mehr," sagte er und richtete sich vorsichtig auf. „Mir geht es besser. Ich glaube ich kann mich wieder alleine festhalten. Vielleicht kann ich sogar alleine hinunterklettern." Newa bremste ihn.

„Ist sonst alles in Ordnung bei dir?" fragte sie ihn. „Nicht, dass du etwas gebrochen hast."

„Ich glaube es ist nichts gebrochen." Bra bewegte langsam alle Arme und Beine. „Danke, dass du gekommen bist. Du hast mich gerettet. Ich glaube ich wäre sonst verblutet." Er schaute auf seinen Arm. Der Verband, den Newa gemacht hatte saß gut und fest.

„Tugor, kannst du mir helfen beim runterklettern?" fragte Bra seinen Freund. „Du müsstest vorneweg klettern und für mich den sichersten Weg suchen." Tugor hatte die ganze Zeit geschwiegen. Jetzt kam Bewegung in ihn.

„Klar, das mache ich," sagte er. „Newa du kletterst hinter Bra her. Und mach keinen Fehler, damit du nicht abstürzt. Nicht nach unten gucken, sonst wird einem schwindelig." Newa sagte nichts.

„Quatschkopf," dachte sie, guckte nach oben in den Himmel und verdrehte die Augen. Langsam kletterten sie den riesigen Baum hinunter. Inzwischen hatten die aus der Höhle geholten Männer den Baum erreicht. Sie nahmen Bra in Empfang und trugen ihn schnell zur Höhle. Die Jojos liefen alle hinterher nur Newa wurde vergessen. Sie war noch nicht ganz auf dem Boden angekommen, da sie ja die letzte im Baum war. Schnee sprang an ihr hoch und wedelte wie verrückt mit seinem Schwanz. Newa freute sich, dass sie den großen Baum geschafft hatte.

Nicht ganz so hoch wie die Jungs und lange nicht so schnell, aber immerhin, sie hatte es geschafft. Auf dem Heimweg spielte sie mit Schnee das Jagdspiel. Hin und her rannte der kleine Wolf durch den Wald gerade so wie Newa ihn dirigierte. Plötzlich scheuchte er einen großen Hirsch auf, der mit weiten Sprüngen durch den Wald davonrannte.

„Wenn ich jetzt einen Speer gehabt hätte...und damit umgehen könnte..." dachte Newa. Ihr wurden in diesem Moment die Möglichkeiten klar, die der Clan haben könnte, wenn sie mit ihr und Schnee jagen würden. Newa könnte mit Schnee zusammen das Wild aufscheuchen und den Jägern zutreiben. Ob so etwas jemals gehen könnte? Der Traum mit dem Löwenrudel kam ihr wieder in den Sinn. Kurze Zeit später kam sie in der Höhle an. Andar nahm sie in ihre Arme.

„Du bist auf den hohen Baum geklettert um Bra zu retten. Ich habe es gehört. Du bist sehr mutig gewesen. Ich bin ganz stolz auf dich meine Kleine." Newa kuschelte sich an ihre Mutter. Sie hatte es gerne, wenn Andar sie „meine Kleine" nannte. Dann erinnerte sie sich daran, wie sie wirklich noch ganz klein gewesen war und immer bei Andar kuscheln konnte. Aber dann fiel ihr ein, dass sie ja eine Jojo war und machte sich los.

Plötzlich stand Gor neben ihnen. Newa erschrak und schaute ihn an.

„Danke Newa. Du hast meinen Sohn gerettet," sagte er. „Das werde ich dir niemals vergessen, niemals im ganzen Leben. Du hast in mir immer einen Freund und Beschützer. Das musst du wissen. Hier habe ich ein Geschenk für dich." Dieses Ritual war unter den Höhlenmenschen üblich. Wenn einem jemand geholfen hatte, bedankte man sich mit einem Geschenk dafür. Der Beschenkte durfte das Geschenk keinesfalls zurückweisen und musste es in Ehren halten. So entstand eine besondere Verbundenheit zwischen den Menschen und sie halfen einander immer gerne. Gor griff hinter sich und holte einen länglichen Gegenstand hervor.

„Dies ist mein Jagdmesser. Mein Vater Jag hat es vor vielen Jahren für sich selbst gemacht und es mir gegeben, als er selber nicht mehr auf die

Jagd gehen konnte. Etwas Wertvolleres als dieses Messer habe ich nicht, aber weil du meinen Sohn gerettet hast, will ich es dir geben." Newa war geschockt. Alle im Clan kannten dieses Messer. Gor war sehr stolz darauf und die anderen Männer waren neidisch auf ihn. Es war ein Messer, das aus einem einzigen Knochenstück eines Höhlenlöwen geschnitzt war. Es war länger als die Steinmesser, schmal und sehr scharf. Newa hatte oft gesehen, wie Gor mit einem einzigen Schnitt seines Messers Fleisch zerteilte, an dem die anderen Männer mit ihren Steinmessern mehrere Minuten herum säbelten. Das Messer hatte einen kunstvoll geschnitzten Griff auf dem oben der Kopf eines Löwen als Knauf saß. Javor kam dazu und sagte.

„Gor, das musst du nicht machen. Dieses Messer ist so wichtig für dich. Newa ist noch ein Kind und dieses Messer ist viel zu wertvoll." Aber Gor ließ sich nicht beirren.

„Ich lasse mir von meinem Vater zeigen, wie man ein solches Messer herstellen kann. Dann mache ich mir ein neues. Ich möchte gerne, dass Newa dieses Messer trägt."

Newa nahm das Messer in die Hand. Es war sehr leicht und gut ausgewogen. Der Griff war für ihre kleinen Hände noch etwas zu dick. Sie zog es langsam aus der Lederscheide heraus. Ein ganz tolles Geschenk. Sie umarmte Gor und guckte ihn an. Sie merkte wie schwer es dem Mann fiel, sein Wichtigstes zu verschenken und bewunderte ihn dafür. Da kam ihr plötzlich eine ganz tolle Idee und sie sagte.

„Gor ich bin sehr geehrt über dieses wunderbare Geschenk. Vielen Dank dafür. Aber ich möchte es dir gerne ausleihen, denn für meine Hände ist es noch zu groß und außerdem habe ich ein kleines Steinmesser von meinem Großvater zur Jojo-Einführung geschenkt bekommen. Hebe das Messer bitte für mich auf, so lange, bis ich ganz groß bin und es richtig fassen und benutzen kann. Ich weiß, dass du gut darauf aufpassen wirst." Mit diesen Worten gab sie Gor das Messer zurück und schaute ihn an. Gor war sprachlos. Auch Javor und Andar wussten nicht was sie sagen sollten. Newa hatte das Geschenk angenommen, wie es sein musste und es trotzdem geschafft, dass Gor es nicht weggeben musste.

„Ähhhhm....ääääääähhhm….." sagte Gor. „Aber ich will dir das Messer schenken….."

„Das hast du ja auch gemacht, und ich nehme es auch als Geschenk an. Ich werde es mir holen, sobald ich es tragen und benutzen kann," sagte Newa. „Aber bis zu diesem Zeitpunkt werde ich es dir ausborgen, denn du brauchst ein gutes Messer, denn du bist ein wichtiger Jäger im Clan und es wäre nicht gut, wenn du dieses Messer nicht hättest." Gor fing auf einmal an zu lächeln.

„Javor, du hast nicht nur eine sehr mutige, sondern auch eine sehr, sehr schlaue Tochter. Von wem sie das nur hat?" Dann drehte er sich um und ging zurück zu seinem Feuer. Andar nahm Newa in den Arm.

„Das hast du wirklich gut gemacht, kleine Newa. Das war sehr klug von dir. Du hast dir einen echten Freund gemacht." Sie guckte etwas träumerisch in die Luft.

„Wer weiß, wofür das noch alles gut ist. Gor ist ein starker Jäger des Clans. Sein Vater Jag war der Waffenbauer und früher auch der Anführer des Clans, bis er zu alt wurde. Gors Feuer ist ein wichtiges Feuer im Clan." Newa war müde, durstig und hatte Hunger. Die Kletterpartie auf dem Baum hatte sie mächtig angestrengt. Sie aß ein Stück gebratenes Büffelfleisch und trank Wasser dazu. Ihre kleine Schwester Mora kam zu ihr und fragte.

„Newa was hast du gemacht. Hast du etwas angestellt?" Newa lachte.

„Nein, ich habe mal nichts angestellt. Ich bin auf einen hohen Baum gestiegen und habe Bra geholfen, weil er sich verletzt hatte."

„Newa warst du mutig?" wollte Mora wissen.

„Ja, ich glaube ich war mutig. Aber ich habe davon gar nichts gemerkt und ganz viel Angst gehabt. Ich musste das einfach machen, weil es sonst keiner gemacht hat. Fertig." Sie alberten noch etwas herum und spielten mit Schnee, der Mora das ganze Gesicht ableckte.

Da tauchte plötzlich Hadur auf. Sie war bei Bra gewesen und hatte seine Wunde versorgt. Jetzt war sie damit fertig.

„Das hast du gut gemacht," sagte sie in ihrer etwas mürrischen Art zu Newa. „Der Verband hat sehr gut gesessen und mit den grünen Blättern hast du die Blutung gut gestillt. Ich glaube Bra hätte verbluten können." Mit diesen Worten gab sie Newa das Fellstück, das sie von ihrer Jacke abgerissen hatte zurück. Sie wollte gleich wieder gehen, aber Newa hielt sie zurück.

„Hadur," fragte sie, „was hast du mit Bras Wunde gemacht? Wie geht es jetzt weiter?" Hadur blieb stehen und guckte Newa verwundert an.

„Warum willst du das wissen? Normalerweise interessieren sich die Kinder und die anderen im Clan nicht für meine Kunst des Heilens."

„Aber ich würde es gerne wissen," sagte Newa. „Hast du Bra jetzt die gelben Blätter auf die Wunde gelegt, damit er keine Entzündung in seinen Arm bekommt?" Hadur schaute sie lange schweigend an.

„Schau, schau, da hat jemand aber gut aufgepasst, als ich dir deinen Beutel gegeben habe. Das ist sehr ungewöhnlich. Newa du sollst wissen, dass alle Kinder von mir so einen Beutel bekommen, sobald sie Jojo werden. Jedem Kind erkläre ich, wofür die Kräuter verwendet werden können. Aber keines der Kinder hat heute reagiert und Bra helfen können, als er abgestürzt ist. Keine Gala, die Älteste von Euch und keine Iso, die Bras Schwester ist. Alle hätten es aber gekonnt. Auch Tugor euer Anführer oben im Baum hätte ihm helfen können, wenn er gewusst hätte, wie es geht. Aber er hat es nicht gewusst. Das ist schlimm. Er wird später einmal unser Anführer werden, weil er der stärkste Mann sein wird. Ob er auch der klügste sein wird?" Sie schwieg lange und schaute in die Gegend. Newa war erstaunt, denn sie hatte Hadur noch nie so lange reden hören. Sie war eigentlich immer sehr schweigsam. Hadur schaute Newa wieder an. Sie lächelte.

„Ruh dich aus, Kind, du hast heute viel erlebt. Komm morgen zu mir und wir reden miteinander. Ich werde dir alles erklären, was du wissen willst." Dann ging sie.

Liebe/r junge/r Leser/in...

*Die ältesten archäologischen Funde der ersten Menschen sind über zwei Millionen Jahre alt. Sie wurden in Afrika entdeckt und kommen zum größten Teil aus einem Tal (Olduvai-Schlucht) in der Nähe des Viktoria-Sees. Das Tal befindet sich in einem Gebiet, was auch „Der große Grabenbruch" heißt. Man hat viele archäologische Funde aus sehr unterschiedlichen Zeiträumen gefunden, was nichts anderes heißt, als dass in dieser Gegend viele tausend Jahre lang Menschen gewohnt haben. Die Zeit, in der die ersten Menschen gelebt haben, nennt man die frühe **Altsteinzeit.***

Die Altsteinzeit, die mit dem Auftreten der ersten Menschen beginnt, ist der längste Abschnitt in der Geschichte der Menschen. Sie endet erst vor etwa 10 000 Jahren. Das Ende der Altsteinzeit ist die Zeit, in der unsere Geschichte spielt. Erst danach beginnen die Mittelsteinzeit und die Jungsteinzeit.

*Die Menschen der frühen Altsteinzeit, man nennt sie **Homo Ergaster,** (das heißt „arbeitender Mensch") waren viel kleiner und sahen ganz anders aus als wir heute. Sie gingen aufrecht und hatten deswegen die Hände frei. Vermutlich waren sie aus diesem Grund dazu in der Lage einfachste Werkzeuge herzustellen, indem sie einen Stein zertrümmerten und die schärfsten Stücke als Messer und Schaber benutzten. Sie erfanden den Faustkeil, ein Instrument, das sowohl zum Graben in der Erde, als auch zum Töten eines Tieres verwendet werden konnte. Im Laufe der Zeit entwickelten sie verschiedene Techniken, um immer bessere Steinwerkzeuge herzustellen. Das war vor fast zweieinhalb Millionen Jahren. Wahnsinnig lang her.*

Nur einmal zum Vergleich.

Wir leben heute im Jahr 2022. Das sind etwas mehr als 2000 Jahre seit der Geburt von Jesus Christus. Schon diese Zeit kommt uns sehr lang vor. Sie ist für uns kaum vorstellbar. Das erste Auto ist noch nicht einmal 150 Jahre alt, der erste Fernsehapparat etwa 70 Jahre.

Die Medizinfrau

Newa freute sich darauf, mit Hadur der Medizinfrau zu sprechen und hoffte von ihr einiges über Heilkräuter zu lernen. Die Menschen im Clan hatten ein wenig Angst vor ihr, da sie dachten sie könne sie verzaubern. Sogar der mächtige und starke Wasor wurde immer ganz vorsichtig, wenn er mit Hadur sprach. Hadur lebte seit vielen Jahren am Feuer von Javor. Sie hatte keinen Mann und keine Kinder. Darüber war Newa erstaunt, denn dies war nicht üblich. Normalerweise suchte sich jeder Mann irgendwann eine Frau aus und gründete mit ihr zusammen ein Feuer. An dem Feuer lebten dann meistens die Eltern des Mannes und der Frau, sowie die Kinder der beiden. Aber es kam häufig vor, dass jemand an einem Feuer starb. Manchmal waren dies alte Menschen, manchmal Männer oder Frauen und manchmal sogar Kinder durch Krankheit, Unfälle, Hunger oder wilde Tiere.

Vor einigen Jahren hatte ein schwerer Winter und eine Hungersnot mehrere Menschen im Clan das Leben gekostet. Danach wurde beschlossen, dass gemeinsame Jagden durchgeführt wurden. Auch die Kindergruppe der Jojos wurde danach gegründet, damit Kinder nicht alleine im Wald spielten, sondern durch die Gruppe vor wilden Tieren geschützt wurden. Newa wusste nur sehr ungenau über diese Zeit Bescheid. Sie war damals noch ein kleines Baby gewesen und ihre Eltern waren sehr froh gewesen, dass sie die Hungersnot überlebt hatte.

Newa ging zum Höhleneingang wo Jag saß und die Gegend beobachtete. Es regnete in Strömen. Kein Wetter um vor die Tür zu gehen und mit Schnee zu spielen.

„Guten Morgen," sagte sie.

„Hallo kleine Newa," sagte Jag. „Was hast du heute vor?"

„Gleich treffe ich mich mit Hadur, sie will mir einiges über Heilkräuter beibringen. Das interessiert mich sehr. Sie hat gesagt, dass ich gut aufgepasst habe und Bra vielleicht gestorben wäre, wenn ich nicht die grünen Blätter benutzt hätte, die sie mir gegeben hat." Jag sah Newa nachdenklich an.

„Ja, ja, vermutlich hat sie damit recht." sagte er.

„Jag, soll ich dir etwas erzählen?" fragte Newa. „Du darfst es aber niemandem weitererzählen. Ich möchte nur wissen, was du davon hältst." Jag schaute sie an.

„OK," sagte er. „Versprochen." Jag, der älteste im Stamm, war nicht so streng wie alle anderen. Er war so wie ihr Großvater Kato. Ihm konnte man schon einmal etwas berichten, was die anderen nicht verstanden hätten. Newa nahm ihren ganzen Mut zusammen.

„Also…..ähhhh…..zuerst mal hatte ich gestern einen Traum. In dem Traum hat mich ein Wolfsrudel vor Löwen beschützt." Newa berichtete Jag von ihrem Traum und erzählte ihm danach, wie sie mit Schnee trainiert hatte und was sie ihm beigebracht hatte. Zum Schluss berichtete sie ihm, wie Schnee im Wald den Hirsch aufgescheucht hatte.

„Meinst du, ich könnte mit den Männern jagen gehen, zusammen mit Schnee, wenn ich mal groß bin?" fragte sie ihn ganz zum Schluss. Newa war sehr aufgeregt. Jag schaute sie ganz lange an und streichelte ihr mit seiner Hand über die Haare.

„Weißt du Newa, alles hier hat seinen Sinn. Die Natur folgt Regeln. Raubtiere fressen andere Tiere, damit sie überleben können. Es ist ein Gesetz der Natur. Die Natur hat es auch so eingerichtet, dass die anderen Tiere immer sehr viel zahlreicher sind als die Raubtiere und dass die Raubtiere immer nur so viele Tiere fressen, wie es notwendig ist. So besteht ein großes Gleichgewicht zwischen allen Lebewesen hier.

Seit einigen Jahren lebt unser Clan hier in dieser Höhle. Es ist ein sehr guter Platz. Im Wald sind nur wenige und kleinere Raubtiere wie Füchse oder mal ein Luchs. Manchmal kommen Wölfe vorbei. Im großen Grasland leben viele große Tiere, Büffel, Antilopen auch Mammuts kommen vor. Dort leben auch die großen Raubtiere wie Löwen, Säbelzahntiger und Leoparden. Die kommen normalerweise nicht in unsere Gegend aber weit weg im Grasland da sind sie zuhause.

Unser Clan ist ein Teil der Natur und folgt den gleichen Regeln. So ist schon immer bestimmt, dass die Männer ausziehen müssen, um Tiere zu jagen, damit der Clan etwas zu essen hat. Die Frauen müssen Kinder bekommen, damit der Clan nicht stirbt, denn das tut er, wenn es keine Kinder gibt. Wenn Frauen auf die Jagd gingen, wäre die Gefahr, dass sie dabei auch sterben, groß und wer sollte da noch die Kinder bekommen? Hast du dir das mal überlegt? So sind Männer und Frauen gleich wichtig für das Bestehen eines Clans. Aber jeder hat seine Aufgabe, so wie es die Regeln sagen." Newa wurde ganz traurig, als sie Jag so sprechen hörte. Das hörte sich ja gerade so an, als sollte sie niemals mit den Männern jagen gehen.

„Aber, grundsätzlich ist deine Idee mit der Jagd zusammen mit einem dressierten Wolf ganz schön gut. Aber ich glaube, dass die Männer dafür noch nicht bereit sind. Sie kleben halt auch sehr stark an ihren Regeln. Behalte dein Geheimnis erst einmal für dich." Newa war immer noch traurig, als sie zu ihrer Mutter kam und ihr Frühstück zu sich nahm. Wortlos muffelte sie den Kräuter-Wurzel-Pamps in sich hinein. Auch Schnee, der die ganze Zeit um sie herumtollte, konnte sie nicht aufheitern. Nach dem Essen stand Newa auf und ging zu Hadur. Die alte Frau guckte Newa nur kurz an, und sagte.

„Na, schlechte Laune?" Newa kämpfte mit ihren Tränen, so sehr hatte sie die Erzählung von Jag getroffen. Hadur bemerkte, wie schlecht es Newa ging und nahm sie in ihren Arm.

„Dann erzähl mal," sagte sie kurz. Es brach aus Newa heraus. Sie berichtete Hadur alles, was sie auf dem Herzen hatte, von ihren Ideen und ihren Wünschen und ihrer Traurigkeit nach Jags Erzählung. Sie sähe das alles ja ein, aber trotzdem sei sie ganz unglücklich. Newa schniefte. Hadur lächelte sie an.

„Na, na, du darfst dem alten Jag nicht alles so glauben" sagte sie. „Natürlich hat er Recht mit vielem was er sagt, aber nicht mit allem. Kannst du noch eine Geschichte vertragen heute?" Newa nickte.

„Vor vielen Jahren gab es in diesem Clan hier einen Medizinmann. Er hieß Asmal und war mein Onkel. Ich lebte an seinem Feuer, da meine Eltern gestorben waren, und so kümmerten er und seine Frau sich um mich. Sein Sohn Gorda sollte später einmal den Platz von Asmal übernehmen und Medizinmann des Clans werden. Deswegen unterrichtete Asmal ihn in Kräuterkunde und allen Dingen der Medizinkunst. Aber Gorda wollte lieber mit seinen Freunden jagen und interessierte sich nicht für die Heilkunst. Ich allerdings saß immer daneben, wenn Asmal seinen Sohn unterrichtete. So kam es, dass ich nach einiger Zeit alles wusste, was auch Asmal wusste, nur niemand wusste, dass ich es wusste.

Dann kam eine schlimme Krankheit über den Clan und Asmal und viele andere im Clan wurden sehr krank. Sein Sohn wurde gerufen und sollte seine Heilkunst anwenden, doch es gelang nicht, da er nicht wusste, was er tun sollte und Asmal starb. Im Clan wurden immer mehr Menschen krank und ich entschloss mich, eine Heilsuppe zu kochen, wie Asmal es mich gelehrt hatte. Also tat ich das. Zuerst wollte niemand die Suppe haben, aber als es immer schlimmer wurde, gab es keine andere Möglichkeit mehr und alle tranken die Suppe. Danach wurden die Menschen zum Glück wieder gesund.

Danach, als alle wieder gesund geworden waren, gab es eine große Beratung. Es wurde darüber beraten, ob ich aus dem Clan ausgeschlossen werden sollte, da ich die Regeln verletzt hatte und eine Zaubersuppe gekocht hatte, die eigentlich Gorda hätte kochen müssen. Als sich die Männer im Clan beinahe durchgesetzt hatten und ich ausgeschlossen werden sollte, stand eine ganz alte Frau, die sonst niemals etwas sagte, auf und stellte die Frage.

„Wenn Hadur weggeht, wer kocht denn ein Heilmittel, wenn wieder so etwas passiert?" Niemand konnte diese Frage beantworten und so wurde ich die Medizinfrau des Clans und nicht ausgeschlossen. Seitdem haben die meisten Menschen Angst vor mir, da sie natürlich nicht wissen, wie ich alles gelernt habe. Sie denken alle, ich kann sie verzaubern aber der Zauber findet nur in den Köpfen der anderen statt." Newa schaute sie mit offenem Mund an. Das hätte sie nie gedacht.

„Und noch was, Kind," sagte Hadur. „Hast du dir schon mal überlegt, wie ich immer wieder alleine in den Wald gehe und meine Kräuter suche. Wie kommt es, dass niemand mit mir geht, mich beschützt und ich trotzdem noch lebe? Alle denken es ist Hexerei……ist es aber nicht. Ich besitze natürlich Waffen aber welche, die keiner sehen kann und deshalb niemand kennt." Jetzt wurde Newa richtig neugierig.

„Ähhhh…..du trägst eine Waffe…..?" flüsterte sie.

„Psssst,….. still …..ich erkläre es dir," sagte Hadur. Sie nahm ihren langen Wanderstock, der neben ihr im Boden steckte.

„Sieh ihn dir an, Newa. Er ist an einer Seite ganz spitz und an der spitzen Stelle ist er mit einem Schlangengift beschmiert. Es ist das Gift der großen grünen Grasschlange. Es wirkt sehr schnell und kann auch große Tiere töten. Damit kann ich mich wehren. Du musst sehr vorsichtig sein, damit du die Spitze niemals berührst und dir wird vielleicht aufgefallen sein, dass die Spitze immer mit einem Lederüberzug geschützt ist." Das hatte Newa noch nicht bemerkt. Sie nahm Hadurs Wanderstab ehrfurchtsvoll in die Hand.

„Was passiert, wenn man sich versehentlich an der Spitze verletzt?" fragte sie.

„Ich habe ein Gegengift. Manche Tiere sterben nicht am Biss der grünen Grasschlange, zum Beispiel der Feuersalamander. Und deshalb habe ich immer getrockneten, geriebenen Feuersalamander bei mir." Sie zeigte Newa einen kleinen Beutel, den sie an ihrem Gürtel trug. Darin befanden sich kleine graue Körnchen.

„Die muss man mit etwas Wasser trinken, und man stirbt nicht." Sie verschloss den Beutel wieder.

„Aber ich habe noch eine andere Waffe, die ich dir zeigen will." Hadur griff in ihre Jacke und zog einen unscheinbaren Lederstreifen hervor.

Er hatte an den Enden jeweils eine Schlaufe und war in der Mitte deutlich breiter. Hadur hob einen faustgroßen Stein vom Boden hoch und legte ihn an der breiten Stelle in das Lederband, wo das Leder eine Ausbuchtung hatte. Ihre rechte Hand steckt sie durch die beiden Schlaufen.

„Hier habe ich eine Keule, die niemand sehen kann. Es ist ja nur ein kleiner Lederstreifen. Mit dieser Keule kann ich schwingen und einem angreifenden Tier auf den Kopf schlagen und es töten." Newa schaute sich die Lederbandkeule ganz genau an. So eine Waffe wollte sie sich auch bauen. Das war ja ganz einfach.

„Danke Hadur," sagte Newa. „Du hast mich wirklich wieder aufgemuntert. Es gibt also Wege es etwas anders zu machen, als die Regeln es sagen."

„Ja," sagte Hadur, „und ich schlage dir jetzt vor, dass ich dich unterrichte in der Medizinkunst. Ich muss jemanden als Nachfolger finden und ausbilden, da ich irgendwann nicht mehr da sein werde. Ich habe mir schon lange überlegt, wen ich aussuchen könnte und bisher niemanden gefunden, aber ich glaube, du könntest Medizinfrau werden, wenn du das möchtest."

„Und wenn der Clan will, dass einer von den Männern das machen soll?" fragte Newa.

„Die Männer trauen sich nicht, und außerdem darf sich die Medizinfrau jemanden als Nachfolger aussuchen. Das gehört auch zur Regel des Clans." Newa war sehr stolz, dass Hadur sie ausgesucht hatte. Sie saß den ganzen Vormittag bei ihr und ließ sich die verschiedenen Kräuter erklären, die es gab. Sie gingen gemeinsam zu Bra, und Hadur zeigte Newa wie der Verband an seinem Arm erneuert werden musste. Wie Newa es sich gedacht hatte, bekam Bra jetzt einen Verband aus gelben Blättern, damit sein Arm sich nicht entzündete.

„Morgen kommst du wieder," sagte Hadur zum Schluss. „Du bekommst ab jetzt jeden Tag von mir Unterricht." Als Newa etwas später zu ihrer Mutter ans Feuer kam, war diese ungehalten.

„Was hast du so lange mit Hadur gesprochen?" fragte sie.

„Sie will mir Unterricht geben, damit ich Medizinfrau werden kann," sagte Newa. Ihre Mutter schluckte. Das hatte sie nicht erwartet. Sie rief Javor dazu. Beide standen vor ihrer Tochter und schauten sie an.

„Stimmt das wirklich?" fragte Javor. „Wie kommt sie dazu."

„Sie hat gesagt, ich sei die einzige gewesen, die wusste wie Bra gerettet werden konnte, und zwar mit den grünen Blättern aus dem Jojo-Beutel," erwiderte Newa.

„Das ist eine Ehre," sagte Javor, und Andar nickte.

„Da können wir nicht nein sagen." Newa setzte sich ans Feuer und fragte ihre Mutter nach Fellstücken.

„Kannst du mir zeigen, wie ich diese Fellstücke schneiden kann und weich machen kann?" Andar zeigte Newa wie sie mit einem kleinen Knochenmesser Lederstreifen schneiden konnte und wie sie durch langes Kneten der Felle diese weich machen konnte. So verbrachten die beiden den ganzen Nachmittag zusammen. Am Abend hatte die Neuigkeit über Hadurs Entscheidung die Runde im ganzen Clan gemacht. Die Menschen sprachen darüber.

„Sie ist noch viel zu jung dafür, gerade mal eine Jojo geworden und jetzt soll sie Medizinfrau werden?" sagte Kodar.

„Warum nicht," meinte Kisa seine Frau. „Wäre es dir lieber, wenn sie Gala ausgesucht hätte?" Sie wusste genau, dass Kodar dies nicht wollte. Er plante Gala mit Tugor zu verheiraten, denn Kodar war ein guter Freund von Wasor.

„Vielleicht hätte ein Mann es machen sollen, so wie früher," meinte Kodar.

„Aber die Männer müssen auf die Jagd gehen und wir haben sowieso nicht mehr so viele Männer im Clan wie früher," widersprach ihm seine Frau. Am Feuer von Gor war Einigkeit. Gor fand es sei eine gute Idee, Newa als Medizinfrau auszuwählen, denn sie hatte ja bereits bewiesen, dass sie dafür geeignet war. Am Feuer von Wasor gab es Widerstand. Wasor passte es nicht, dass Hadur alleine entschieden hatte, wer ihre Nachfolgerin werden sollte. Er ging zu Hadur und schimpfte mit ihr.

„Was fällt dir ein, so etwas ganz ohne mein Einverständnis zu entscheiden? Ich bin der Anführer und du hättest mich fragen müssen."
„Aha," sagte Hadur darauf nur.
„Ja, das hättest du tun müssen. Ich bin nicht damit einverstanden."
„Ich muss gar nichts. Wie ist dein Vorschlag?" fragte Hadur nur.
„Ähhhhh………", Wasor fiel nichts dazu ein.
„Frage einfach Jag, er erklärt dir die Regel," sagte Hadur. „Es gibt keine andere Möglichkeit." Wütend drehte sich Wasor um und ging zu seinem Feuer. Er fühlte sich als Anführer des Clans nicht genügend gewürdigt aber eine andere Lösung hatte er auch nicht. Bandur, der jüngste Jäger, beteiligte sich nicht an der Diskussion, aber da er ein Freund von Wasor war, stand er natürlich auf dessen Seite. Jag, Kato und Devon die ältesten Männer des Stammes und Krom, Kodars Mutter unterstützten Hadur.

„Erinnert Euch daran, wie vor Jahren die vielen Menschen sterben mussten, weil kein Nachfolger für Asmal da war. Es ist gut, dass Hadur jemanden ausgewählt hat, von dem sie denkt, dass er es auch richtig macht. Und es ist gut, dass es beizeiten geschieht. Denkt nur mal, wenn Hadur im Wald etwas passiert und wir keinen Medizinmann oder Medizinfrau haben," sagte Krom im Namen der Alten.

Später am Abend ging Newa noch einmal mit Schnee vor die Höhle. Jag hielt Wache und winkte ihnen zu, als sie die Höhle verließen. Schnee tollte um sie herum. Alles war friedlich. Plötzlich blieb Schnee stehen und hob die Nase in die Luft. Er hatte etwas bemerkt. Newa versuchte in die Dunkelheit zu starren und etwas zu erkennen aber sie konnte nichts sehen. Auch hören konnte sie nichts. Die Nacht war ganz still.

„Ich muss Jag Bescheid sagen, dass Schnee etwas bemerkt hat. Außerdem wird es Zeit, dass ich eine gute Waffe bekomme," dachte sie. Sie beschloss, sich am nächsten Tag eine Lederbandkeule zu bauen und im Wald mit ihr zu üben. Sie pfiff einmal lang und Schnee kam zu ihr gelaufen. Er wedelte mit dem Schwanz und deswegen ging Newa davon aus, dass keine Gefahr bestand. Kurz darauf waren sie bei der Höhle und gingen hinein.

Liebe/r junge/r Leser/in...

Die Archäologen nennen Afrika und das Olduvai-Tal die Wiege der Menschheit. Man geht nämlich heute davon aus, dass die Homo Ergaster-Menschen von dort kommend, nach und nach die ganze Erde bevölkerten. Sie wanderten entlang eines großen Flusses, dem Nil, nach Norden und erreichten schließlich Asien und Europa, wo auch wir wohnen.

Du darfst Dir das aber nicht so vorstellen, dass ein paar Menschen mal eben so nach Europa wanderten. Es dauerte viele, viele 1000 oder viele 10 000 Jahre, bis sie Europa erreicht und sich dort verbreitet hatten.

In Europa entwickelte sich aus ihnen eine andere Menschen-Art, nämlich die **Neandertaler.** Der Zeitabschnitt der Neandertaler wird als die „mittlere Altsteinzeit" bezeichnet. Etwas kompliziert finde ich, aber so heißt die Zeit eben. Insgesamt ist die Zeitrechnung ziemlich verwirrend und deswegen will ich auch nur das Wichtigste dazu aufschreiben.

Die frühesten Funde von den Neandertalern sind über 70 000 Jahre alt. Sie heißen deswegen so, weil die ersten Funde von ihnen in Deutschland entdeckt wurden und zwar im Neandertal bei Düsseldorf. Die Neandertaler lebten viele 10 000 Jahre in Europa. Sie waren vermutlich etwas kleiner aber wesentlich stärker als wir heute. Die Neandertaler hatten längere Arme, konnten sprechen, bauten Werkzeuge und jagten Großtiere wie Büffel, Nashörner und Mammuts. Sie müssen hervorragende Jäger gewesen sein. Anders als ihre Vorfahren aus Afrika haben sie sich nicht über Europa hinaus verbreitet.

Sie sind vor etwa 30 000 – 40 000 Jahren ausgestorben. Was dafür die Ursache war, weiß man nicht genau. Möglicherweise war eine andere Menschenart, die wir noch kennenlernen werden, dafür verantwortlich. Vielleicht ist auch eine schlimme Klimaveränderung aufgrund eines Vulkanausbruchs in Italien vor etwa 30 000 Jahren der Grund dafür gewesen.

Die Ziegen

Newa wachte sehr früh auf an diesem Tag. Sie hatte sich das fest vorgenommen, bevor sie eingeschlafen war und es hatte geklappt. Kato hatte ihr das vor einigen Monaten beigebracht. Er hatte ihr erklärt, man müsse sich nur ganz fest vornehmen zu einem bestimmten Zeitpunkt aufzuwachen. Newa hatte das damals gleich ausprobiert und nach einiger Zeit war es ihr gelungen.

Sie wollte sich heute eine Steinkeule bauen, ohne dass jemand etwas davon bemerkte. Alle schliefen, nur Kato saß am Höhleneingang und hielt Wache. Da er nach draußen schaute, bemerkte er nicht, dass Newa bereits wach geworden war. Newa suchte sich das Büffelfell, das sie gestern Abend bereits bearbeitet hatte und das über Nacht ganz weich geworden war. Sie nahm ihr Messer und schnitt einen schmalen Streifen ab, wie Hadur es ihr gezeigt hatte. An der breiten Stelle machte sie das Leder nass und drückte mit einem runden Stein eine kleine Delle hinein. Zum Schluss band sie an beiden Enden eine Schlaufe, in die sie ihre Hand stecken konnte. Sie betrachtete ihr Werk und war sehr zufrieden. Dann band sie sich das Lederband um ihren Bauch wie einen zweiten Gürtel. Niemand hätte geahnt, dass sie eine Waffe trug.

Nachdem sie damit fertig war stand sie auf, ging zum Höhleneingang und wollte hinausgehen, um mit der Keule zu üben. Kato hielt sie zurück.

„Hallo kleine Newa-Wolfsmami-Medizinfrau. Wo möchtest du denn hin?" fragte er.

„Ich will mit Schnee spielen. Er braucht immer etwas Auslauf."

„Es ist vielleicht heute gefährlich alleine weiter weg zu gehen. Ich habe heute früh am Morgen Lärm im Wald gehört. Ich glaube, ein größeres Tier hat gejagt. Jetzt ist es zwar still, aber möglicherweise frisst es noch. Warte einfach noch ein wenig." Newa erzählte Kato von ihrem gestrigen Gespräch mit Jag und Hadur und wie traurig sie gewesen war, dass sie als Mädchen mit Schnee nicht jagen konnte. Kato schaute sie an.

„Mach dir nichts draus. Man weiß ja niemals, was passiert. Vielleicht brauchen die Männer deinen Wolf ja noch einmal." Newa pfiff nach Schnee und führte ihrem Großvater vor, was Schnee schon alles konnte und wie er sich von ihr dirigieren ließ. Kato war beeindruckt.

„Wenn er erst einmal groß ist, wird er für dich ein guter Schutz sein, wenn du alleine in den Wald gehst." Newa starrte ihn an.

„Wieso alleine," fragte sie ihn. „Frauen sollen doch nie alleine in den Wald gehen. Wir Jojos auch nicht. Nur zum Wasserholen ist es erlaubt."

„Ja, das schon, aber du wirst ja irgendwann einmal die Medizinfrau des Clans werden und alle denken, dass du dann auch zaubern kannst und dich schützen kannst so wie Hadur," meinte Kato. Das hatte sich Newa noch gar nicht überlegt. Einerseits war das gefährlich, andererseits hatte sie damit auch die Möglichkeit zu machen was sie wollte, ohne dass die anderen sie ständig kontrollierten.

„Ich gehe nicht weit weg," sagte sie zu Kato. „Nur bis hinter diesen großen Felsen und übe etwas mit Schnee." Dann marschierte sie los. Hinter dem Felsen ließ sie Schnee laufen. Sie machte ihren Schlaufengürtel los und legte einen großen Stein in das Lederband ein. Dann begann sie zu schwingen. Sie war erstaunt, wie stark die Kraft war, die an ihrer Hand zog. Nach einigen Schwüngen schlug sie gegen einen Baumstamm, der neben ihr stand. Sie verfehlte ihn. Newa merkte, dass sie einige Übung brauchte, um den Baumstamm sauber zu treffen. Also übte sie weiter.

Sie dachte an ihren Großvater. Kato hatte ihr das schon früher beigebracht, das mit dem Üben. Ständig hatte er sie genervt.

„Üben, üben, üben," hatte er immer gesagt, wenn sie etwas machen wollte, es aber noch nicht konnte.

„Von alleine wird man nur groß und sonst nix. Durch Zugucken und Zuhören lernt man etwas und durch Üben kann man es dann irgendwann. Und durch viel Übung wird man gut," waren immer seine Worte gewesen, wenn Newa nicht üben wollte. Sie biss die Zähne zusammen.

„Mist," dachte sie, „schon wieder der olle Großvater. Hat er mal wieder recht der Doofi." Sie schwang ihre Keule. Wieder vorbei. Also weiter. Sie wollte unbedingt lernen mit der Keule zu treffen. Langsam wurde ihr warm und sie fing an zu schwitzen, denn es war anstrengend die Keule zu schwingen. Als der erste Schlag richtig gut traf, zersplitterte der Baumstamm unter der Wucht ihres Treffers.

„Ui," freute sie sich, „da ist ja ganz schön Kraft dahinter." Sie übte fleißig weiter und nach einiger Zeit traf sie den Baumstamm regelmäßig. Immer schneller konnte sie einen Stein in ihr Lederband einlegen und mit einem Schwung zuschlagen. Sie war erschöpft aber auch sehr zufrieden mit sich und band ihren Gürtel wieder um. Dann ging sie in die Höhle zurück, wo inzwischen alle wach geworden waren. Sie suchte Hadur und zeigte ihr ihren neuen Gürtel mit den beiden Schlaufen. Hadur schaute ihn sich genau an, prüfte die Festigkeit der Schlaufen und meinte.

„Den hast du sehr gut gemacht. Jetzt musst du nur viel üben, damit du ihn auch sicher verwenden kannst." Dann wurde sie ernst.

„Schau her, Newa," sage sie. „Hier siehst du einen großen Korb mit einem Deckel." Sie hob den Deckel und Newa guckte hinein. Beutelchen, kleine Kürbisfläschchen, die mit Fellpfropfen verschlossen waren, ein kleines Knochenmesser, ein hohler Stein mit einem Steinstössel, mehrere Fellstreifen, kleine, sehr spitze Knochenstückchen und noch viel mehr waren in dem großen Korb. Newa öffnete eines der kleinen Körbchen. Hellbraune kleine Blätter waren darin. Sie öffnete einen der Beutel. Darin war ein graues, feinkörniges Pulver. Sie machte eine kleine Kürbisflasche auf und erschrak. Der Inhalt stank fürchterlich.

„Uhhh, was ist das?" fragte sie Hadur.

„Das ist ein Sud aus Kröteneiern," lachte Hadur. „Wenn du schlimme Bauchschmerzen hast, musst du ihn trinken, dann gehen die Schmerzen sofort weg. Aber wenn ich mit diesem Sud komme, kriegen die Menschen so viel Angst, dass die Bauchschmerzen meistens von selbst verschwinden. Ein anderes Mittel gegen Bauchschmerzen sind diese Krümel." Sie machte ein kleines Körbchen auf und holte schwarze Krümel heraus.

„Probier mal," hielt sie Newa zwei Krümel hin. Newa zuckte zurück. Hadur lachte.

„Du musst schon mal nach und nach alles probieren, was es hier so gibt…sogar den Sud von Kröteneiern. Du musst nämlich aus eigener Erfahrung wissen, wie die Dinge so wirken. Heute fangen wir einmal mit diesen Krümeln an." Etwas ängstlich probierte Newa die Krümel. Sie schmeckten etwas süß.

„Hast du auch alles selbst ausprobiert?" fragte sie.

„Natürlich," sagte Hadur. „Man gewöhnt sich daran." Dann untersuchten sie einige der Körbchen und Beutel, Newa probierte einiges aus und musste sich genau merken, wofür welche Medizin gut war und in welchem Körbchen sie sich befand. Dann besuchten Hadur und Newa ihren Patienten Bra. Der freute sich als sie kamen.

„Ich habe schon auf euch gewartet und auch genau beobachtet, was ihr gemacht habt. Hast du schon etwas gelernt Newa," fragte er sie.

„Ich muss alle Medizin probieren," flüsterte Newa ihm zu. „Es ist schrecklich."

„Ich habe es gesehen, du Arme," lachte er. „Irgendwie tust du mir ein bisschen leid." Newa verzog das Gesicht, ärgerte sich aber nicht, da sie wusste, dass Bra sie nur etwas foppen wollte. Hadur wechselte seinen Verband.

„Schau mal. Seine Wunde ist ganz sauber und beginnt zu heilen," sagte sie zu Newa. „Welche Blätter sollen wir jetzt wohl drauflegen?" Newa war unsicher. Sollte sie jetzt etwa Bra behandeln?

„Vielleicht nochmal die gelben Blätter?" fragte sie Hadur.

„Die sind nicht mehr notwendig, weil die Wunde ganz sauber ist und nicht entzündet," erklärte Hadur. „Wir nehmen hier diese kleinen roten Blätter. Dann wird sich die Wunde schnell verschließen." Newa schaute ihr gespannt zu, während sie den neuen Verband machte.

„Darf ich heute Nachmittag mit den Jojos in den Wald?" fragte Bra. „Tugor will mit uns Speerwerfen üben und wir sollen Spuren lesen."

„Ich glaube das wird schon gehen," sagte Hadur. „Deine Medizinfrau Newa ist ja dabei, sie kann sich ja um dich kümmern, wenn du Schmerzen bekommst."

„Prima," sagte Bra, „zu Newa habe ich Vertrauen." Etwas später kamen Tugor, Iso und Gala.

„Wollen wir in den Wald gehen?" fragte Tugor. „Bist du fertig mit deinem Unterricht?" Newa freute sich, als die anderen sie abholten. Speerwerfen, das hatte sie noch nie geübt. Newa rief Schnee und gemeinsam machten sie sich auf den Weg in den Wald. Sie gingen bis zur Lichtung und Tugor suchte einen Baum aus, auf den sie ihre Speere werfen wollten. Er machte es allen vor. Sein Speer sauste durch die Luft und blieb zitternd in dem Baum stecken. Das konnte Tugor richtig gut. Dann kam Bra dran. Er schleuderte seinen Speer, verfehlte aber sein Ziel. Anscheinend hatte er Schmerzen in seinem verletzten Arm. Gala und Iso versuchten es ebenfalls, aber ihre Speere flogen nicht weit genug. Tugor freute sich. Er konnte es eindeutig am besten von allen. Als Newa drankommen sollte, grinste Tugor schon.

„Du bist noch so klein und nicht stark genug. Ich glaube, für dich ist das noch nichts."

„Doch," sagte Newa, „ich will es aber probieren." Sie nahm den Speer und warf ihn soweit sie nur konnte. Nach einer Strecke von wenigen Schritten landete der Speer im Gras.

„Der ist so schwer," sagte sie, „gib mir einen leichteren." Tugor gab ihr einen kleinen Speer, aber auch damit, konnte Newa nicht weit genug werfen. Alle lachten und Newa ärgerte sich.

„Ok," sagte sie," ich bin noch nicht groß genug. Ich sehe es ein. Übt ihr mal weiter, ich suche mal ein paar Beeren. Ich gehe auch nicht weit weg." Sie verließ die anderen, die eifrig weiter Speerwerfen übten und ging in den Wald. Diesmal ging sie hinauf Richtung der steilen Felswand. Sie hatte keine Lust Beeren zu suchen, sondern wollte weiter mit ihrer Steinkeule üben. Wütend schlug sie um sich und säbelte mit der Keule Blumen, Sträucher und kleinere Bäume ab.

„Ich will das auch können," schimpfte sie ständig vor sich hin und schlug immer fester um sich.

Da passierte es auf einmal. Eine Schlaufe, die sie um ihre Hand gelegt hatte ging auf, das Lederband öffnete sich und der Stein, den sie in das Band eingelegt hatte sauste davon. Er flog viele Schritte weit und knallte mit Wucht an einen Baum. Newa erschrak. Der Stein war viel weiter geflogen, als sie mit dem Speer werfen konnte, ja, er war sogar weiter geflogen, als Tugor mit seinem Speer geworfen hatte. Sie hob einen anderen Stein vom Boden auf, legte ihn in das Lederband ein und schleuderte ihn weg, indem sie die eine Schlaufe des Lederbandes im richtigen Moment los ließ. Der Stein zischte durch die Luft und landete weit weg von ihr. Newa wurde ganz aufgeregt. Hatte sie etwa etwas Neues erfunden? Sie probierte viele Steine aus, große und kleine. Die großen flogen nicht so weit, hatten aber sehr viel Wucht, wenn sie landeten, die kleinen flogen sehr weit, viel weiter als Newa es gedacht hätte. Sie versuchte einen Baum zu treffen, aber das gelang ihr nicht. Die Steine zischten links und rechts an ihrem Ziel vorbei. Sie ärgerte sich.

„Ich muss zielen, so wie Tugor das gemacht hat," dachte sie. „Wie hatte er es nur gemacht?" Sie stellte sich vor, wie er sein linkes Bein nach vorne gestellt hatte. Dann hatte er mit seinem Arm weit ausgeholt und den Speer erst losgelassen, als er mit seinem Arm ganz gestreckt nach vorne genau auf das Ziel zeigte. Sie versuchte es.

„Schwingen und mit dem Arm auf das Ziel zeigen," sagte sie sich. Der Stein landete in der Nähe ihres Ziels. Besser. Sie versuchte es weiter.

„Schon wieder üben, üben, üben. Wenn das der Großvater wüsste," dachte sie. Aber es machte ihr seltsamerweise Spaß zu üben, nur das hätte sie ihrem Großvater niemals gesagt. Nach und nach landeten die Steine immer näher an dem Baum, den sie sich ausgesucht hatte. Sie hatte den richtigen Weg gefunden.

„Newa," hörte sie plötzlich das Rufen von der Lichtung. „Wo bist du? Hast du dich wieder verlaufen?" Die Stimmen kamen rasch näher. Newa band schnell den Ledergürtel um ihren Bauch und begann Beeren zu suchen. Sie bückte sich, wollte ein paar Beeren sammeln - und erstarrte. Auf den Blättern waren Blutstropfen zu sehen. Sie erschrak. Sofort fiel ihr ein, was Kato ihr am Morgen berichtet hatte. Von dem Lärm im Wald und, dass er vermutete, ein Raubtier hätte im Wald gejagt.

„Schnell, kommt her," rief sie den anderen zu, die durch den Wald auf sie zu liefen. „Hier ist eine Spur." Tugor war als erster bei ihr. Er untersuchte die Spur.

„Das ist Blut," sagte er. „Vermutlich hat ein Raubtier hier seine Beute getragen." Sie schauten sich um und entdeckten eine richtige Blutspur, der sie folgten. Sie waren ganz leise und Newa beobachtete genau was Schnee machte. Einerseits hatte sie zwar Angst vor einem Raubtier, andererseits vertraute sie auf ihren Wolf. Sie war sich sicher, er würde stehenbleiben und knurren, wenn eine Gefahr drohte. Aber Schnee wedelte die ganze Zeit mit dem Schwanz, als er neben Newa lief. Plötzlich kamen sie an eine kleine freie Stelle im Wald. Eine tote Ziege lag dort. Sie war halb aufgefressen. Man konnte sehen, dass ein großes Raubtier sie getötet hatte.

„Vielleicht sollten wir schnell nach Hause gehen," meinte Iso. Sie hatte immer schnell Angst. Tugor untersuchte die Ziege.

„Ich vermute, das war ein Luchs. Wir schauen mal weiter," sagte Tugor. „Er ist ja jetzt satt und wird uns nichts tun, selbst wenn er noch hier ist. Wir können das riskieren. Iso, Gala und Newa nehmt einen dicken Knüppel in die Hand. Bra du nimmst hier zwei Speere, ich nehme

die anderen Speere. Ich gehe vorne, Bra hinten, Newa in die Mitte."
Vorsichtig gingen die Jojos weiter in den Wald hinein. Es war sehr aufregend. Auf einmal raschelte es im Gebüsch. Newa erschrak aber Schnee blieb ruhig. Er wedelte. Die Jojos blieben wie versteinert stehen.

„Schnell weg," rief Gala. „Im Gebüsch ist etwas."

„Stopp, nicht bewegen," flüsterte Tugor. Niemand bewegte sich. Nur Schnee flitzte auf das Gebüsch zu und verschwand darin.

„Schnee," rief Newa aufgeregt, „bleib hier." Sie hatte Angst um ihren Wolf. Aber das war unnötig.

„Ein Wolf rennt nicht dorthin wo es gefährlich ist" dachte sie. „Das hätte ich mir eigentlich denken können." Sie musste noch viel lernen. Die Jojos hörten Schnee im Gebüsch bellen, dann kam er heraus und wedelte mit dem Schwanz. Er sprang an Newa hoch und verschwand wieder im Gebüsch. Die Jojos schauten sich an.

„Ich glaube im Gebüsch ist kein Raubtier," sagte Bra nach einiger Zeit. Er hielt seinen Speer fester und bewegte sich langsam auf das Gebüsch zu. Tugor guckte was Bra machte und schlich von der anderen Seite auf die Büsche zu. Dann machten sie die Zweige auseinander und guckten ins Gebüsch. Nichts passierte.

„Hej, was ist los," rief Newa. „Was habt ihr denn gefunden? Ist da ein Raubtier?" Die beiden Jungs drehten sich um. Ihre Gesichter sahen etwas dumm aus.

„Jetzt sagt schon," rief Iso. „Was habt ihr entdeckt?" Bra bückte sich, hob etwas hoch und drehte sich um. Auf seinem Arm hatte er eine kleine Ziege.

„Schaut mal wovor wir so eine Angst hatten. Hier sind noch zwei Ziegen," sagte er. „Ich glaube das sind die Jungen der toten Ziege, die wir vorhin gefunden haben. Vermutlich sind sie aus den Bergen gekommen, um hier im Wald etwas zu fressen. Denn normalerweise gibt es in diesem Wald keine Ziegen. Dummerweise hat hier ein Luchs auf sie gewartet. Die Kleinen haben jetzt keine Mutter mehr."

„Der Luchs muss aber hier im Wald auch neu sein. Bis jetzt gab es hier keinen Luchs," sagte Tugor.

„Was wollen wir mit ihnen machen," fragte Gala. Sie schaute Newa an. „Ich hätte auch gerne so ein Tier, wie Newa." Newa lachte.

„Gute Idee. Wir nehmen sie mit nach Hause und fragen die anderen. Zur Not kann man sie ja essen." Gala guckte sie böse an.

„Deinen Wolf will ja auch niemand essen."

„Nein, nein," sagte Newa, „so meine ich das nicht, du Dummi. Niemand will die kleinen Ziegen essen. Aber wenn wir sie nicht behalten dürfen, können wir immer sagen, dass wir sie aufheben wollen, um sie essen zu können, wenn es im Winter sehr kalt wird und wir kein Fleisch mehr haben." Die anderen staunten. Das war eine prima Idee von Newa.

„Wir bauen ihnen ein kleines Gehege vor der Höhle, damit sie nicht gleich wieder weglaufen," sagte Tugor. Iso fing die letzte der Ziegen ein und nahm sie auf den Arm. Es war ein kleiner ganz schwarzer Ziegenbock.

„Der ist süß," sagte sie. „Den will ich behalten. Ich nenne dich Wolke." Gala schaute sie böse an.

„Dann nehme ich die anderen beiden. Die nenne ich Mond und Stern." Streitlustig guckte sie in die Runde. „Will sonst noch jemand ein Tier?" Tugor und Bra guckten sich an und wunderten sich.

„Mädchen sind schon komisch. Willst du etwa auch ein Tier?" fragte Bra seinen Freund. Tugor schüttelte den Kopf.

„Wo denkst du hin. Da müsste ich mich ja jeden Tag darum kümmern. Au wei. Das will ich doch nicht. Ich will viel lieber Jagen gehen."

Newa wollte zuerst sagen, dass sie auch eine der Ziegen haben wollte, aber sie schwieg. Nach kurzem Überlegen war sie zu dem Schluss gekommen, dass sie keine soooo große Lust hatte, sich um die Ziegen zu kümmern. Sie wollte viel lieber mit Schnee durch die Gegend streifen. Außerdem musste sie in den nächsten Tagen dringend mit ihrer Schleuder üben. Die Jojos gingen zurück zur Höhle. Sie gingen entlang der hohen Felswände und nicht durch den Wald. Es war ein neuer, noch unbekannter Weg. Nach einiger Zeit kamen sie an einem tiefen Bergeinschnitt vorbei, der zwischen den Felsen auf die Berge führte. Sie fanden dort viele Ziegenköttel.

„Es scheint, als wären von da oben die Ziegen heruntergekommen," sagte Tugor als er die Spuren untersuchte. „Vielleicht leben die Ziegen dort oben auf den Bergen." Sie schauten den Berg hinauf und richtig, weit oben auf den Felsen sahen sie einige Ziegen, die dort herum kletterten.

„Die haben es gut," sagte Bra. „Kein Mensch kann sie dort oben jagen." Newa beobachtete einen riesigen Vogel, der hoch in der Luft über ihnen seine Kreise zog. Es war ein Adler. Sie zeigte auf ihn.

„Aber der Adler könnte sie schon jagen da oben," sagte sie. „Da wäre es im Wald schon sicherer." Sie schauten dem Adler und den Bergziegen noch eine Weile zu und gingen weiter zur Höhle. Newa war ganz neugierig geworden. Sie hätte so eine große Lust, einmal in der Felsenspalte auf die Berge hinaufzusteigen. Das sagte sie natürlich niemandem. Als sie in der Höhle ankamen, war schon große Aufregung. Alle machten sich Sorgen, wo sie denn so lange blieben. Wasor war wütend.

„Ihr dürft nicht so lange im Wald bleiben. Wenn euch etwas passiert. Kato hat mir erzählt, dass er im Wald Lärm gehört hatte in der Nacht. Das waren bestimmt Raubtiere." Tugor und Gala berichteten, was sie erlebt hatten. Allerdings ließen sie die Stelle aus, wo sie alle vor Angst erstarrt vor dem Gebüsch standen.

„Ein Luchs," meinte Kato. „Das kann passen. Luchse können Ziegen töten. Auch Rehe aber keine Hirsche. Sie sind für Menschen nicht gefährlich, vor allem, wenn sie in einer Gruppe unterwegs sind. Er schaute Newa eindringlich an.

„Für Kinder aber schon. Ein Kind kann sich nicht wehren und ist nicht zu groß für einen Luchs."

„Gib die Ziegen her," meine Kodar. „Wir machen ein leckeres Abendessen aus ihnen." Er wollte Iso ihre Ziege wegnehmen, aber sie hielt die Ziege fest.

„Nein," rief sie. „Wir…..Gala und ich wollen sie behalten. Wir bauen ein Gehege für sie und kümmern uns um sie. Wenn sie groß sind, können wir sie immer noch töten und essen."

„So ein Quatsch," sagte Kodar und griff nach Wolke.

„Aber wenn wir in eine Hungersnot kommen," rief Gala. „Die Ziegen könnten unser Vorratsessen sein, wenn man im Winter keine Tiere Jagen kann." Kodar zuckte zurück. Er schaute seine Tochter mit großen Augen an.

„Willst du mir widersprechen?" rief er.

„Halt, halt," sagte da Kato. „Das ist doch eine sehr gute Idee, die Gala und Iso haben. Wenn ich an die letzte Hungersnot denke… ich glaube wir hätten alle gerne ein paar Ziegen gehabt." Wasor merkte, dass er eine Entscheidung treffen musste. Er schaute seinen Sohn an und bemerkte, dass der auf der Seite der beiden Mädchen stand. Dann guckte er heimlich zu Javor. Auch der schien die Idee, die Tiere zu behalten, ganz gut zu finden. Und da Wasor wusste, dass Javors Ideen immer ganz gut waren, entschloss er sich, dem Vorschlag von Iso und Gala zuzustimmen. Aber er wollte Kodar auch nicht verärgern und so sagte er.

„Wir behalten die Tiere mal und sehen, wie das so geht. Zur Not können wir sie jederzeit schlachten und essen. Vielleicht sind wir noch einmal froh, dass wir sie haben."

„Ich hoffe nur, dass sie keine großen Raubtiere anlocken," gab Kodar noch zu bedenken, bevor er sich abwandte. Die Jojos freuten sich und begannen einen Freudentanz.

„Los, wir bauen ein Gehege," rief Gala. Die Kinder rannten aus der Höhle hinaus und sammelten Holz um ein Gehege zu bauen. Gor kam dazu.

„Hier habt ihr mein Steinbeil. Damit könnt ihr einige kleinere Bäume fällen und junge Zweige schlagen. Dann wird euer Gehege schneller fertig." Tugor nahm das Steinbeil und rannte mit Bra und Gala den Berg hinunter zum Waldrand. Dort fällte er einige kleinere Bäume. Mühsam schleppten die Jojos sie den Berg hinauf. Dann bauten sie das Gehege für die Ziegen. Erst spät am Abend, als die Sonne unterging, waren sie damit fertig. Sie ließen die Ziegen in dem Gehege frei und schauten ihnen zu, wie sie wild darin herumsprangen. Bald hatten sie sich beruhigt und begannen zu grasen. Total erschöpft kamen die Jojos danach in die Höhle. Newa setzte sich zu ihrem Großvater und aß ein großes Stück Fleisch mit Wurzelgemüse, das ihre Mutter Andar vorbereitet hatte.

„Hm…." sagte Kato „Hm….Idee von Iso und Gala….hm." Er guckte Newa scharf an. Newa hörte auf zu essen.

„Ich habe doch nur gesagt….." Ihr Großvater unterbrach sie.

„Hab ich mir schon gedacht…hm…Idee von Gala und Iso…..hm. Höchstens Bra hätte so eine Idee haben können. Aber wie klug von dir, dass du nicht gesagt hast, dass es deine Idee war. Da wäre es schwieriger gewesen die Ziegen zu behalten. Das hätte Wasor nicht gepasst." Newa mampfte weiter ihr Abendessen.

„Kato," sagte sie. „Kannst du mir etwas über Luchse erzählen?" Kato guckte sie an.

„Luchse sind Katzen, so wie Löwen, Leoparden und Säbelzahntiger aber wesentlich kleiner. Anders als Wölfe und Löwen leben sie nicht in Rudeln, sondern ganz alleine. Sie sind echte Einzelgänger und sehr mutig. Deswegen muss man auch keine Angst haben, dass mehrere Luchse hier im Wald leben. Sie sind sehr schlau, können extrem gut hören, können im Dunkeln besser sehen als irgendein anderes Raubtier und sind so leise, dass man sie niemals hört. Sie klettern auf die höchsten Bäume und oft schlafen sie da auch." Newa hörte ihrem Großvater aufmerksam zu. Das waren spannende Geschichten, die er immer erzählte und sie konnte so viel von ihm lernen. Gerade überlegte sie noch, ob sie ihm die Sache mit der Schleuder erzählen sollte, aber da kam Javor ans Feuer und Newa schwieg.

„Wir haben überlegt, ob wir den Luchs Jagen sollen," sagte er zu Kato. „Er fängt Tiere im Wald, die auch wir jagen könnten. Was hältst du davon?"

„Das ist keine schlechte Idee," meinte Kato. „Aber ich sage dir gleich. Einen Luchs zu jagen ist sehr, sehr schwierig. Sie sind extrem schlau und listig. Man weiß auch nicht wo sie eigentlich leben. Im Wald oder auf den Bergen. Ich kann es dir nicht sagen. Aber es ist immer nur einer in der Gegend. Nur wenn ein Weibchen Junge hat, sind es mehr. Wann wollt ihr losziehen?"

„Vermutlich morgen früh," sagte Javor. Newa hatte genau zugehört. Zu gerne würde sie mit auf diese Jagd gehen, aber morgen früh musste sie ja bei Hadur Kräuter lernen. Plötzlich hatte sie keine Lust bei Hadur zu lernen. Mürrisch legte sie sich auf ihr Schlaffell und kuschelte sich an Schnee. Sie dachte an den ereignisreichen Tag und tröstete sich damit, dass sie morgen wieder mit ihrer Schleuder üben würde.

Liebe/r junge/r Leser/in...

Vor etwa 40 000 Jahren tauchte eine neue Menschenart in Europa auf. Es waren die so genannten **Cro-Magnon-Menschen.** Die ersten Überreste von ihnen wurden in Frankreich im Tal der Dordogne gefunden. Arbeiter fanden in einer Mulde (französisch-okzitanisch. Cro) einer kleinen Höhle die Skelette von drei Männern, einer Frau und einem Kind. Da die Höhle auf dem Feld eines Bauern namens Magnon lag wurden die Menschen als Cro-Magnon-Menschen bezeichnet. Der Clan von Newa gehört zu diesen Menschen, die im Grunde genauso aussehen wie wir heute.

Zuerst dachte man, dass sich die Cro-Magnon aus den Neandertalern entwickelt hätten. Aber das stimmt nicht. Heute glaubt man, dass sie sich ebenfalls in Afrika entwickelt haben und auf dem gleichen Weg wie viele 10 000 Jahre zuvor die Homo Ergaster-Menschen nach Europa eingewandert sind. Sie heißen auch „moderne Menschen" oder **Homo Sapiens.**

Etwa 4000 Jahre lang haben sie gemeinsam mit den Neandertalern in Europa gelebt. Damals gab es also zwei verschiedene Menschenarten gleichzeitig bis irgendwann die Neandertaler ausgestorben sind. Vielleicht sind die modernen Menschen daran schuld gewesen und kein Vulkanausbruch. Vielleicht haben sie die Neandertaler bekämpft und ausgerottet. Vielleicht konnten sie aber auch nur besser mit dem sich verändernden Klima umgehen. Vielleicht haben sie sich besser vermehren können. Heute hat man viele Vermutungen aber keine Beweise.

Die Homo Sapiens Menschen sind aber nicht nur nach Europa gewandert, sondern haben die gesamte Erde bevölkert. Alle Menschen, die heute leben stammen von ihnen ab. Sie sind unsere direkten Vorfahren.

Weißt Du übrigens, dass es keine einzige Tierart gibt, die in allen Regionen der Erde zuhause ist?

Das hat nur der moderne Mensch geschafft

Newas Schutzgeist

Die nächsten Tage waren durch die Jagd der Männer auf den Luchs bestimmt. Die Jojos durften nicht in den Wald, um die Männer nicht zu stören. Jeden Morgen nach dem Frühstück brachen die Jäger auf in den Wald und Newa musste zu Hadur in die Schule gehen und Medizinkräuter probieren und lernen. Sie machte es gerne, auch weil Hadur so klug war und Newa mit ihr über viele Dinge reden konnte.

„Sie werden den Luchs niemals kriegen," sagte Hadur zu Newa. „Er ist viel zu klug. Er weiß, dass sie ihn jagen und versteckt sich sehr gut. Er wird die Männer beobachten, ohne dass sie sehen wo er ist. Ich habe noch nie gehört, dass Menschen einen Luchs erlegt hätten." Irgendwie freute sich Newa darüber, dass Hadur meinte, die Männer könnten den Luchs nicht erlegen. Warum sie sich freute, wusste sie noch nicht, aber sie würde es in gar nicht so langer Zeit erfahren. Und Hadur hatte recht.

„Heute kriegen wir ihn bestimmt," sagten die Männer jedes Mal wenn sie morgens fröhlich in den Wald zogen. Aber abends kamen sie mürrisch und erschöpft zurück und hatten den Luchs nicht gesehen. Newa zwinkerte sich dann immer mit Hadur zu.

Im Laufe der nächsten Wochen lernte Newa viel über die Kräuter und deren Wirkung von ihrer Lehrerin. Jeden Tag musste sie Hadur genau berichten, was sie das letzte Mal gelernt hatte. Erst danach durfte sie etwas Neues lernen. Es machte Newa viel Spaß, nur das Probieren der Kräuter fand sie nach wie vor eklig. Nach dem Unterricht ging Newa regelmäßig mit Schnee vor die Höhle, verschwand hinter einigen Felsen und übte heimlich mit ihm und mit ihrer Schleuder. Dabei gab sie sehr gut acht, dass niemand sie beobachtete. Im Laufe der Zeit lernte Newa immer besser mit ihrer Steinschleuder umzugehen. Sie übte und übte und bald konnte sie einen Baum auf etwa 30 - 40 Schritte mit einem mittelgroßen Stein genau treffen. Dann begann sie auf bewegliche Ziele zu schießen. Das war wesentlich schwieriger als nur den Baum zu treffen. So ging der Sommer langsam ins Land. Es dauerte lange, bis sie den ersten Hasen traf. Aber irgendwann hatte Newa auch das geschafft. Sie fühlte sich großartig. Jetzt endlich war sie eine heimliche Jägerin geworden und darauf war sie sehr, sehr stolz.

Schnee war in der Zwischenzeit zu einem großen Wolf herangewachsen. Sein am Anfang so weißes Fell war etwas dunkler geworden, aber seinen schwarzen Fleck auf der Stirn hatte er behalten. Er war der ständige Begleiter von Newa, die sich ärgerte, dass die Jojos nicht mehr in den Wald durften. Inzwischen wünschte sie sich fast, dass die Männer endlich den blöden Luchs erlegten. Aber das passierte nicht. Die Jojos kümmerten sich jeden Tag um die drei Ziegen im Gehege. Vor allem Iso hatte viel Spaß daran. Die Ziegen waren ebenfalls groß geworden. Es waren zwei Weibchen und ein Ziegenbock. Die beiden Jungs Tugor und Bra langweilten sich. Sie übten jeden Tag Speerwerfen vor der Höhle, machten Wettrennen oder Ringkämpfe und wünschten sich, die anderen Männer nähmen sie mit auf die Luchsjagd.

Eines Tages hatten die beiden Ziegen angefangen mächtig zu meckern und zu blöken. Die Jojos hatten nicht gewusst was sie machen sollten. Alle waren ratlos.

„Wir fragen Hadur," rief Newa, „vielleicht kann sie uns sagen, was mit den Ziegen los ist." Sie flitzte zu Hadur und holte sie. Die Jojos schauten Hadur erwartungsvoll an, als sie die Ziegen untersuchte. Gala hatte Angst, dass die Ziegen sterben könnten und fing gleich an zu jammern.

„Bleib mal ganz ruhig," sagte Hadur. „Ich glaube die Lösung ist ganz einfach. Iso und Gala geht mal in die Höhle und schaut Vina und ihrem Baby zu, was die so machen." Gala und Iso schauten sie erstaunt an und rannten in die Höhle. Die beiden Jungs und Newa guckten sich an. Was sollte das denn nun? Was hatten die Ziegen für eine Krankheit? Und was hatten Vina und Alascha damit zu tun?

„Medizinfrau Newa, komm mal her," sagte Hadur da. „Untersuche mal die beiden Tiere hier und dann sage mir, was du findest."

Jetzt war Newa vielleicht aufgeregt. Sie sollte die Ziegen untersuchen während Tugor und Bra dabei waren? Hätte Hadur sie nicht mal schnell wegschicken können? Newa war es furchtbar peinlich. Wenn sie sich jetzt blamierte vor den beiden Jungs. Das wollte sie nicht. Am liebsten wäre sie im Erdboden verschwunden.

„Ich muss mal schnell mit Schnee….." sagte sie und wollte verschwinden, aber Hadur unterbrach sie.

„Stell dich nicht so an," sagte sie. „Schau dir mal die Ziegen an, oder willst du warten bis Iso und Gala zurückkommen und dir sagen, was los ist?" Newa ging widerwillig zu den Ziegen und bemerkte, dass Tugor und Bra sie neugierig beobachteten.

Was hatte ihr Hadur nochmal beigebracht? Wie ging so eine Untersuchung? Jetzt fiel es ihr ein. Sie guckte der einen Ziege in den Hals, da war alles in Ordnung. Die Zunge war feucht. Dann drückte sie ihr auf den Bauch. Hier war auch alles in Ordnung. Die Ziege schien keine Schmerzen zu haben, und der Bauch war weich. Aber, was war das? Hier schien etwas nicht zu stimmen. Sie guckte sich den Euter der Ziege an. Er war ganz dick und hart. Vorsichtig berührte sie den Euter und die Ziege fing an zu meckern wie verrückt. Hier war also die Ursache für ihr Geschrei. Stolz richtete sie sich auf und zeigte auf den Euter.

„Der Euter tut ihr weh." Tugor und Bra guckten dumm auf sie und Hadur nickte mit dem Kopf.

„Du hast recht," sagte sie. „Der Euter ist voll Milch." In diesem Augenblick kamen Gala und Iso aus der Höhle gestürmt.

„Vina gibt ihrem Baby aus ihrem Euter zu trinken," rief Iso aufgeregt. „Da ist Milch drin." Hadur lachte.

„Stimmt, das meinte ich. Nur dass beim Menschen der Euter anders heißt, nämlich Brust."

„Was machen wir jetzt?" fragte Bra. „Müssen wir das jetzt aufschneiden?"

„Ich glaube, wir müssen sie jetzt melken. Gala hole schnell in der Höhle eine große Holzschüssel," sagte Hadur. Gala flitzte in die Höhle und kam nach kurzer Zeit mit einer Holzschüssel zurück.

„Iso hält jetzt die Ziege fest und Gala muss sie melken," gab Hadur die Anweisung. So geschah es. Im ersten Moment erschrak die Ziege, als Gala die Zitzen an ihrem Euter berührte. Aber als Gala anfing die Zitzen zu drücken und Milch herauskam, beruhigte sie sich. Gala freute sich als die Milch in die Holzschüssel lief. Die Jojos wechselten sich alle ab beim Melken, sogar die Jungs machten mit.

„Das ist ja komisch," meinte Tugor als er an der Reihe war. „Ist das jetzt Frauenarbeit oder Männerarbeit?"

„Ich weiß es nicht," sagte Hadur, „das hat bis jetzt ja noch niemand bestimmt, weil es noch nie jemand gemacht hat. Aber, da ihr Mädchen euch ja um die Ziegen kümmert, wird es wohl eure Aufgabe bleiben sie jeden Tag zu melken."

„Jeden Tag," fragte Iso. „Und jede Ziege?".

„Na ja," sagte Hadur und lachte, „den Ziegenbock braucht ihr glaube ich nicht zu melken. Der hat ja keinen Euter." Die Kinder lachten. Nachdem sie mit der ersten Ziege fertig waren, molken sie die andere Ziege. Danach hatten sie eine große Holzschüssel voller Milch.

„Was machen wir jetzt damit," fragte Gala. „Wegschütten?"

„Nein, nein," antwortete Hadur, „die können wir trinken. Lass mal probieren, wie sie schmeckt." Sie nahm die Schüssel und trank ein paar große Schlucke.

„Das schmeckt gut," sagte sie. Dann gab sie den anderen die Schüssel und alle tranken die Milch.

„Ich habe Angst," sagte Iso. „Vielleicht ist das ein Gift?"

„Wenn Tiere etwas essen oder trinken, kann es für Menschen kein schlimmes Gift sein," sagte Newa. Das hatte sie in ihrem Unterricht bei Hadur schon gelernt. Die Milch schmeckte gut, ein kleines Bisschen süß. Die Kinder mochten die Milch und tranken sich satt. Bra wollte gleich ein Lied machen.

„Wir trinken Milch, wir trinken Milch und sind die Jojos….." aber das reimte sich nicht und so hörte er wieder damit auf. Danach gingen sie in die Höhle zu allen Feuern und zeigten ihre Milchschüssel. Die Frauen und alle alten Männer probierten die Milch und freuten sich über das neue Getränk.

„Das schmeckt gut und macht satt. Gibt es das jetzt jeden Tag?" fragten sie. „Dann müssen wir nicht mehr so viel Wasser holen." Später am Nachmittag kamen die Männer zurück. Wieder hatten sie keinen Erfolg bei der Luchsjagd gehabt. Sie waren unzufrieden und mürrisch. Javor fing an zu schimpfen.

„So geht das nicht weiter," sagte er zu Wasor.

„Jeden Tag rennen wir los, versuchen den Luchs zu kriegen, schaffen es nicht und inzwischen haben wir immer weniger Fleisch zum Essen. Der Sommer ist bald vorüber und der Herbst wird kommen. Bald muss wieder eine gemeinsame Jagd erfolgen, wenn wir gut über den Winter kommen wollen. Die Jojos sind sauer und unzufrieden, weil sie nicht in den Wald dürfen. Ihre einzige Aufgabe ist es, sich um die Ziegen zu kümmern, die sie mitgebracht haben." Die anderen Männer nickten.

„Aber der Luchs fängt jede Woche ein Tier und frisst es auf. Somit ist er unser Konkurrent auf der Jagd. Vielleicht haben wir bald nichts mehr zu Jagen im Wald. Außerdem ist er gefährlich und kann ein Kind angreifen," sagte Wasor.

„Der Luchs frisst uns nicht alle Tiere weg," meinte Javor. „Die Kinder müssen immer zusammenbleiben, wenn sie in den Wald gehen, dann wird ihnen nichts passieren. Der Luchs wird sie nicht angreifen, wenn er genügend Tiere im Wald findet, die er jagen kann." So stritten die Männer eine Weile hin und her. Irgendwann kamen Jag und Kato dazu. Auch Tugor und Bra gingen zu den Männern und setzten sich zu ihnen.

„Für die Jojos ist es wirklich schlecht, dass wir nicht mehr in den Wald können. Wie sollen wir lernen uns in der Natur zurechtzufinden?" fragte Tugor.

„Sei ruhig," schimpfte sein Vater. „Du hast nichts zu sagen. Hier dürfen nur die Jäger sprechen." Javor verdrehte die Augen. Das war Wasors Problem. Er meinte, er müsste als Anführer seine Autorität ständig zeigen. Er hatte nie begriffen, dass es oft viel klüger sein konnte, anderen zuzuhören. Die letzte Entscheidung war sowieso immer seine. Jag meldete sich zu Wort.

„Wasor, vielleicht ist es eine gute Idee, wenn ihr noch ein- oder zweimal versucht den Luchs zu jagen und euch danach um die große Jagd kümmert. Die musst du gut planen, damit sie ein Erfolg wird und wir im Winter genug zu essen haben." Wasor legte den Kopf in seine rechte Hand und dachte nach. Dabei durfte man ihn jetzt nicht stören und alle Jäger schwiegen.

„Das hatte ich mir genau in diesem Moment auch überlegt," sagte er nach einiger Zeit. „Du hast genau meine Idee gehabt Jag. Man sieht immer noch, dass du mal ein guter Anführer des Clans gewesen bist." Jag guckte verschämt auf den Boden. Die anderen Jäger nickten.

„Eine gute Idee," murmelten sie.

„Dann gehen wir morgen noch einmal auf die Jagd nach dem verdammten Luchs und danach bereiten wir die große Herbstjagd vor. Vielleicht sollen wir wieder Büffel jagen gehen. Das letzte Mal hat es ja mit den Jojos ganz gut geklappt. Ich könnte mir denken, dass wir es wieder so machen, wie beim letzten Mal," beschloss Wasor. Newa freute sich. Endlich konnten sie wieder in den Wald gehen. Die anderen Jojos freuten sich auch und alle lachten. Abends gab es an allen Feuern Milch zu trinken. Die Jäger waren zuerst misstrauisch.

„Was ist das für ein Zeug? Wer hat das gemacht?" fragten sie. Wasor wollte schon wieder anfangen zu schimpfen aber seine Frau Bala schnitt ihm das Wort ab.

„Jetzt sei du mal ruhig. Während ihr jeden Tag durch den Wald rennt und den Luchs nicht kriegt, haben sich die Jojos darum gekümmert, dass wir etwas Leckeres zu trinken bekommen. Jetzt sei still und probiere das Getränk. Das gibt es jetzt jeden Tag." Wasor blieb der Mund offenstehen, aber er trank die Milch ohne zu meckern. Sie schmeckte ihm gut.

„Wart ihr denn auch oben an der tiefen Schlucht, die auf den Berg hinauf geht, als ihr den Luchs gesucht habt," fragte Newa am Abend ihren Vater nachdem wieder Ruhe eingekehrt war. Javor schaute sie erstaunt an.

„Wo soll das sein," fragte er sie.

„Ganz oben am Berg, wo der Wald bis an die steilen Felsen heran reicht, gibt es eine kleine Schlucht. In der Nähe haben wir die Ziegen gefunden," erklärte Newa. Javor war nachdenklich. Insgeheim ärgerte er sich darüber, dass sie die Jojos niemals danach gefragt hatten, wo genau sie die Ziegen gefunden hatten. Vielleicht wohnte wirklich der Luchs dort in der Nähe. Er wollte morgen früh Wasor den Vorschlag machen, die Jojos mit zur Luchsjagd zu nehmen.

In der Nacht hatte Newa einen Traum.

Im Traum war sie im Wald und ging mit Schnee spazieren. Sie gingen immer weiter in den Wald hinein und plötzlich standen sie an der kleinen Schlucht, die in die Felsen des hohen Berges einschnitt. Diesmal führte ein schmaler Weg hinauf und Newa beschloss hinaufzugehen. Schnee war neben ihr und so hatte Newa keine Angst.

Plötzlich stand der Luchs vor ihr. Er hatte dickes Fell und am Kopf konnte sie seine Pinselohren, mit denen er so unheimlich gut hören konnte, sehen. Newa erwartete, dass Schnee sie beschütze und sich sofort auf den Luchs stürzen würde, aber als sie sich umdrehte war Schnee verschwunden. Merkwürdigerweise hatte sie aber trotzdem keine Angst vor dem Luchs. Der stand nur da und schaute sie lange an. Dann fing er plötzlich an zu sprechen.

„Du bist Newa," sagte er. „Du freust dich auf die Jagd morgen. Dazu musst du etwas wissen. Du bist klein aber mutig. Du bist schlau und beobachtest alles genau. Genau so macht es der Luchs. Kein Luchs wird dir jemals etwas tun, denn ich bin dein Schutzgeist. Denke daran, wenn du morgen im Wald bist." Dann drehte sich der Luchs um und ging langsam den Berg hinauf bis Newa ihn nicht mehr sehen konnte.

Erschrocken wachte sie auf. Es war mitten in der Nacht und alle schliefen tief und fest, nur Kato saß am Eingang der Höhle und hielt Wache. Newa konnte nach dem Traum nicht einschlafen, und so ging sie zu Kato.

„Hallo Großvater," sagte sie. „Ich kann nicht schlafen. Kannst du mir etwas erklären?" Kato guckte sie erstaunt an. Es kam nicht oft vor, dass jemand mitten in der Nacht mit ihm sprechen wollte.

„Was gibt es?" fragte er sie. Newa erzählte ihm ihren Traum. Kato hörte ihr zu und sagte danach lange kein Wort. Newa dachte schon er sei eingeschlafen. Dann sagte er.

„Wir Menschen sind genau wie die Tiere eng mit der Natur verbunden. Wir glauben, dass die Naturgeister alles um uns herum bestimmen. Dass Hadur Medizinfrau wurde, oder dass du einen jungen Wolf gefunden hast. Im Fluss gibt es Geister, im See, auf den Bergen und im großen Grasland. Der Winter ist ein mächtiger und böser Naturgeist, der uns bedroht und der Frühling ist ein guter Geist, der alles wieder gut macht. Für alle Tiere gibt es Geister, die deren und unser Leben bestimmen. So gibt es zum Beispiel den Geist des Büffels und des Adlers. Zu uns Menschen kommen die Geister manchmal in den Träumen. Im Traum nimmt die Natur über die Geister, die sie uns schickt, Kontakt mit uns auf und will uns etwas erklären. Bevor die jungen Männer Jäger werden, gehen sie oft alleine in die Wildnis und warten auf einen Traum, in dem sie erfahren wer ihr Schutzgeist ist. Dann kommen sie zurück und berichten allen davon. Bei Mädchen und Frauen ist das anders. Sie gehen nicht in die Wildnis. Trotzdem träumen sie oft auch von einem Schutzgeist. Nur wird darüber meistens nicht öffentlich gesprochen. Die Mädchen erzählen es meistens nur ihren Müttern oder vielleicht Hadur"

„Wer ist denn dein Schutzgeist," fragte Newa ihren Großvater. „Und was bedeutet das mit dem Schutzgeist?"

„Mein Schutzgeist ist der Falke," sagte Kato. „Er ist ein recht kleiner Raubvogel, der sehr mutig sein muss, um größere Tiere zu jagen. Er hat die besten Augen von allen Vögeln und kann sehr schnell fliegen." Er machte eine kleine Pause. Dann guckte er Newa direkt an.

„Die Bedeutung des Falken ist, dass er weitsichtig ist, dass er sehr schnell handelt und mutige Entscheidungen trifft. Er macht keine großen Worte und hat alles, was er tut, genau überlegt." Newa staunte.

„Und was ist mit dem Luchs?" fragte sie neugierig.

„Wie der Luchs lebt und was ihn auszeichnet, habe ich dir ja schon einmal erklärt. Der Luchs ist ein mächtiger Schutzgeist und anders als die meisten Raubtiere. Er handelt niemals gleich, sondern immer an die Situation angepasst. Deswegen ist er so schwer zu jagen. Seine Eigenschaften Klugheit, gutes Hören und Sehen bedeuten, dass du – Newa - immer genau zuhören wirst und beobachten wirst, was um dich herum passiert. Das wirst du dann bedenken und deine Entscheidungen davon abhängig machen. Und ich glaube, du wirst nicht immer so handeln, wie es die anderen von dir erwarten." Noch lange Zeit saß Newa schweigend am Höhleneingang neben ihrem Großvater, der stumm in die Nacht schaute und Wache hielt. Sie dachte über die Worte ihres Großvaters nach bis sie endlich müde wurde und sich schlafen legte.

Am nächsten Morgen sollte die Jagd beginnen. Aber in der Nacht war etwas geschehen. Alle Menschen hatten plötzlich Bauchschmerzen, alle bis auf Wasor und Kolgi, die Mutter Bras. Wasor saß an seinem Feuer wie jeden Morgen und verspeiste sein Frühstück, während alle anderen sich den Bauch hielten. Hadur war ganz unruhig und rannte zu jedem hin und untersuchte ihn. Newa musste ihr dabei helfen, obwohl ihr selber ganz schlecht war.

„Was ist nur los," fragte sie Hadur. „Warum ist uns allen so komisch und tut der Bauch weh?"

„Gib allen von den Bauchwehkrümeln," sagte Hadur, „dann wird es schnell vorbei sein. Ich habe alle untersucht. Es ist nicht gefährlich. Also brauchen wir keinen Sud aus Kröteneiern. Ich gehe mal schnell zu Kolgi und muss sie etwas fragen."

Newa verteilte die Bauchwehkrümel an alle. Die Menschen sahen sie etwas misstrauisch an, weil nicht Hadur kam, sondern Newa, nahmen aber die Krümel mit etwas Wasser ein. Kurze Zeit später kam Hadur zurück.

„Ich habe es mir gedacht," sagte sie. „Kolgi hat gestern Abend keine Milch getrunken. Deswegen hat sie keine Schmerzen aber die anderen."

„Und was ist mit Wasor," flüsterte Newa.

„Ich glaube er hat einen Pferdemagen und außerdem nicht so viel getrunken. Er war so ziemlich der letzte, der etwas von der Milch bekommen hat. Am besten verraten wir nichts. Ich könnte mir denken, es wird besser, wenn wir das nächste Mal davon trinken. Man muss sich immer an neue Nahrung gewöhnen." Es dauerte nicht lang, da ging es den Bewohnern der Höhle wieder gut und die Jäger und die Jojos sammelten sich am Höhleneingang, um auf die Jagd zu gehen.

„Die Jojos dürfen nicht alleine im Wald sein. Sie müssen immer mindestens zu zweit sein," befahl Wasor. „Und Schnee darf nicht mit in den Wald. Er würde nur Lärm machen und den Luchs verscheuchen." Newa wollte sofort widersprechen, aber Javor zischte ihr zu.

„Wenn du mitgehen willst, halte deinen Mund."

„Aber Schnee ist ganz leise, wenn ich es ihm sage," flüsterte Newa, aber Javor sagte nichts mehr dazu. So kam es, dass Schnee traurig am Höhleneingang sitzen bleiben musste, während die Gruppe in den Wald zog. Im Wald teilten sich alle in Zweiergruppen auf. Jeder Jojo bekam einen Jäger zugeteilt und dann verschwanden alle im Wald.

Newa war mit Gor unterwegs. Darüber war sie glücklich, da sie Gor gerne mochte, jedenfalls viel lieber als Kodar oder den jungen Bandur. Gor war immer ruhig und machte gerne Witze, über die die anderen lachen mussten. Gemeinsam gingen sie leise durch den Wald. Ohne dass sie es so richtig merkten, kamen sie immer höher. Längst konnten sie die anderen Jäger nicht mehr hören, die sich allerdings ebenfalls lautlos durch den Wald bewegten. Von Zeit zu Zeit machte Gor einen Vogelruf nach und die anderen Jäger antworteten. Doch irgendwann hörte auch das auf. Sie kamen an einem riesigen Felsblock vorbei, der im Wald lag. Er hatte mehrere Bäume umgerissen und wie dünne Äste geknickt.

„Schau mal," sagte Gor. „Vermutlich ist dieser Felsblock dort oben vom Berg gestürzt und hat eine breite Schneise in den Wald geschlagen." Sie schauten nach oben. Man konnte die hohe Felswand weiter oben erkennen.

„Komm mit," sagte Gor, „wir gehen dort hinauf. Da haben wir einen sehr guten Überblick." Mühsam kletterten sie über die umgestürzten Bäume hinauf zur Felswand. Sie ging beinahe senkrecht in die Höhe und war so hoch, dass man den Gipfel der Wand nicht sehen konnte. Newa und Gor standen eine Weile da und blickten über den riesigen Wald, der sich vor ihnen erstreckte.

„Hier oben war ich noch nie," sagte Gor. „Wir sind sehr weit von der Höhle entfernt. Vielleicht wohnt der Luchs hier in der Nähe." Newa wollte gerade etwas darauf erwidern, da hörte sie ein ganz leises Kullern hoch über ihnen. Im gleichen Moment fiel ein Stein herunter und traf Gor am Kopf. Er verdrehte die Augen und fiel bewusstlos um. Sofort kniete sich Newa zu ihm und untersuchte ihn. Er hatte eine große, tiefe Wunde an der Stirn, wo der Stein ihn getroffen hatte, aber er atmete ruhig und lebte noch. Newa war erleichtert. Aber was sollte sie jetzt tun? Sie griff an ihren Gürtel und holte den Beutel mit den grünen Blättern heraus. Diese legte sie auf die Wunde und drückte mit ihrer Hand fest auf die Blätter.

„Damit habe ich schon einige Erfahrung," dachte sie. Die Blutung hörte bald auf und Newa war erleichtert. Jetzt musste sie nur noch den anderen Jägern Bescheid geben, damit sie Gor holen konnten. Aber sollte sie Gor hier liegen lassen und alleine in den Wald gehen, um die anderen zu suchen? Oder sollte sie hier einfach warten? Beides schien ihr keine gute Idee zu sein.

Da spürte sie auf einmal die Anwesenheit eines fremden Lebewesens hinter sich und erschrak. Die Natur hielt den Atem an. Ganz langsam drehte sie sich um. Da stand er. Der Luchs hatte sie gefunden. Nur wenige Schritte von ihr entfernt. Er war viel zu nah, um ihn mit der Schleuder zu treffen und ebenfalls zu nah, um die Steinkeule bereit zu machen und zu benutzen. Ein Baum war auch nicht in der Nähe. Also blieb Newa einfach sitzen und begann mit dem Luchs zu sprechen.

„Hallo Schutzgeist," sagte sie zu ihm. „Hab keine Angst ich tu dir nichts, wenn du mir nichts tust." Der Luchs bewegte sich nicht. Völlig bewegungslos stand er vor Newa und blickte sie an.

„Irgendwie geht keine Gefahr von ihm aus," fand Newa und sprach einfach weiter. Sie erzählte dem Luchs von ihrem Traum, von den Ziegen, von der Jagd und dass sich Gor verletzt hatte. Die ganze Zeit rührte sich der Luchs nicht. Dann ging er auf Newa zu und streifte seinen Kopf an ihrer Schulter. Newa bewegte sich nicht, aber dann nahm sie ihre Hand von Gors Stirn und begann den Hals des Luchses zu kraulen, bis der anfing zu schnurren. Newa verlor all ihre Angst und fühlte plötzlich eine große Kraft in sich wachsen. Sie spürte intensiv die Verbindung mit ihrem Schutzgeist und plötzlich wusste sie, warum sie insgeheim gewünscht hatte, die Jäger würden den Luchs nicht fangen und töten. So saßen sie lange Minuten friedlich unter den Felsen und schauten über den Wald. Newa griff in ihren Beutel, holte einige Fleischstücke heraus und fütterte sie dem Luchs, der sie aus ihrer Hand fraß.

Da hörte Newa plötzlich den Vogelruf eines Jägers in der Nähe. Sofort hob der Luchs den Kopf und schaute in die Richtung des Vogelrufes. Er rieb noch ein letztes Mal seinen Kopf an Newa und verschwand lautlos im Gebüsch. Als Newa hinter ihm herschaute, konnte sie nichts mehr sehen. Sie stand auf und rief laut.

„Hier sind wir. Wer ist da unten? Gor hat sich verletzt, ich brauche Hilfe."

„Hier sind Javor und Bra," kam die Antwort sofort. Newa beobachtete, wie sich die beiden Jäger den Weg über die umgestürzten Bäume bahnten und langsam den Berg heraufkletterten. Endlich waren sie bei Newa angekommen.

„Was ist passiert?" fragte Javor. Newa erklärte die Verletzung Gors und Javor rief durch seinen lauten Vogelschrei die anderen Männer und Jojos herbei. Dann standen alle um Gor herum.

„Gut, dass der noch lebt," sagte Wasor. „Vielleicht können wir so was wie eine Büffelrutsche bauen, um ihn in die Höhle zu bringen." Die Männer schlugen sofort zwei dünne Bäume und spannten Javors und Kodars Fellumhänge dazwischen. Dann legten sie Gor darauf und trugen ihn zurück durch den Wald. Es war ein langer und sehr beschwerlicher Weg. Newa sagte auf dem ganzen Weg kein Wort. Sie dachte über ihre Begegnung mit dem Luchs nach. Erst spät am Nachmittag kurz vor Sonnenuntergang kamen sie bei der Höhle an. Die Zurückgebliebenen waren schon unruhig und Jag und Kato hielten bereits Ausschau. Hadur kam sofort und untersuchte Gor.

„Zum Glück ist sein Kopf in Ordnung. Morgen früh ist er wieder wach. Aber er hat bestimmt noch viele Tage Kopfschmerzen," sagte sie. Sie gab ihm eine übelriechende Flüssigkeit aus einer ihrer vielen Fläschchen in den Mund. Sofort verzog er das Gesicht und wurde wenig später wach.

„Wo bin ich?" fragte er. „Was ist passiert? Ich habe geträumt, dass ich den Luchs gesehen habe. Er saß neben mir und hat sich mit Newa unterhalten. Ist das nicht witzig?" Dann verdrehte er die Augen und schlief wieder ein.

„Seht ihr," sagte Hadur, „er wird wach, ist aber völlig verwirrt. Morgen ist er wieder in Ordnung." Dann ging sie. Newa guckte Gor verwundert an. Hatte er etwas von dem Luchs mitgekriegt? Niemand schaute sie an, da alle Gors Geschwätz für Blödsinn hielten, nur Kato guckte einen Augenblick nachdenklich auf Newa. Etwas später verkündete Wasor.

„Die Berge sind gefährlich. Sie haben Steine auf Gor geworfen, um uns zu zeigen, dass wir uns fernhalten sollen. Die Luchsjagd ist hiermit beendet. Ab morgen müssen wir die Herbstjagd planen."

Newa war erleichtert. Ihrem Luchs würde nie mehr etwas passieren. Als sie sich mit Schnee schlafen legte, erzählte sie ihm ganz leise von ihrer Begegnung mit dem Luchs.

Liebe/r junge/r Leser/in...

In der folgenden Geschichte, beschäftigt Newa sich mit dem Feuer. Tatsächlich war die **Beherrschung des Feuers** *einer der ersten und wichtigsten Entwicklungsschritte in der Geschichte der Menschheit. Die Beherrschung des Feuers hat den Menschen das Überleben in der Natur erst ermöglicht, denn die Menschen waren weder besonders stark noch besonders schnell. Sie waren sozusagen gute Beutetiere für Raubtiere. Menschen sind übrigens die einzigen Lebewesen auf der Erde, die keine Angst vor dem Feuer haben und es sich zu Nutzen gemacht haben.*

Die ersten Menschen haben vermutlich in kleinen Gruppen am Feuer gelebt, was zuerst nur ein Schutz- und Wärmespender war und erst später als Kochmöglichkeit genutzt wurde. Die frühen Menschen haben nur das Feuer gehabt, was vom Himmel fiel, also Holz, welches durch Blitzschlag brannte. Erst viel später haben sie Techniken entwickelt, selbst Feuer zu machen.

Aber dabei ist wahrscheinlich noch etwas anderes passiert. Wenn man in einer Gruppe am Feuer sitzt und sich wärmt, muss irgendwann jemand aufstehen und Holz holen, damit das Feuer nicht ausgeht. Vermutlich waren die ersten Menschen deshalb dazu gezwungen sich dauernd miteinander zu verständigen und lernten irgendwann sprechen. Aber dies ist eine Vermutung. Niemand weiß wann, wie und warum die Menschen sprechen lernten.

In der letzten Geschichte kamen **Schutzgeister** *vor. Heute weiß man nicht, ob die Steinzeitmenschen an Geister, die in Tieren lebten, geglaubt haben oder nicht. Aber es ist zumindest wahrscheinlich. Grundsätzlich haben Menschen immer versucht, sich Dinge, die sie nicht verstehen konnten, durch Übernatürliches zu erklären. (Beispiel. Gewitter – Donnergott).*

Wie sich die so genannten „**Religionen**" *unserer Zeit aus dem frühen Glauben der Steinzeitmenschen entwickelt haben könnten, ist Gegenstand der Forschung.*

Newas Ur-Großmutter

"Sag mal," fragte Newa ihre Mutter, als sie am Morgen etwas getrocknetes Fleisch mit Wurzelpamps zum Frühstück aß, "wie geht das eigentlich mit dem Fleisch? Wie kommt es, dass es nicht verdirbt? Im Wald liegen manchmal tote Tiere herum, die fürchterlich stinken, wenn sie eine Weile tot sind. Da verdirbt das ganze Fleisch und trocknet nicht. Aber hier in der Höhle haben wir den ganzen Winter lang Fleisch, was nicht verdirbt."

"Wenn du noch einen Augenblick Zeit hast, bevor du zu Hadur gehst, kann ich dir gerne einmal eine kleine Geschichte über deine Urgroßmutter, also meine Großmutter erzählen," meinte sie. Newa war sofort ganz neugierig.

"Deine Ur-Großmutter," begann Andar, " lebte vor vielen Jahren in unserem Clan in einer anderen Höhle. Sie hatte übrigens den gleichen Namen wie du. Sie hieß auch Newa. Dein Vater Javor und ich haben dich nach ihr benannt. Deine Ur-Großmutter hatte als ein kleines Kind während eines Winters eine schwere Hungersnot erlebt, und so wusste sie schon früh, wie wichtig es ist, immer genug zu essen zu haben. Die Frauen zu dieser Zeit wussten zwar einiges über Wurzeln, die man essen konnte aber trotzdem waren die Menschen darauf angewiesen, dass die Männer immer genug Wild erlegten. Deshalb mussten die Männer sogar im Winter beinahe jeden Tag jagen gehen, damit der Clan überleben konnte. Im Winter ist dies besonders schwierig, vor allem, wenn der Schnee sehr hoch liegt. Die meisten Clans zogen deswegen im Herbst in die Täler, da dort der Schnee nicht so hoch war, wie auf den Bergen, wo es Höhlen zum Wohnen gab. In den Tälern war das Leben aber gefährlicher, da die Menschen dort in Hütten leben mussten, die für Raubtiere leichter anzugreifen waren, als eine Höhle. Aber Newas Clan hatte beschlossen den Winter über in der Höhle zu bleiben.

Die Männer hatten im Herbst viel Wild gejagt und die Frauen mussten es über ihrem Feuer braten, damit es haltbarer wurde und einige Zeit lang als Nahrung dienen konnte. Newa hat ihrer Mutter damals viel mehr helfen müssen, als du das heute musst. Sie konnte bereits Fleisch gut in passende Stücke teilen und braten. Dabei kam es vor, dass einige Fleisch- und Knochenstücke, die nicht so gut waren, achtlos in eine Ecke der Höhle geworfen wurden."

"Das sind die Stücke, die heute immer mein Schnee bekommt," sagte Newa.

"Genau," meinte Andar, "damals wurden sie immer in den Wald gebracht, wo sie verwesten. In der Nähe der Höhle konnten sie nicht bleiben, da sonst wilde Tiere angelockt worden wären, und das wollte natürlich niemand. Aber eines Tages kam ein großer Schneesturm. In kurzer Zeit, war eine riesige Schneewehe vor der Höhle aufgetürmt und niemand konnte die Höhle verlassen. So lag das Fleisch hinter dem Feuer auf einem Haufen. Newa sollte den Fleisch- und Knochenhaufen wegräumen. Sie ging tiefer in die Höhle hinein. Dort hatten die Höhlenbewohner einen schmalen Spalt in das Gestein geschlagen, durch den der Qualm der Feuer nach draußen abziehen konnte. Newa hoffte dort das Fleisch verstecken zu können, damit es in der Höhle nicht so stank, wenn es verweste. Am Ende dieses Spaltes legte sie den ganzen Fleischhaufen auf einen Felsvorsprung und kam zurück ans Feuer. Dann wurde das Fleisch vergessen.

Im Laufe des Winters gingen die Vorräte zur Neige und die Menschen fingen an immer hungriger zu werden. Die Jäger konnten nur wenig Wild jagen, weil der Schnee zu hoch lag und sie im Schnee einsanken. Eines Tages fiel meiner Großmutter der Fleischhaufen in der Spalte ein. Sie hatte so einen schlimmen Hunger, dass sie zur Not auch verdorbenes Fleisch essen wollte. Das war zwar verboten, denn daran konnten die Menschen schnell sterben, aber Newa war das egal. Eines Nachts schlich sie heimlich in den Spalt hinein. Sie fand schnell das Fleisch. Aber etwas sehr Merkwürdiges war damit passiert. Das Fleisch stank überhaupt nicht und war auch nicht verwest, wie sie es erwartet hatte. Es war ganz trocken geworden, hatte eine dunklere Farbe angenommen und roch intensiv nach Rauch. Als Newa einen Bissen davon nahm, schmeckte es nicht verwest, sondern ebenfalls stark nach dem Rauch der Feuer in der Höhle, deren Qualm durch den Spalt abgezogen war. Sie brachte das verrauchte Fleisch zurück in die Höhle und zeigte es am nächsten Morgen ihren Eltern. Die waren ebenfalls sehr verwundert. Das Fleisch war gut zu essen, niemand starb oder wurde krank. Newa hatte durch Zufall festgestellt, wie man Fleisch durch räuchern im Rauch eines Feuers haltbar machen konnte. Damit hatte sie den Clan gerettet. Wenige Tage danach schmolz der Schnee und die Jäger konnten wieder auf die Jagd gehen. Nach der Entdeckung meiner Großmutter wurde nach jeder Jagd ein großer Teil des Fleisches geräuchert und auf diese Weise haltbar gemacht."

Andar stand auf. Sie ging mit Newa vor die Höhle zu einem großen Steinhaufen. Der Räucherofen. Newa kannte ihn, wusste aber nicht, wie er funktionierte. Als sie um den Haufen herum gingen, bemerkte Newa eine ganz kleine Tür, durch die ihre Mutter jetzt in den Steinhaufen hineinkroch. Newa folgte ihr. Dann standen sie in einem niedrigen Raum. An der Decke waren Holzstangen auf die Steine gelegt und an den Holzstangen hingen unterschiedlich große Fleischstücke.

"Siehst du, hier wird dann ein Feuer gemacht, das kann man durch die kleine Tür beaufsichtigen," erklärte Andar. "Wir werfen feuchtes Holz und Gras hinein, dann entsteht viel Qualm und das Fleisch wird geräuchert. Durch die Steine zieht dann der Rauch langsam ab." Newa war beeindruckt. Sie stellte sich vor wie ihre Urgroßmutter damals alles erfunden hatte und beschloss auch etwas zu erfinden.

"Wie ist es meiner Ur-Großmutter damals weiter ergangen?" fragte Newa ihre Mutter.

"Newa wurde eine besonders angesehene Frau im Clan. Sie hatte viele Kinder und wurde sehr alt. Ihr ganzes Leben lang hat sie sich Gedanken gemacht um die Versorgung der Menschen. Sie hatte kein Vertrauen in die Jagd und sagte immer, man müsse Wurzeln suchen, um sich von ihnen ernähren zu können, wenn es einmal kein Fleisch gab. So war sie immer im Wald und sammelte Früchte und Wurzeln. Der Wurzelpamps, den du gerade gegessen hast, war auch ihre Erfindung." Newa verzog das Gesicht.

"Das hätte sie ja mal nicht erfinden müssen," dachte sie. Andar wurde auf einmal traurig.

"Deine Ur-Großmutter hat noch etwas erfunden. Darüber weiß ich aber wenig. Da war sie bereits sehr alt gewesen. Sie nannte es "backen" und hat irgendwie mit dem Feuer zu tun. Leider ist das Geheimnis aber vergessen worden." Newa wurde sehr nachdenklich. Das war doch schlimm, wenn Geheimnisse oder besser – Wissen - verloren ging. Zum Beispiel das Geheimnis über ihre Schleuder. Aber wie sollte sie es weitergeben ohne gegen die Regeln des Clans zu verstoßen?

Als sie etwas später bei Hadur war, um neues über Kräuter und Medizin zu lernen, war sie nicht richtig konzentriert bei der Sache.

"Was ist heute mit dir los," fragte ihre Lehrerin. Newa berichtete ihr von ihrer Ur Großmutter.

"Ja," sagte Hadur, "sie muss eine tolle Frau gewesen sein. Ich habe einmal gehört, dass sie den Biber als Schutzgeist hatte. Ein sehr kluges Tier, welches sich ein riesiges Haus bauen kann und darin Vorräte anlegt, um niemals Hunger zu leiden. Wir machen heute einmal Pause. Du hast schon so viel gelernt."

Newa freute sich über ihre Freizeit und ging vor die Höhle. Es war ein sonniger Tag, und die Männer bereiteten sich auf die große Herbstjagd vor. Sie waren hinunter zum Waldrand gegangen, um gerade Äste zu finden, aus denen sie neue gute Speere machen konnten. Mit ihren Steinbeilen schlugen sie die Äste ab und glätteten sie anschließend mit ihren Messern. Sie hatten Tugor und Bra mitgenommen, um ihnen alles zu zeigen. Newa pfiff nach Schnee und ging nach links in Richtung des

Wasserfalles. Unterwegs spielte sie mit Schnee und übte zwischendurch mit ihrer Schleuder. Sie wusste inzwischen genau, welche Steine am geeignetsten waren um weit und genau zu schießen. Newa hatte sich einen kleinen Steinvorrat in einem Lederbeutel an den Gürtel gehängt. Wenn der Beutel leer war, sammelte sie einfach neue Steine ein.

"Sooooo viel einfacher als einen Speer zu bauen," dachte sie. "Und vieeeeel weiter kann ich damit schießen." Inzwischen war sie an einem kleinen Wasserfall angekommen, wo die Frauen immer ihr Wasser holten. Sie blickte hinunter ins Tal und sah den Bach, der in den kleinen See mündete. Dort war sie noch nie gewesen. Ob es erlaubt war zum See zu gehen? Schließlich war es nicht der Wald, wo sie immer nur in der Gruppe der Jojos sein durften. Newa beschloss dem See einen kleinen Besuch abzustatten. Sie kletterte den steilen Abhang hinunter und kam schließlich am Ufer des Sees an. Einige Bäume standen um den See herum. Newa guckte ins Wasser und stellte fest, dass der See voller Fische war.

"Die könnten wir ja auch einmal jagen," dachte sie. "Das muss ich mir merken, wenn es im Winter kein Wild gibt und wir Hunger kriegen." Sie lief am Ufer des Sees entlang und kam an eine flache Stelle, wo sie mit den Füssen ins Wasser gehen konnte. Das Wasser war kalt, weil es aus den Bergen kam und der Schlamm quatschte zwischen ihren Zehen. Sie griff ins Wasser und zog einen großen Klumpen des sehr zähen Schlammes aus dem Wasser heraus. Dann setzte sie sich ans Ufer und dachte über die Geschichte ihrer Urgroßmutter nach. Dabei spielte sie mit dem Lehmklumpen in ihrer Hand. Es war friedlich. Die Vögel zwitscherten und Schnee lag ruhig neben ihr. Sie schaute sich um. Neben ihr stand ein komischer Baum mit einem dicken Stamm, den sie im Wald noch nie gesehen hatte. Lange Zweige hingen ins Wasser und bildeten ein hohes Dach. Es war eine Weide. Newa konnte die Zweige anfassen und sich an ihnen hochziehen, so stabil und gleichzeitig elastisch waren sie. Viele Äste waren ganz gerade, so wie die Jäger sie für die Speere brauchten. Etwas weiter entfernt wuchsen seltsame Gräser, die ihr unbekannt waren. Sie hatten am Ende einen Kopf mit langen Haaren.

"Ich muss die Gräser mit in die Höhle nehmen und sie Hadur und Andar zeigen. Vielleicht kennen sie die Gräser," dachte Newa. Sie stand auf, ging zu dem Feld mit den Gräsern und riss einige davon ab. Dabei schnitt sie sich in den Finger, da die Gräser sehr scharf waren.

"Verdammt," sagte sie. Sie setzte sich ans Wasser. Als sie ihre Hände im Wasser badete, sah sie den Lehmklumpen, den sie vorher aus dem Wasser geholt hatte, auf dem steinigen Grund des Sees liegen. Sie hatte, ohne darauf zu achten, aus dem Klumpen eine flache Scheibe gemacht, die jetzt neben ihr im Wasser lag. Newa holte die Scheibe heraus und schaute sie an. Dann kam ihr eine Idee. Sie formte die Lehmscheibe ein wenig um und hatte im Nu eine kleine Schüssel in der Hand, mit der sie Wasser aus dem See schöpfen konnte. Es schmeckte köstlich. Sie trank mehrere Schlucke bis sie ihren Durst gelöscht hatte.

"Seltsames Zeug dieser Lehm," dachte Newa. "Man kann damit Wasser hochheben, wie mit einer Holzschüssel." Nur war eine Holzschüssel wesentlich schwieriger herzustellen, als so eine kleine Schüssel. Als Newa einige Zeit später bei der Höhle ankam, warteten die Jojos schon auf sie.

"Wo bleibst du? Wir wollen in den Wald gehen," sagte Tugor. "Bra und ich müssen unsere neuen Speere werfen und gucken welche am besten fliegen. Ihr müsst dünne Äste und Blätter suchen und aus ihnen Matten bauen."

"Warum das?" fragte Newa verwundert.

"Das kann ich dir sagen," sagte Tugor stolz. "Die Männer wollen auf der Jagd eine tiefe Grube bauen und sie mit den Matten abdecken. Dann wollen sie wieder eine Treibjagd machen und die Büffel zu der Grube treiben, sodass sie hineinfallen. Wir sind ja nicht sicher, ob wir wieder das Glück haben, dass eine Schlucht in der Nähe der Büffelherde ist." Damit hatte er recht, fand Newa. Sie brachte die Schüssel und die abgerissenen Gräser in die Höhle, legte sie achtlos neben das

Feuer. Dann gingen sie in den Wald. Den ganzen Nachmittag waren sie beschäftigt. Die Mädchen schnitten lange Zweige und Äste mit Blättern und flochten daraus große Matten, die man übereinanderlegen konnte, um eine Fallgrube abzudecken. Die Jungs übten mit ihren Speeren. Abends kamen sie alle erschöpft in die Höhle zurück. Die Ziegen schrien bereits, da ihre Euter voll mit Milch waren und Gala und Iso mussten sie sofort melken. Newa bemerkte, dass Bra ganz still war. Normalerweise redete er immer viel und hatte eigentlich ständig gute Laune aber heute nicht.

"Hey, was ist los mit dir," fragte Newa ihn. "Hast du dich geärgert?" Zuerst wollte Bra nicht mit der Sprache heraus, aber Newa ließ nicht locker.

"Erzähl schon. War Tugor beim Speerwerfen wieder besser als du?" wollte sie wissen. Das war ein Treffer. Bra guckte sie böse an.

"Wenn du das sowieso schon weißt," motzte er sie an. "Nach meinem blöden Unfall ist mein rechter Arm nicht mehr ganz so stark wie er einmal war. Ich kann zwar gut zielen aber mein Speer fliegt einfach nicht weit und stark genug. Um ein größeres Tier zu töten, muss ein Mann bis auf wenigstens zehn bis zwölf Schritte heran und dann mit voller Wucht treffen. Der starke Wasor schafft es auf 15 bis 20 Schritte, aber ich müsste bis auf sechs bis sieben Schritte an ein Tier herankommen, um das zu schaffen. Wenn ich das nicht noch besser lerne, kann ich niemals eine Familie ernähren." Er drehte sich herum und lief mit gesenktem Kopf davon. Newa war erschüttert. Das hatte sie nicht erwartet. Was Bra da gerade erzählt hatte, war ja wirklich schlimm für ihn und damit auch für den ganzen Clan. Newa wollte hinter ihm herlaufen. Aber womit hätte sie ihn trösten sollen?

"Warte Bra," rief sie und stolperte. Bra hatte alle seine Speere, die er am Vormittag mit den Männern gebaut hatte, fallen gelassen. Newa hob sie auf und untersuchte sie. Sie waren sehr gut gearbeitet und lagen ausgewogen in der Hand. Das hatte Bra ausgesprochen gut gemacht.

Er schien Talent zu haben. Für Newa waren sie zu schwer und wenn sie einen warf, kam sie nicht einmal halb so weit wie Bra.

"Sie sind zu schwer," dachte sie. "Man müsste sie einfach viel leichter machen, aber dann haben sie keine Wucht mehr." Sie dachte daran, wie viel Zeit sie verwendet hatte, um die beste Größe für ihre Steine herauszufinden, damit sie mit ihrer Schleuder richtig gut schießen konnte. Mit diesen Gedanken im Kopf ging sie in die Höhle. Sie guckte immer wieder zu Bra, aber der saß den ganzen Abend stumm am Höhleneingang und guckte hinaus.

Am nächsten Morgen wachte Newa auf, weil es in der Höhle kalt war. Der Sommer ging langsam zu Ende und der Herbst kam. Das Feuer war klein geworden und brauchte Nahrung. Newa stand auf, holte Holz und warf es auf das Feuer. Dabei stolperte sie. Sie guckte auf den Boden. Dort lag die kleine Lehmschüssel, die sie gestern mitgebracht hatte. Sie hatte sie ganz vergessen. Newa hob die Schüssel auf und staunte.

"Das ist doch gar nicht meine Schüssel," dachte sie. Aber es war ihre Schüssel. Der Lehm hatte sich verwandelt. Er war nicht mehr dunkel, weich und formbar, sondern hellbraun und ganz hart. Sie klopfte damit gegen ihren Kopf. Ja, der Lehm war ganz hart geworden. Newa füllte etwas Wasser hinein, das in einem Holzgefäß daneben stand. Sie stellte die Schüssel auf den Boden und beobachtete was passierte. Die Schüssel war immer noch ganz dicht. Das Trocknen am Feuer hatte ihr nicht geschadet. Newa wurde ganz aufgeregt. Was hatte sie da wohl entdeckt?

Wieder dachte sie an ihre Ur-Großmutter, die alte Newa, die immer mit dem Feuer experimentiert hatte und das Räuchern des Fleisches erfunden hatte. Das Feuer hatte mit ihrem Lehmklumpen ja ebenfalls etwas angestellt. Es musste also die Macht haben, Dinge zu verändern. Wenn man Holz verbrannte wurde es schwarz. Wenn man Fleisch briet, wurde es zart und schmeckte besser als roh. Wenn man Lehm heiß machte wurde der Lehm hart.

Und der Wurzelpamps? Vielleicht hatte sie ja bereits eine Erfindung gemacht wie ihre Ur-großmutter. Sie wollte ausprobieren, was man mit dem Feuer alles machen konnte. Sie kippte den Wurzelpamps in die Lehmschüssel und stellte die Schüssel nahe an das Feuer. Dann rührte sie mit einem Holzstab herum. Der Wurzelpamps war eindeutig zu dick. Schnell kippte Newa etwas Wasser dazu und rührte weiter. Sie war auf einmal total aufgeregt. Gerade war sie dabei ihren ersten Brei zu kochen, ja überhaupt das erste Mal zu kochen. Das hatte die Lehmschüssel ermöglicht. Einen Holzteller konnte man ja nicht auf ein Feuer stellen. Aufgeregt holte sie einige Steine herbei und baute daraus ein kleines Gestell am Rande des Feuers, auf das sie die kleine Schüssel stellen konnte. Sie rührte den Brei immer weiter bis er richtig zu dampfen begann. Dann hörte sie auf und nahm die Schüssel vom Feuer. Geschafft! Als sie das gemacht hatte bemerkte sie, dass Hadur und Andar wach geworden waren und sie aufmerksam beobachteten.

"Was ist das denn," fragte Hadur. "Woher hast du das?" Newa erzählte ihr, wie sie am Vortag am kleinen See gewesen war, und wie sie mit der Lehmschüssel Wasser hochgehoben hatte.

"Die Schüssel ist über Nacht am Feuer hart geworden, aber Wasser kann man immer noch mit ihr hochheben," sagte sie aufgeregt. Hadur und Andur schauten sich den Kochtopf genau an und schüttelten erstaunt den Kopf.

"Hmm...sagte Andar kritisch. Sie steckte einen Finger in Newas Brei. "Jetzt wollen wir doch mal probieren, was Newa da gemacht hat." Sie leckte ihren Finger ab und bekam riesengroße Augen.

"Das müsst ihr probieren," sagte sie. "Zum ersten Mal in meinem Leben schmeckt der Pamps gut. Er ist ganz warm. Lecker!" Inzwischen waren alle Menschen in der Höhle wach. Nach dem Frühstück begann ein munteres Treiben. Die Männer bastelten an ihren Speeren herum, reparierten ihre Steinbeile und Messer und unterhielten sich über die bevorstehende Jagd. Später gingen sie in den Wald. Javor hatte vorgeschlagen, Hacken und Grabstöcke herzustellen, um eine Grube graben zu können. Deswegen holten die Männer dauernd Stämme aus dem Wald und bearbeiteten sie mit ihren Werkzeugen.

Newas Unterricht bei Hadur fiel schon wieder aus, denn die Frauen hatten beschlossen am See Lehm zu holen, um verschiedene Gefäße herzustellen. Alle wollten jetzt plötzlich Newas Brei kochen. Newa musste mit ihnen zum See gehen und ihnen die Lehmstelle zeigen. Die Frauen fingen sofort an zu arbeiten, sammelten Lehmklumpen und packten alles in große geflochtene Körbe, die sie dann nach Hause trugen. Dort begannen sie sofort mit der Herstellung verschiedener Gefäße aus Lehm.

Newa war auf einmal langweilig. Sie hatte keine Lust darauf, mit den anderen Lehmschüsseln zu bauen. Stattdessen spielte sie ein bisschen mit Schnee. Plötzlich fielen ihr die Gräser ein, die sie mitgebracht hatte. Schnell rannte sie in die Höhle. Sie fand die Gräser neben der Feuerstelle. Unter dem Einfluss des nahen Feuers hatten sie sich ebenfalls verändert. Sie waren nicht mehr hellbraun, sondern dunkelbraun geworden. Sie lief mit den Gräsern zu Hadur, die mit Andar dabei war, einen Lehmtopf zu formen.

"Hier ...hallo ....habe ich auch noch einige Gräser mitgebracht, die ich nicht kenne," sagte Newa. "Kannst du mir sagen was das ist?" Sie hielt den beiden Frauen die seltsamen Gräser unter die Nase.

"Das ist Gerste," erklärte Hadur. "Ich kenne die Gräser schon lange, aber man kann sie nicht verwenden. Normalerweise sind sie im Sommer ganz grün. Erst im Herbst werden sie hellbraun. Aus dem Kopf kommen ganz harte Körner heraus, die keine Heilkraft haben. Man kann sie nicht zerbeißen und wenn man sie mit einem Stein kaputt haut, kommt weißes Zeug heraus was den Mund verklebt und nicht schmeckt." Sie nahm einen Stein und zerschlug die Köpfe der Gräser. Körner flogen heraus und wurden durch den Stein zerquetscht. Weißes Mehl kam heraus und verteilte sich auf dem Stein. Newa stippte mit ihrem Finger hinein und probierte das Mehl. Es schmeckte nach nichts.

Sie schaute ihre Mutter an. Andar guckte das Mehl auf einmal mit großen Augen an.

"Kannst du dich an die Geschichte über die alte Newa, meine Großmutter erinnern, die ich dir gestern erzählt habe," fragte sie Newa. "Meine Mutter hat mir erzählt, dass meine Großmutter irgendetwas mit Mehl gemacht hat. Sie wusste nur nicht mehr, wie sie Mehl gemacht hat und was sie anschließend mit dem Mehl gemacht hat. So kommt jetzt hier viel zusammen. Newa findet die Gräser, Hadur kennt sie und weiß, dass sie Mehl enthalten und ich weiß, dass Mehl der Schlüssel zum Backen ist. Jetzt müssen wir nur noch herausfinden, was meine Großmutter mit dem Mehl gemacht hat."

Liebe/r junge/r Leser/in...

In der letzten Geschichte hat Newa festgestellt, dass Feuer Lehm brennen kann und den Tontopf erfunden. Tatsächlich sind für die Archäologen (Du erinnerst Dich, das sind die Wissenschaftler, die in der Erde graben) Tontöpfe von unschätzbarem Wert. Die Menschen haben schon sehr früh begonnen sie herzustellen und haben sie auf sehr unterschiedliche Weise verziert. Außerdem gab es verschiedene Formen der Tontöpfe.

So konnten die Archäologen bestimmte **„Keramik"**, so nennt man gebrannte Gefäße aus Ton und anderen Materialien, und unterschiedliche Gravuren, so nennt man die eingeritzten Muster, bestimmten Zeitabschnitten zuordnen. Du hast ja bereits gemerkt, dass die Zuordnung und Benennung verschiedener Zeitabschnitte kompliziert ist. Mit der Keramik wird es noch unübersichtlicher.

In der folgenden Geschichte erfindet Newa etwas ganz Wichtiges. Sie beginnt Brot zu backen. Das Backen eines Brotes ist ein weiterer Entwicklungsschritt in der Beherrschung des Feuers. Die Menschen lernten nach und nach wie man kochen und backen kann. Vermutlich haben sie am Anfang nur Fleisch über offenem Feuer gebraten aber im Laufe der Zeit lernten sie immer mehr.

Eine weitere wichtige Erfindung ist die Technik des **„Schäftens"**, die die Männer benutzen, um ihre Werkzeuge zu bauen. Schäften bedeutet „einen Schaft anbringen". Dabei verbindet man zwei verschiedene Materialien, meistens Holz und Stein oder Holz und Knochen, miteinander. Die Speerspitze und den Schaft des Speeres, den Griff eines Messers und die Klinge. Durch die Archäologie weiß man, dass die Menschen der Steinzeit verschiedene Techniken des Schäftens kannten und verwendeten, die wir auch heute noch benutzen.

Brot

Newa schreckte aus dem Schlaf auf. Zuerst wusste sie nicht, warum sie aufgewacht war. Dann fiel es ihr ein. Sie hatte von ihrer Ur Großmutter geträumt. Die alte Newa hatte mit ihr gesprochen und zusammen hatten sie etwas gebacken, in einem Ofen. Newa wurde ganz aufgeregt. Sie schaute nach dem Feuer. Es brannte nicht mehr, aber trotzdem war es noch warm an der Feuerstelle. Newa verstand das zuerst nicht. Wie konnte es noch warm sein, wenn das Feuer bereits ausgegangen war? Sie krabbelte aus ihrem Schlaffell und ging zur Feuerstelle. Der kleine Steinhaufen, den sie an der einen Seite des Feuers gebaut hatte und auf dem sie den Wurzelpamps gekocht hatte, war noch ganz warm. Anscheinend hatten die Steine die Hitze des Feuers gut gehalten. Newa erinnerte sich an ihren Traum. Ihre Urgroßmutter hatte sie besucht.

Die alte Newa hatte ihr gezeigt, wie man Wasser mit heißen Steinen erhitzen konnte, indem man die Steine zuerst ins Feuer und, wenn sie dann heiß geworden waren, ins Wasser legte. So wurde das Wasser dann heiß. Nun ja, das hatte ihre Mutter ihr auch schon einmal gezeigt. Aber die alte Newa hatte dann einen komischen, hellen, weichen Klumpen auf einen heißen Stein gelegt und aus dem hellen, weichen Klumpen war ein brauner, harter Klumpen geworden, den man essen konnte. Newa dachte krampfhaft nach. Wie hatte sie nur diesen komischen Klumpen gemacht? Es fiel ihr einfach nicht mehr ein, so sehr sie sich auch bemühte. Dieses Stück des Traumes hatte sie vergessen.

„Jetzt war ich soooo kurz davor das Geheimnis der alten Newa zu lösen," dachte sie und wurde ganz traurig. Sie hatte schlechte Laune. Inzwischen wachten die anderen Bewohner der Höhle nach und nach auf.

„Du musst ganz schnell Holz holen, Newa," sagte Andar, als sie gesehen hatte, dass das Feuer erloschen war.

„Auch das noch," dachte Newa, die gerade ihrer Mutter von dem Traum erzählen wollte. Holz holen war die nervige, doofe, wirklich sau-sau-sau-doofe Arbeit, welche die Jojos wirklich jeden Tag verrichten mussten. Die Feuer in der Höhle waren wichtig. Eigentlich durften sie nicht ausgehen, denn sie boten Schutz gegen die wilden Tiere und wärmten die Höhle auf. Dort war es auch im Sommer ziemlich kalt und auch feucht. Durch die Wärme der Feuer trocknete die Höhle, es wurde warm und man konnte sogar im Winter ganz angenehm darin leben. Wenn nur das doofe Holzholen nicht wäre.

Sie stand auf und marschierte aus der Höhle hinaus. Die Sonne ging gerade auf, und es war noch recht frisch. Bra war ebenfalls aufgestanden. Er musste auch Holz holen gehen und hatte ebenfalls schlechte Laune. Die beiden gingen schweigend zu einer Stelle, wo ein sehr großer Baum umgefallen war. Dort gab es viel trockenes Holz, das man leicht brechen konnte und das gut brannte. Beide hatten einen großen Korb dabei, um das Holz transportieren zu können. Schnee sprang freudig um die beiden Kinder herum. Er musste ja kein Holz holen. Newa guckte ihn an.

„Das könnte dir so passen," sagte sie. Sie hatte plötzlich eine Idee.

„Warte mal kurz," sagte sie zu Bra. Sie löste ihre Schleuder, die sie wie immer um ihren Bauch gebunden hatte. Dann band sie die beiden Körbe mit dem Lederband zusammen und hängte sie über den Rücken ihres Wolfes.

„So, hier kannst du gleich auch mal etwas tragen, du Faullappen. So ist es für uns beide viel gemütlicher," sagte sie zu Bra, der sie mürrisch beobachtete. Dann liefen sie weiter bis zu dem großen Baum. Sie sammelten viel Holz und füllten die Äste und Zweige in die beiden Körbe. Schnee guckte ein wenig verwundert, als er die vollen Körbe auf seinem Rücken spürte, aber er war inzwischen so stark, dass ihm das Gewicht nichts ausmachte. Als sie die Körbe gefüllt hatten, gingen die beiden Jojos los und brachten das Brennholz zur Höhle. Dort wurden sie bereits von ihren aufgeregten Müttern erwartet.

„Wo bleibt ihr denn," riefen Andar und Kolgi. „Unsere Feuer sind aus und wenn wir nicht schnell Holz bekommen ist die Glut kalt und wir müssen uns Feuer von den anderen holen und das ist schlimm." Sie schimpften so herum, dass sie nicht einmal bemerkten, auf welche Weise Newa und Bra das Holz zur Höhle transportiert hatten. Nur Kato, der wie immer am Höhleneingang saß, hatte es bemerkt.

„Das ist ja mal eine gute Idee von euch gewesen," sagte er und deutete auf die zusammengebundenen Körbe der beiden Kinder. Newa löste ihren Schleudergürtel und setzte sich zusammen mit Bra neben Kato.

„Sag mal Großvater, warum ist es so schlimm, wenn wir Feuer von den anderen holen müssen? Da ist doch eigentlich gar nichts dabei," fragte sie.

„Das gehört zu den Regeln des Clans," begann Kato. „Früher konnten die Menschen nicht selbst Feuer machen. Sie waren darauf angewiesen, dass es vom Himmel fiel und sie es dann fanden." Bra guckte ungläubig.

„Ich meine die Blitze, die bei Gewitter in die Bäume einschlagen und diese in Brand setzen. Dort holten sich die Menschen dann das Feuer. Die Menschen hatten zu dieser Zeit in jedem Clan einen Feuerbewacher, der nichts anderes zu tun hatte, als aufzupassen, dass es niemals aus ging. Wenn es doch einmal passierte, zum Beispiel, wenn der Clan unterwegs war und ein ganz starker Regen fiel, waren die Menschen meistens schutzlos den wilden Tieren in der Wildnis ausgesetzt. So war der Feuerbewacher der wichtigste Mensch im Clan. Häufig suchten die Menschen Höhlen und bewohnten diese für längere Zeit. Dort waren das Feuer und sie selber gut geschützt. Aus dieser Zeit kommt die Regel des Clans, dass es schlimm ist, wenn einem das Feuer aus geht." Newa und Bra hörten Kato genau zu.

„Wenn sich Menschen voneinander verabschiedeten, sagten sie auch oft zueinander. „Pass auf, dass dein Feuer immer brennt." Irgendwann hatte dann eine kluge Frau erfunden, wie man Feuer selber machen konnte. Sie galt nach ihrem Tod als ein mächtiger Schutzgeist der Menschen. Seitdem ist die Kunst, ein Feuer zu machen, eines der ersten Dinge, die Kinder lernen müssen."

Newa erinnerte sich noch gut daran, wie Andar es ihr vor einigen Jahr beigebracht hatte. Newa hasste es. Man musste einen dünnen Holzstock auf ein weiches Stück Holz mit einer Kuhle setzen und mit den Händen den Holzstock ganz schnell quirlen. Das musste man dann so lange machen, bis auf dem weichen Holz etwas Glut entstand, aus der man ein Feuer machen konnte, indem man trockene Blätter und Gräser dazu fügte. Das war anstrengend und die Hände schmerzten bereits nach kurzer Zeit. Newa fand das doof und wollte es nicht lernen. Sie hatte geweint und sich dagegen gewehrt aber Andar hatte nicht aufgehört, es Newa beizubringen, bis sie es konnte. Ja, es war schon besser, wenn das Feuer nicht ausging.

Newa ging zu ihrer Feuerstelle, schüttete den Tragekorb aus und legte einige Zweige in die Glut. Sie blies in die Glut und die trockenen Zweige begannen zu glimmen. Schnell brannte das Feuer wieder. Gerade wollte sie Andar von ihrem Traum berichten, da fiel ihr Blick auf die kleine Tonschale, die sie gestern aus Lehm hergestellt hatte. Sie guckte hinein. Darin befand sich das Mehl, das Hadur gestern aus den Körnern der Gräser herausgeschlagen hatte. Andur hatte es danach in die kleine Lehmschüssel getan. In diesem Augenblick erinnerte Newa sich an das fehlende Stück aus ihrem Traum. Ihre Ur-Großmutter hatte aus dem komischen Mehl und Wasser einen weichen Teig geknetet. Newa war sofort ganz aufgeregt.

„Andar, kann ich etwas Wasser haben," fragte sie ihre Mutter.

„Wo denkst du hin," sagte diese. „Das Wasser ist so wertvoll. Jeden Tag müssen wir es vom Bach holen. Es ist so mühsam es immer wieder den Berg hinauf zu tragen. Das weißt du doch."

„Ich will nur ganz wenig Wasser haben," sagte Newa. „Ich glaube ich weiß, was meine Ur-Großmutter mit dem Mehl gemacht hat. Sie war heute Nacht im Traum bei mir." Andar blieb der Mund offenstehen.

„Was sagst du da?" fragte sie. „Dann schnell, hier hast du das Wasser." Sie schob Newa die Holzschüssel mit Wasser hin und schaute zu, was ihre Tochter danach machte. Newa füllte etwas Wasser in die kleine

Tonschale und vermischte das Wasser mit dem Mehl. Dabei gab sie genau darauf acht, dass sie nicht zu viel Wasser verwendete. Sie konnte sich nämlich auf einmal an jede Einzelheit aus ihrem Traum erinnern.

"Nimm niemals zu viel Wasser," hatte die alte Newa in dem Traum gesagt. "Sonst wird es nichts."

Newa knetete mit ihren Händen lange an dem Gemisch aus Wasser und Mehl herum bis sie einen kleinen Klumpen einer weichen Masse in der Hand hatte.

„Das hat die alte Newa den Teig genannt," sagte sie. Sie gab Andar den Klumpen in die Hand.

„Den musst du jetzt auf einen heißen Stein legen," sagte sie. Andar machte das. Dann warteten sie und beobachteten gespannt was passieren würde. Es dauerte nicht lange, da wurde der kleine Teigklumpen dicker und größer.

„Es wächst," sagte Andar. „Es wird doch nichts Schlimmes passieren?" An der Seite, die dem Feuer zugewandt war, wurde der Klumpen braun und bekam eine feste Kruste. Newa drehte den Klumpen herum und wartete, bis auch die andere Seite braun geworden war. Dann nahm sie den Klumpen von dem Stein herunter. Er war so heiß, dass sie ihn beinahe fallen ließ.

„Wir müssen einen Moment warten," erklärte sie ihrer Mutter, die mit offenem Mund auf den veränderten Klumpen starrte. Als der Klumpen kalt geworden war, nahm Andar ihn in die Hand, drückte darauf herum und brach ein Stück ab. Ein unbekannter Duft zog durch die Höhle. Andar gab Newa das abgebrochene Stück und biss selbst in das andere. Es schmeckte anders als alles, was sie bisher gegessen hatten aber es schmeckte gut. Sie aßen es ganz schnell auf.

„Die alte Newa hat dieses Zeug „Brot" genannt," berichtete Newa aus ihrem Traum.

„Ich werde nachher mit dem Rest des Mehls Brot backen," sagte Andar zufrieden, „und es allen Frauen in der Höhle zeigen. Wir haben das

Geheimnis der alten Newa wiedergefunden. Ich bin so glücklich darüber. Wie gut, dass du heute Nacht diesen Traum hattest." Sie umarmte ihre Tochter.

„Jetzt wirst du den Namen „Brotbäckerin" bekommen," sagte sie stolz zu Newa. Dann wurde sie wieder geschäftig.

„Nachher müssen wir zusammen Mehl malen," sagte sie zu Newa. „Und du musst noch mehr Gräser holen und frisches Wasser." Newa verzog das Gesicht. Das war so richtig typisch für ihre Mutter. Schon wieder eine Aufgabe. Hatte sie nicht gerade genug getan? Sie hatte schließlich den Traum vom Brot backen gehabt und damit eine wichtige Erfindung gemacht. Aber Andar schien das nicht zu interessieren. Mürrisch nahm sie ihr Frühstück zu sich und verschwand aus der Höhle. Zum Wasser holen hatte sie von ihrer Mutter einen Holztrog bekommen, den sie nun zum Bach trug. Als sie an Kato vorbei ging, der am Höhleneingang saß und sich mit Jag unterhielt, blieb sie stehen. Kato rief ihr zu.

„Musst du mal wieder Wasser holen gehen? Warum holst du nicht gleich zwei Krüge und lässt sie wieder von deinem Wolf tragen, so wie heute Morgen?" Newa schluckte. Kato hatte vielleicht gute Ideen. Sie drehte um, ging wieder zurück in die Höhle und setzte sich an ihr Feuer. Dann suchte sie sich aus den herumliegenden Tierfellen ein geeignetes Stück heraus. Sie schnitt es mit ihrem Steinmesser zurecht und schaute es sich an. Das zugeschnittene Fellstück war in der Mitte breit und lief seitlich in schmale Lederbänder aus. Dann nahm sie zwei Holztröge und bohrte mit ihrem Steinmesser am Rand jeweils ein Loch hinein, durch das sie die Lederbänder zog und festband. Sie stellte sich hin und nahm ihre Konstruktion auf die Schulter. Links und rechts hingen jetzt die beiden Holztröge herunter während das breitere Lederband auf ihren Schultern lag.

„Das ist ja eine tolle Konstruktion," dachte Newa. „Man kann das mit Holztrögen, mit Tontöpfen oder mit geflochtenen Körben oder mit sonst was machen. So komisch ist das. Wenn man zwei trägt, geht es besser, als wenn man einen trägt, weil zwei immer im Gleichgewicht sind." Das Wort „Gleichgewicht" fand Newa komisch aber es passte genau auf ihre Erfindung. Sie verließ die Höhle und rief nach Schnee. Aber sie fand ihn nicht. Seit dem Morgen war er verschwunden. Wahrscheinlich sauste er im Wald herum. Das machte er öfter. Sie ging am Ziegengehege vorbei. Wolke, der Ziegenbock, stand am Zaun und guckte sie an.

„Der könnte ja auch mal etwas arbeiten," dachte Newa und holte Wolke aus dem Gehege heraus. Newa löste ihren Schleudergürtel und band ihn der Ziege um den Hals.

„Diese Schleuder ist einfach ein Wunderwerkzeug. So kann mir Wolke nicht davonlaufen," dachte Newa. Dann hängte sie Wolke ihr Gestell über den Rücken. Wolke stand friedlich neben ihr. Wahrscheinlich freute sich der Ziegenbock, dass er einmal ausgeführt wurde. So marschierten sie los und kamen nach einiger Zeit am Bach an. Sie nahm das Gestell herunter, füllte die beiden Tröge mit Wasser und wollte alles zusammen wieder auf die Ziege laden. Aber die beiden Tröge waren einfach zu schwer und sie schaffte es nicht, so sehr sie sich auch abmühte. Also schüttete sie das Wasser wieder aus und lud das leere Gestell wieder auf die Ziege. Was sollte sie jetzt machen? Sie dachte nach und hatte bald eine Idee.

„Ich baue mir einfach eine kleine Lehmschüssel und damit schöpfe ich das Wasser in die Holztröge." Am Bachufer fand sie eine Stelle, wo der Boden sehr lehmig war. Sie hob einen großen Klumpen heraus und formte daraus eine kleine Schüssel. Damit schöpfte sie das Wasser in die beiden Holztröge. Es war warm und Newa musste sich anstrengen. Bücken, Wasser schöpfen, sich aufrichten und das Wasser in einen Trog schütten. Sie schwitzte. Nach einiger Zeit machte sie eine Pause und setzte sich neben die Ziege. Die Vögel zwitscherten und die Ziege hatte begonnen zu grasen. Newa bekam ein wenig Hunger. Sie öffnete ihren kleinen Fleischbeutel, den sie am Gürtel hängen hatte. Verdammt. Kein

Fleisch war darin. Sie hatte es gestern aufgegessen und einfach vergessen neues einzufüllen. Sie guckte sich um. An einem Baum in ihrer Nähe hingen einige Äpfel. Newa kannte die Früchte gut aus dem Unterricht, den sie bei Hadur hatte. Äpfel gehörten zu den Dingen, die man immer essen konnte. Sie stand auf und wollte die Äpfel pflücken aber leider hingen sie zu hoch im Baum und sie kam nicht dran. Sie überlegte, ob sie den Baum hinauf klettern sollte. Da sah sie vor ihren Füßen einen langen Ast liegen. Sie nahm ihn in die Hand und stocherte damit nach den Äpfeln. Plötzlich spießte sie einen mit dem Ast auf und holte ihn herunter. Sie warf den Ast auf den Boden und aß den Apfel. Er schmeckte hervorragend. Dann wollte sie noch mehr Äpfel mit ihrem Ast ernten aber der Ast hing fest. Beim hinfallen hatte er sich mit der Spitze in ihrer Tonschale verfangen und als sie ihn jetzt hoch stemmte hing die Tonschale an dem Ast. Aber nur kurz. Dann fiel sie herunter und verschwand mit einem kräftigen Plumps im Bach.

„Mist," dachte Newa. „Jetzt muss ich schon wieder eine Tonschüssel bauen. Bald habe ich richtig Übung darin." Wütend beendete sie ihre Arbeit und kehrte mit Wolke und dem Wasser in die Höhle zurück. Als sie dort ankam, staunte Newa nicht schlecht. Alle hatten auf einmal viel zu tun. Die Frauen saßen gemeinsam zusammen und bewunderten das Brot. Sie wollten gerade aufbrechen um mehr Gerste zu holen.

„Verdammt," dachte Newa. „Ich habe die Gerste vergessen. Hoffentlich ist Andar nicht sauer auf mich." Aber Andar war beschäftigt. Alle waren beschäftigt und beachteten Newa gar nicht. Iso und Gala hatten am Feuer Kodars zusammen mit Galas Großmutter Krom einen großen Steinofen gebaut. Das Feuer konnte man gar nicht mehr sehen. Es brannte jetzt unter dem Steinofen. Das Dach des Steinofens bestand aus zwei flach liegenden Steinplatten mit einem Zwischenraum, durch den man das Feuer sehen konnte.

„Schau mal Newa," rief Iso. „Wenn man jetzt einen Tontopf daraufstellt und Wasser oder Milch hinein tut, kann man kochen."

Auf dem Steinofen stand ein großer Topf aus Ton, den Kisa am Vortag gebrannt hatte. Es war Wasser darin, welches sprudelte, und darin schwamm ein großes Stück Fleisch, was an einem Knochen hing. Es duftete köstlich. Iso kochte gerade eine Suppe aus Fleisch. Newa staunte. Was das Feuer so alles konnte. Wie unglaublich klug musste die alte Newa gewesen sein? Sie ging zu den Frauen, die inzwischen dabei waren aus dem restlichen Mehl und Wasser einen Brotteig zu kneten. Andar erklärte den anderen gerade, was sie machen mussten. Sie guckten Newa nur kurz an und beachteten sie gar nicht.

Newa ging aus der Höhle hinaus und guckte, was die Männer machten. Die waren dabei ihre Hacken und Grabstöcke herzustellen. Tugor und Bra waren bei ihnen. Newa schaute genau zu. Zuerst wurden die Holzstäbe, die die Männer in den Tagen zuvor aus dem Wald geholt hatten an einem Ende gespalten. In den Spalt wurde eine Steinklinge gesteckt, die Javor vorher von einem Stein abgeschlagen und geschärft hatte. Dann wurde die Steinklinge mit Fellstreifen und Tiersehnen festgebunden. Dazu weichten die Männer die Fellstreifen zuerst lange in Wasser ein. Wenn sie trockneten, zogen sie sich zusammen und die Steinklingen saßen fest in den gespaltenen Stäben. Es war eine alte Technik. Auf diese Weise stellten die Männer auch ihre Steinbeile, ihre Messer und ihre Speere mit Stein- oder Knochenspitze her. Der alte Jag saß daneben und beobachtete alles.

„Schau mal kleine Newa „Wolfsmama-Brotbäckerin," sagte er zu ihr. „Als ich ein junger Mann war, habe ich diese Technik, wie man Steinspitzen an einen Holzstab binden kann, einmal erfunden. Vorher hatten wir nur Speere aus Holz mit geschnitzter Spitze, aber die Stein- oder Knochenspitzen sind wesentlich besser. Es wird später darauf ankommen, dass die Hacken und Grabstöcke gut gebunden sind, sonst lösen sich die Steine wieder von den Schäften und fliegen davon, wenn man mit ihnen arbeitet. Deswegen kontrolliere ich hier alles." Und so war es. Jede Hacke und jeder Grabstock wurde von Jag genau kontrolliert und oft mussten die Männer ein Werkzeug noch einmal machen, weil es Jag nicht gefiel. Newa merkte, dass Bra sehr gute Werkzeuge herstellen konnte. Jag nickte, als Newa ihn darauf ansprach.

„Er hat mich vor einigen Tagen gefragt, wie man das am besten macht, weil er sich kleinere Speere bauen wollte," sagte Jag zu ihr. „Was das wohl soll? Vermutlich ist er noch zu schwach, um einen schweren Speer zu schleudern. Aber ich habe ihm erklärt, dass ein Speer schwer sein muss, damit er genug Wucht hat, um ein Tier zu töten. Armer Kerl…aber er kann sehr gut arbeiten." Jag zwinkerte ihr zu. „Er kann es am besten von allen, beinahe so gut wie ich früher." Newa fühlte sich wohl bei Jag. Er war noch älter als Kato aber die beiden hatten viel gemeinsam. Sie dachte auf einmal an Bra. Gestern hatte sie noch einmal nachgedacht und ihr war etwas eingefallen. Sie beschloss etwas auszuprobieren und stand auf.

„Schnee…" rief sie. Er sollte mit ihr kommen, wenn sie die Höhle verließ. Aber Schnee war weg. Sie rief nach ihm, aber Schnee war nicht da. Newa suchte ihn überall. Niemand hatte ihn gesehen. Nur die alte Krom, wusste etwas.

„Er ist heute Morgen ganz plötzlich den Berg hinuntergelaufen, so, als hätte er eine Witterung aufgenommen," sagte sie.

„Was meinst du, wo er ist?" fragte sie Krom. Krom lachte.

„Vielleicht ist er zurückgelaufen in die Wildnis. Er ist ja schließlich ein Wolf." Newa erschrak. Schnee war doch ihr Freund geworden. Sie konnte sich nicht vorstellen, dass Schnee sie verlassen hatte. Vielleicht war Krom ja eifersüchtig. Sie gehörte schließlich zum Feuer von Kodar und war von Anfang an dagegen gewesen, Schnee und die Ziegen als Haustiere in die Höhle aufzunehmen. Deswegen ärgerte sie sich immer noch. Auch jetzt, wo alle Frauen dabei waren Brot zu backen und Tongefäße zu formen und zu brennen, meckerte Krom nur herum. Newa beschloss Schnee zu suchen. Hoffentlich war ihm nichts passiert.

Sie rannte davon. Überall suchte sie ihn. Am Bach, dann hinunter am See. Sie ging bis zum Waldrand und sogar ein Stück in den Wald hinein, obwohl es verboten war. Sie kam bis zur Lichtung, aber nirgends fand sie eine Spur von Schnee. Irgendwann gab sie auf und kehrte zur Höhle zurück. Andar wartete schon auf sie.

„Wo bist du gewesen?" fragte sie.

„Schnee ist weg," schniefte Newa. „Er ist heute Morgen davongelaufen und ich habe ihn ganz vergessen wegen dem Brot backen und dem Wasser holen und so weiter. Krom sagt, er ist bestimmt davongelaufen, weil er ja ein Wolf ist, und Wölfe nicht zu Menschen gehören. Ich bin ganz traurig." Sie kuschelte sich an Andar und weinte.

„Jetzt mach dir mal keine Sorgen," sagte Andar. „Er kommt schon wieder." Sie gab Newa ein Stück Fladenbrot.

„Sieh mal, was wir gebacken haben," sagte sie. „Wenn man den Teig flach rollt und einfach auf die Steinplatten auf dem kleinen Ofen an Kodars Feuer legt wird es besser und gleichmäßiger gebacken. Es schmeckt ganz prima." Newa nahm ein Stück Brot und biss hinein. Es schmeckte wirklich vorzüglich. Sie aß es schnell auf, denn sie hatte furchtbaren Hunger. Danach setzte sie sich zu Kato, der am Höhleneingang saß.

„Mein Schnee ist weggelaufen," sagte sie zu ihm. „Ich habe Angst, dass er nicht mehr zurückkommt."

„Weißt du Newa," sagte er, „Schnee ist ein wildes Tier und das wird er immer irgendwie bleiben. Auch die Ziegen sind wilde Tiere. Sie leben immer mit ihresgleichen zusammen und nicht mit Menschen. Das ist für sie ungewohnt. Aber ich könnte mir schon denken, dass Schnee zu dir zurückkommt. Du bist ja seine Mama." Er machte einen Moment Pause.

„Gestern ganz spät in der Nacht habe ich sehr weit entfernt Wölfe heulen gehört. Zuerst dachte ich, es sei eine Täuschung gewesen. Aber dann hörte ich es genau. Es war Wolfsgeheul ganz weit weg von hier. Vielleicht sucht sich Schnee heute Nacht eine Freundin…"

„Wie meinst du das," fragte Newa.

„Na ja," sagte Kato. „Dein Wolf ist inzwischen beinahe ausgewachsen und er ist ein sehr starkes Tier. Wenn Tiere ausgewachsen sind, wollen sie sich fortpflanzen und dazu braucht ein Wolfsmännchen ein Wolfsweibchen. Und hier in der Höhle findet er nicht so leicht ein Wolfsweibchen. So einfach ist das." Newa guckte ihren Großvater erstaunt an. Er war so klug und wusste so viel. Die Geschichte leuchtete Newa sofort ein.

„So wird es sein," dachte sie. „Er ist unterwegs zu einem Weibchen." Der Gedanke tröstete sie. Er war besser als der Gedanke, ihm könnte etwas passiert sein. Newa war zwar immer noch traurig aber nach dem Gespräch mit ihrem Großvater ging es ihr schon etwas besser. Inzwischen war es draußen ganz dunkel geworden. Die Luft wurde schon kälter, denn der Sommer ging langsam zu Ende und der Herbst wollte kommen. Kato sprach weiter.

„In diesem Jahr kann es sein, dass es uns im Winter besser gehen wird als jemals zuvor, denn wir haben gelernt Brot zu backen und haben in diesem Sommer Ziegen bekommen, die wir im Winter schlachten können, wenn wir Hunger bekommen. Außerdem geben sie uns jeden Tag Milch, was unseren Hunger stillen wird. Bald bekommen die Ziegen auch noch Junge und dann haben wir noch mehr." Newa schoss in die Höhe.

„Was hast du da gerade gesagt?" fragte sie erstaunt.

„Schau dir die beiden Ziegen doch einmal genau an. Ist dir nicht aufgefallen, dass sie in den letzten Wochen ganz dick und rund geworden sind?"

„Das stimmt," dachte Newa. Gerade heute war sie ja am Gehege gewesen und hatte Wolke mitgenommen. Dabei hatte sie zwar gesehen, dass die beiden anderen Ziegen dick waren, hatte aber nicht darüber nachgedacht warum das wohl so sein könnte.

„Wann meinst du, dass es so weit ist," fragte sie Kato.

„Na ja, ich denke so in zwei bis drei Wochen," sagte ihr Großvater. Plötzlich verstummte er.

„Da ist es," flüsterte er. „Ganz still sein, dann kannst du es hören." Newa hielt den Atem an und strengte ihre Ohren an. Da war es. Ganz leise konnte sie ein Heulen hören. Dann war es wieder still. Dann war es wieder da, diesmal etwas näher.

„Ob das Schnee ist," fragte sie ihren Großvater. Der nickte.

„Ist sehr gut möglich. Vielleicht schließt er sich dem Rudel an, vielleicht kommt er zurück, wenn er seine Freundin getroffen hat." Newa saß noch lange an ihren Großvater gekuschelt am Höhleneingang und lauschte in die Nacht mit den vielen Geräuschen. Irgendwann schlief sie ein. Kato deckte sie mit einem Fell zu, damit sie nicht fror.

„Dieses kleine Kind," dachte er. „Sie macht ihrer Ur-Großmutter vieles nach. Mit der Erfindung des Brot-Backens hat sie mehr für den Clan getan als es jede Jagd kann. Dieses Brot kann man jederzeit backen, wenn man es braucht. Ein Tier muss man jagen und häufig fängt man keins und muss Hunger leiden." Wieder hörte er die Wölfe. Sie waren viel lauter als am Tag zuvor. Kato runzelte die Stirn. Die wilden Tiere waren immer ein Problem. Er machte sich keine Sorgen um Schnee, er machte sich Sorgen um die Menschen des Clans. Wie würde es im Winter sein? Würden viele wilde Tiere kommen? Würde das Jagdrevier im Wald ausreichen? Durch die Anwesenheit des Clans in der Höhle hatte sich der Bestand der Tiere im Wald deutlich vermindert, da die Jäger viele von ihnen töteten. Kato grübelte. Wie würde es mit Wasor weiter gehen? Seine Position im Clan beruhte einzig auf seiner körperlichen Stärke und nicht auf seiner Klugheit. Sein Schutzgeist war entsprechend auch das Mammut. Würde Wasor einsehen, dass es in Zukunft vielleicht mehr auf Dinge wie Brot und Milch ankam wie auf Büffelfleisch? Dann schaute er auf Newa, die an ihn gekuschelt in ihr Schlaffell eingewickelt da lag und tief und fest schlief. Wo wäre die Position seiner Enkeltochter in diesem Clan? Er konnte sich nicht vorstellen, dass sie einfach eine Frau an einem Feuer sein würde. Zufrieden lächelte er, als ihm einfiel, dass sie wohl Medizinfrau werden würde. Es war eine wirklich gute Entscheidung Hadurs gewesen Newa als Schülerin zu nehmen. Er stand auf, hob Newa hoch und trug sie zu ihrem

Schlafplatz am Feuer Javors. Dort legte er sie hin. Andar schaute ihn fragend an.

„Du hast eine sehr kluge Tochter," sagte er zu ihr. „Sie rettet unseren Clan. Pass gut auf sie auf."

Liebe/r junge/r Leser/in...

In der Steinzeit gab es viele Tiere, die heute bereits ausgestorben sind. Über einige Tiere will ich kurz etwas erzählen.

Mammuts waren riesige elefantenartige Tiere mit einem langen Fell. Ihre Stoßzähne waren sehr groß und krumm. Wenn man heute Elfenbeinschmuck kauft, ist er meistens aus Mammutstoßzähnen gefertigt, denn Elefanten dürfen heute nicht mehr wegen des Elfenbeins gejagt werden. Die Mammutstoßzähne kommen meistens aus Sibirien, wo es in der Steinzeit riesige Mammutherden gegeben haben muss. Die Zähne der Tiere liegen im Perma-Frostboden und kommen immer wieder zum Vorschein.

Unter den katzenartigen Raubtieren sind die **Säbelzahntiger** die bekanntesten und eindrucksvollsten. Diese Gruppe existierte anscheinend neben Raubkatzen ohne Säbelzähnen, wie beispielsweise den **Höhlenlöwen**. Beide Raubkatzen waren deutlich größer als Tiger und Löwen heute. Die riesigen Fangzähne der Säbelzahntiger, waren hervorragend geeignet, um selbst sehr große Tiere mit einem Biss zu töten aber sie hatten auch große Nachteile. Sie störten beim Fressen. Dazu mussten die Tiger nämlich in der Lage sein, ihr Maul wesentlich weiter öffnen zu können als andere Tiere, da die Beute sonst nicht an den Fangzähnen vorbeigepasst hätte. Und sie konnten leicht abbrechen, da sie so lang waren. Vielleicht sind sie deswegen ausgestorben.

Ausgestorben sind auch die **Riesenhirsche**, die **Wollnashörner**, die **Höhlenbären** und die **Urpferde**. Heute geht man davon aus, dass die Menschen einige dieser Tierarten ausgerottet haben. Einige wurden gejagt, weil die Menschen sie gegessen haben. Andere, wie die Raubtiere, wurden gejagt, da sie einerseits gefährlich für die Menschen waren und andererseits Konkurrenten um jagbares Wild waren, so wie der Luchs in der Geschichte.

Im Gegensatz zu den Menschen hat aber niemals eine Tierart eine andere ausgerottet. Das hat nur der Mensch getan. Deswegen bezeichnen wir uns auch manchmal als das gefährlichste Raubtier von allen.

Newa und Bra

Als Newa am nächsten Morgen aufwachte, ging es ihr ganz schlecht. Sie krabbelte hinüber auf die andere Seite des Feuers und kuschelte sich an ihre kleine Schwester Mora. In der letzten Zeit hatte sie sich gar nicht um Mora gekümmert, weil sie so viel mit den Jojos gemacht hatte und außerdem jeden Tag bei Hadur in die Schule ging. Es war einfach viel zu wenig Zeit für Mora übriggeblieben. Mora hatte sich oft beschwert. Einmal hatte sie bitterlich geweint, weil Newa nicht mit ihr gespielt hatte, sondern stattdessen mit Schnee weggegangen war, um mit ihrer Schleuder zu üben. Mora war sehr traurig gewesen.

„Du bist ganz doll doof, Newa," hatte Mora gerufen. „Ich hab dich gar nicht mehr lieb. Geh doch mit deinem blöden Schnee spielen. Wenn du dann mal mit mir spielen willst, will ich dann nicht mit dir spielen." Newa hatte ein schlechtes Gewissen. Aber jetzt war auf einmal ihr Schnee weggelaufen und sie war traurig. Mora kuschelte sich gleich an Newa und redete im Schlaf.

„Meine Newa.....hmmmm....das ist schön.....meine Newa," Newa musste ein ganz kleines bisschen weinen, als sie neben Mora lag und sich an ihr wärmte. Schnee fehlte ihr mehr, als sie es wahrhaben wollte. Sie blieb noch eine Weile liegen aber sie konnte nicht mehr einschlafen. Also stand sie auf und ging an den Höhleneingang. An diesem Morgen saß Kodar als Wächter am Eingang.

„Auch das noch..." dachte Newa. Sie mochte Kodar nicht besonders. Er war immer so streng. Alles musste nach seinem Kopf gehen. Auch gegenüber Gala, seiner ältesten Tochter war er immer streng. Gala war das älteste Mädchen im Clan und eigentlich wäre sie es gewesen, die in ein oder zwei Jahren Tugor hätte heiraten sollen. Aber da gab es ein Problem. Es gab nämlich nur zwei Jungs im Clan. Tugor und Bra. Alascha, der Sohn von Bandor und Vina war noch ein Baby und zählte nicht. Und Bra war der Bruder von Iso. Also war es ganz klar, dass Iso

Tugor heiraten sollte und Gala Bra. Newa freute sich. Damit war auch klar, dass sie – Newa – niemanden heiraten musste. Javor und Andar freute das überhaupt nicht, denn sie wollten selbstverständlich, dass Newa einen starken Mann haben sollte. Aber Newa hatte keine Lust auf einen Mann. Sie hatte zu häufig erlebt, dass die Frauen im Clan immer machen mussten, was die Männer im Clan wollten und das passte ihr nicht. Nur Hadur war ausgenommen und deswegen freute sich Newa auch so sehr, dass sie eine Medizinfrau werden sollte. Aber Kodar ... er war das Problem. Er wollte unbedingt, dass Gala Tugor heiratete, denn Kodar war mit Wasor gut befreundet. Seine Idee war, dass Gala Tugor heiraten sollte und Newa Bra. Iso war ihm egal. Ständig war er dabei, Wasor diese Idee schmackhaft zu machen. Ihm ging es nur um seinen eigenen Vorteil. Nein – Newa mochte Kodar nicht. Sie ging wortlos an ihm vorbei und wollte die Höhle verlassen, aber er hielt sie an.

„Halt....Newa....halt. Du kannst nicht alleine hinausgehen." sagte er. Newa guckte ihn erstaunt an.

„Was ist los?" fragte sie ihn.

„Heute Nacht sind die Wölfe nähergekommen," sagte er. „Ich konnte sie ganz deutlich hören. Es muss ein großes Rudel sein. Verschiedene Stimmen....Hm…"

„Hast du Schnee hören können?" fragte Newa aufgeregt. Kodar schaute sie an.

„Dein Schnee…mir hat das von Anfang an nicht gepasst, dass du ihn mitgebracht hast. Und Gala…und Iso…sie sitzen jetzt ständig draußen bei den Ziegen...füttern sie…holen Milch. Blödsinn. Aber jetzt hast du es gesehen. Schnee ist weg. Ja…ich habe ihn gehört. Er hat so eine raue Stimme....ich glaube er war es. Er heult jetzt mit der Wolfsmeute. Vielleicht greifen sie uns an…wegen der Ziegen, die hier sind... das kann gut sein…wer weiß…"

„Bist du sicher, dass du ihn gehört hast?" fragte sie ängstlich. „Was wird passieren, wenn sie uns angreifen?" Kodar blickte sie böse an als er sagte.

„Ja, ich bin mir ziemlich sicher...er war es bestimmt. Wenn sie kommen, werden wir mit ihnen kämpfen und sie töten müssen. Vielleicht wird dann auch dein Schnee sterben müssen." Er lachte. Newa rannte zurück zum Feuer. Kato war gerade wach geworden. Er sah, dass Newa weinte und setzte sich zu ihr. Newa kuschelte sich ganz eng an ihren Großvater und erzählte ihm die ganze Geschichte.

„Na ja," sagte Kato. „Das wollen wir erst einmal sehen. Kodar ist ein einfach denkender Mann. Und er ist eifersüchtig auf dich, weil du Dinge anders machst als die anderen. Und er möchte, dass Gala Tugor heiratet und dabei stört ihn, dass du Medizinfrau werden wirst. Es passt nicht in seine Pläne. Aber mach dir keine Sorgen." Newa hörte auf zu weinen. Katos Worte beruhigten sie.

„Meinst du, dass Schnee zurück kommt zu mir?" fragte sie. Kato schwieg eine ganze Weile bevor er sprach.

„Hast du schon von ihm geträumt?" fragte er schließlich. Newa zuckte zusammen. Das hatte sie ganz vergessen. Sie hatte wirklich einen Traum gehabt, aber sie war so schnell aufgestanden und hatte sich an Mora gekuschelt, dass sie ihn beinahe vergessen hätte.

„Ohhhh....Kato.....ja....." sagte sie. „Ich hatte einen Traum.....er war schrecklich. Es war wirklich ein Wolf da. Er war riesig und schwarz und er hat uns angegriffen ... und ... dann war er auf einmal wieder weg und Schnee war da ... mehr weiß ich nicht mehr." Kato lächelte.

„Warte mal ab. Dein Schnee wird sich schon wieder bei dir melden. Ob er wirklich zurückkommt oder bei seinem Wolfsrudel bleiben wird, das wissen nur die Geister. Aber du wirst ihn bestimmt noch einmal sehen, da bin ich mir ganz sicher." In der Höhle war es laut geworden. Alle waren aufgestanden und begannen zu arbeiten. Kodar saß nicht mehr am Höhleneingang, sondern hatte sich zu seinem Feuer begeben und angefangen mit Gala zu schimpfen, weil sie noch kein Essen bereitet hatte. Newa stand auf. Was sollte sie machen? Da fiel ihr plötzlich wieder die Geschichte mit Bra und seinem verletzten Arm ein. Sie hatte gestern noch lange über ihn nachgedacht und ihr war etwas eingefallen. Newa verließ die Höhle und suchte die Stelle, wo Bra alle seine Speere wutentbrannt hingeworfen hatte. Sie lagen immer noch dort. Newa nahm drei kleinere Speere auf. Sie schaute sich um. Niemand hatte bemerkt, dass sie die Höhle verlassen hatte.

„Gut," dachte sie und ging zu der Stelle hinter den Felsen, wo sie immer mit ihrer Schleuder geübt hatte. Dort konnte niemand sie sehen. Dann band sie ihren Schleudergürtel ab und schoss zur Übung einige Steine ab. Jetzt kam es darauf an. Newa nahm einen Speer, legte ihn in ihre Schleuder ein und versuchte ihn weg zu schießen. Das klappte nicht. Newa war enttäuscht. So gut hatte sie sich das überlegt. Den Arm zu verlängern, Schwung zu holen und einen Stein viel weiter zu schießen als ein Mensch ihn werfen konnte, das hatte doch prima geklappt. Warum ging das mit dem Speer nicht? Newa dachte nach. Sie legte ihre Schleuder auf den Boden. Dann legte sie den Speer auf die Schleuder in die Lederlasche. Auf einmal schien alles ganz klar zu sein. Einen Stein konnte sie auf einer Kreisbahn schleudern und loslassen, aber das ging natürlich nicht mit einem Speer. Wenn sie aber den Speer einlegte und nur in einer Richtung schwang? Sie probierte es. Mit der linken Hand stabilisierte sie den Speer, indem sie ihn in die Schleuder drückte und mit dem rechten Arm holte sie weit aus. Dann warf sie mit aller Kraft ihres Körpers den Speer. Er flog. Er torkelte schrecklich, aber er flog weiter als sie ihn werfen konnte. Newa stieß einen kleinen Jubelschrei aus. Ihre Idee funktionierte. Sie holte den Speer wieder und versuchte es nochmal. Dann machte sie ihn mit ihrem Steinmesser etwas kürzer und stellte fest, dass er besser flog als vorher.

„Das wird wieder viel Arbeit machen, die richtige Länge der Schleuderspeere herauszufinden," dachte sie. Aber das könnte ja auch Bra machen. Sie würde sowieso nie mit einem Speer schießen müssen. Immer wieder schleuderte sie den Speer mit ihrer Schleuder. Sie war unzufrieden. Irgendetwas stimmte nicht. Sie konnte den Speer zwar etwas weiter werfen als mit der Hand, aber dafür torkelte er so schrecklich, dass man nicht richtig zielen konnte und außerdem die Wirkung des Speeres gering war. So ging das nicht. Sie setzte sich auf einen Felsen und guckte in die Gegend. Das Wetter war gut und die Sonne schien. Vögel zwitscherten und Insekten summten um die Blumen herum, die auf der Wiese standen. Sie legte sich ins Gras und schaute in den Himmel. Einige Vögel kreisten hoch in der Luft. Sie stellte sich vor, genauso fliegen zu können wie die Vögel.

Auf einmal hörte sie ein lautes Geräusch. Sie erschrak, Nochmal knallte etwas. Anscheinend wollte jemand einen Baum fällen. Vorsichtig guckte Newa hinter den Felsen hervor. In der Ferne sah sie einen Mann mit seinem Steinbeil auf einen Baum schlagen. Sie kniff die Augen zusammen, um besser erkennen zu können, wer es war. Der Mann war sehr groß und schlank und trug eine sehr dunkle Fellkleidung. Es musste ihr Vater sein. Javor bemerkte sie nicht. Er war dabei einen schlanken Baum zu fällen. Vermutlich wollte er ihn zur Höhle bringen, um daraus Werkzeuge zu bauen. Newa machte es Spaß, ihren Vater bei der Arbeit zu beobachten und nicht bemerkt zu werden. Da hörte sie ihn auf einmal laut schimpfen. Was war passiert? Der Steinkopf des Steinbeils war anscheinend weg. Javor lief suchend um den Baum herum. Dabei hob er den Stiel des Steinbeils in die Luft. Richtig, der Kopf des Beils war weg. Newa musste schmunzeln. Was hatte Jag ihr erzählt? Sie erinnerte sich wie sie vor kurzem zusammengesessen und den Männern beim Bau der Werkzeuge für die bevorstehende Jagd zugeschaut hatten.

„Das Geheimnis eines guten Werkzeugs ist die feste Verbindung zwischen Stein und Holz. Wenn sie nicht fest ist, fliegt das Beil auseinander......." ja, das hatte Jag gesagt. Der letzte Teil des Satzes blieb ihr im Kopf hängen.

„...es fliegt das Beil auseinander..." Javor hatte den Kopf seines Beils endlich gefunden. Newa staunte. Der Kopf musste mehrere Schritte weit geflogen sein.

„…das Beil fliegt auseinander…….es fliegt…….." Auf einmal hatte sie keine Lust mehr ihren Vater zu beobachten wie er wütend in Richtung Höhle verschwand, um sich ein anderes Beil zu holen. Dazu war sie auf einmal viel zu aufgeregt. Sie guckte auf ihre Schleuder, auf die daneben liegenden Schleudersteine und auf den Speer. Etwas fehlte. Und Newa wusste auf einmal was es war.

Das war die Idee. Keine Schleuder, sondern ein Stab zur Verlängerung des Armes. Sie lief zu einem in der Nähe stehenden Baum. Genau schaute sie ihn an. Dann zog sie ihr Messer und schnitt einen kräftigen Ast ab. Sorgfältig schnitt sie alle Nebenästchen ab und kürzte ihn auf die Länge ihres Unterarmes. Am dickeren Ende des Astes war eine Verdickung. Dort bohrte Newa eine kleine Vertiefung hinein. Es dauerte eine Weile, bis sie mit ihrem Werk zufrieden war. Inzwischen hatte das Klopfen wieder begonnen. Sie guckte hinter ihrem Felsen hervor. Javor hatte begonnen weiter zu arbeiten, aber das interessierte Newa nicht mehr. Sie war total aufgeregt. Jetzt kam es darauf an. Sie legte einen Speer in die kleine Vertiefung des Astes. Dann stellte sie sich auf, wie sie es bei Tugor gesehen hatte. Das linke Bein nach vorne und den linken Arm ebenfalls. Den rechten Arm so weit zurück wie es geht. Dann holte sie tief Luft. Als sie den Speer warf, spürte sie in ihrem rechten Arm, die Kraft, die sie ausübte. Es war ein ganz anderes Gefühl als mit der Schleuder. Sie zog ganz locker ihren Arm durch und als sie ihn am Ende des Schwunges ganz gerade nach vorne gestreckt hatte verließ der Speer den Wurfarm und flog gerade davon. Er flog viel weiter als ihr Ziel war, er flog weiter als sie jemals einen Mann einen Speer hatte werfen sehen. Er flog beinahe so weit, wie sie einen Stein mit ihrer Schleuder schießen konnte. Der Speer traf einen Baumstamm und blieb zitternd in ihm stecken. Er steckte so fest, dass Newa ihn später kaum herausziehen konnte.

Damit hatte sie nicht gerechnet. Sie hatte nur gewollt, dass Bra nicht mehr unglücklich war. Deswegen wollte sie ihm helfen. Aber jetzt hatte sie eine neue Waffe erfunden. Eine Waffe, welche die Jagd der Menschen beeinflussen würde. So viel verstand Newa von der Jagd. Die Menschen konnten mit dieser Waffe Tiere in viel größerer Entfernung, als es bisher möglich war, treffen und töten. Gleichzeitig machte sie sich plötzlich Sorgen. Wie sollte sie Bra ihre Erfindung verraten ohne dabei preiszugeben, was das Geheimnis ihrer Schleuder war? Wie sollte sie Bra das Geheimnis mitteilen ohne preiszugeben, was das große Geheimnis Hadurs war? Niemand durfte wissen, dass sie eine Waffe trug oder dass Hadur eine Waffe trug. Das durfte nicht passieren. Was sollte sie nur machen? Sie setzte sich auf den Boden und grübelte eine Weile vor sich hin. Irgendwann beschloss sie, ihrem Großvater davon zu erzählen und ihn um Rat zu fragen. Sie band ihre Schleuder um den Bauch, sammelte die Speere ein und nahm den Wurfstab in die Hand. Dann machte sie sich auf den Heimweg. So beladen kam sie nach einiger Zeit bei der Höhle an. Schon von Weitem sah sie Kato, der am Höhleneingang saß.

„Ein Glück," dachte sie. „Zum Glück nicht Kodar....der Dödel."

"Na, hast du dir einen Wanderstab gebaut," fragte Kato, als sie ihn erreicht hatte. Er zeigte auf den Wurfstab, den Newa in der Hand hielt. Newa schaute ihn an und setzte sich zu ihm. Eine Zeitlang schwiegen sie. Dann meinte Kato.

„Wenn sich Newa so zu mir setzt und nicht spricht, hat sie meistens etwas auf dem Herzen. Geht es immer noch um Schnee?" Newa legte ihren Kopf in seinen Schoß und fing wieder an zu weinen.

„Schrecklich....furchtbar....was ist nur mit mir los....." dachte sie. „Immer muss ich heulen wie ein kleines Kind. Ich bin doch eine Jojo, und die sollen gar nicht weinen......Mist." Dann begann sie ihrem Großvater die ganze Geschichte zu erzählen. Wie sie mit Hadur gesprochen hatte, Wie sie die Schleuder erfunden hatte und immer mit ihr geübt hatte. Wie Bra so traurig gewesen war und sie ihm so gerne helfen wollte. Und jetzt hatte sie eine neue Waffe erfunden....das hatte sie doch gar nicht gewollt. Sie erzählte auch wie traurig sie gewesen war, dass ihre

Mutter die Geheimnisse ihrer Ur-Großmutter nicht mehr gewusst hatte und wie schlimm es doch sei, wenn Dinge vergessen würden.

„Kato, du musst mir helfen," sagte sie. „Ich weiß nicht, was ich machen soll. Die Frauen und Mädchen dürfen keine Waffen tragen und jetzt habe ich sogar zwei Waffen, die besser sind als die Waffen der Männer. Soll ich das jetzt alles vergessen? Das kann ich gar nicht. Aber was passiert, wenn die anderen davon erfahren? Ich habe solche Angst." Sie fing wieder an zu weinen. Kato war erschrocken, als er seine Enkeltochter so sah. Sie tat ihm leid aber wie sollte er ihr helfen? Sie steckte wirklich in einem schlimmen Konflikt. Sie verfügte über Wissen, das einerseits für den Clan von unschätzbarem Wert war aber für sie schädlich sein konnte. Kato ahnte, welche Probleme kommen würden und seufzte. Dann streichelte er Newa über den Kopf.

„Kind, mach dir keine Sorgen," sagte er. „Gehe zu Bra und gib ihm deine Erfindung. Schenke sie ihm und sage, er soll sie als seine Erfindung ausgeben. Damit kommt sie dem Clan zu Gute und du kommst nicht in Schwierigkeiten." Newa hörte auf zu weinen und schaute ihren Großvater an.

„Das ist eine gute Idee," meinte sie. „Und die Schleuder?"

„Damit wäre ich an deiner Stelle sehr vorsichtig," erwiderte Kato. „Die musst du für dich nutzen. Sie schützt vor allen Dingen dich. Sie ist für den Clan nicht ganz so wichtig."

„Aber Kato," schimpfte Newa. „Was ist mit den anderen Frauen und den Mädchen? Sie können sich immer noch nicht schützen und mit der Schleuder könnten sie es."

„Beruhige dich......hör mir zu...." sagte Kato. „So habe ich es nicht gemeint, und du hast natürlich ganz recht. Aber du musst klug sein, so wie Hadur. Es ist noch nicht die Zeit, dass die Menschen bereit sind für diese Gedanken. Du musst abwarten und den richtigen Zeitpunkt finden, um deine Schleuder zu präsentieren." Er machte eine Pause, bevor er weiterredete.

„Aber eins musst du wissen. Ich werde dir immer helfen .... immer ..... ok?" Newa umarmte ihn. Jetzt war sie ruhiger und nicht mehr so traurig. Sie wusste, was sie tun musste. Sie schniefte noch einmal und gab ihrem Großvater einen Kuss.

„Danke," sagte sie und verschwand in der Höhle. Dort suchte sie Bra. Sie fand ihn in einer dunklen Ecke der Höhle, wo er saß und mit seinem Messer an einem Holzstab herum schnitzte. Als sie ihn erreichte, schaute er sie mürrisch an.

"Ich habe deine Speere mitgebracht. Du hast sie gestern vergessen," sagte sie zu ihm. Bra antwortete nicht.

"Die Speere sind hervorragend gearbeitet," meinte sie. "Wenn du kein Jäger werden willst, kannst du immer noch Waffenbauer werden. So wie Jag früher für alle die Waffen gebaut hat, könntest du das ja auch machen. Deine Speere sind besser als ..... " Newa zögerte, sie wollte nicht Wasors sagen, „..... als die meines Vaters." Bra schaute hoch. Diesen Gedanken hatte er noch nicht gehabt. So hätte sein Leben ja doch noch irgendwie einen Sinn für den Clan.

"Meinst du wirklich?" fragte er. "Darüber habe ich noch nicht nachgedacht."

"Ja, das meine ich," sagte Newa. "Und übrigens sind wir Freunde. Wir sind Jojos und halten zusammen. Und deswegen will ich dir mal etwas zeigen. Nur vorher musst du mir versprechen, dass niemand und damit meine ich – niemand - etwas davon erfährt." Bra guckte sie erstaunt an. Dann versprach er es. Mit großem Jojo-Ehrenwort. Newa ging mit ihm vor die Höhle und weiter zu ihrem geheimen Übungsplatz. Bra begleitete sie wortlos. Newa erzählte ihm, dass sie durch Zufall etwas bemerkt hätte, was sie ihm einmal zeigen wollte. Und dass sie wissen wollte, was er davon halte. Zuerst nahm sie einen Speer und warf ihn so weit wie sie konnte. Da musste Bra lachen.

"Aus dir würde niemals eine Jägerin," lachte er.

"Du wirst dich gleich mal so richtig wundern," dachte Newa und bat ihn einen Speer so weit zu werfen wie er konnte. Da lachte Bra nicht mehr und strengte sich mächtig an. Er kam viel weiter als Newa aber das war auch kein Wunder, denn er war älter, größer und stärker. Dann stellte Newa sich hin, legte einen von Bras Speeren in den Wurfstab, holte mit ihrem rechten Arm weit aus, zielte auf einen weit entfernten Baum und zog durch. Der Speer beschrieb einen weiten Bogen während er durch die Luft zischte. Dann bohrte er sich mit Wucht in den Baum. Newa schaute Bra an. Noch nie hatte sie so ein erstauntes Gesicht gesehen. Bra sagte gar nichts. Völlig verdattert guckte er den Speer an, der in einer Entfernung von mindestens 30 Schritten in dem Baum steckte.

"Willst du auch mal?" fragte Newa ihn endlich. Bra rannte zu dem Baum, riss den Speer heraus und kam zurückgerannt. Er nahm den Wurfstab, legte den Speer hinein, stellte sich auf und schoss den Speer ab. Es war beeindruckend. Durch seine Größe und seine viel größere Kraft konnte er den Speer noch wesentlich weiter schleudern als Newa. Als er sah, wie er weit entfernt im Gras landete, stieß er einen Jubelschrei aus. Er umarmte Newa und warf sie in die Luft. Wie ein Verrückter hüpfte er um sie herum.

"Langsam, langsam," beruhigte ihn Newa. "Meinst du, dass es eine wichtige Entdeckung ist, die ich da gemacht habe? Wie du weißt, kann und darf ich so etwas gar nicht erfinden, weil es gegen die Regeln des Clans verstößt. Aber wenn du meinst, dass es eine wichtige Erfindung ist, schenke ich sie dir. Dann kannst du sie als deine ausgeben." Bra guckte sie mit großen Augen an. Langsam begriff er, was Newa ihm da vorschlug. Er schaute sich, seine Speere und den Wurfarm an. Er verstand was die Erfindung Newas bedeuten konnte für den Clan und für ihn. Lange stand er da und schaute in die Ferne. Schließlich nickte er.

„Ich muss die Waffe jetzt weiterentwickeln," sagte er. „Die Speere müssen kürzer und leichter werden, damit sie besser fliegen. Ich muss die richtige Länge des Wurfarmes finden, damit man sicher treffen kann. Ich glaube, ich muss in den nächsten paar Wochen bevor wir auf die große Jagd gehen noch viel mit dem Ding üben." Er umarmte Newa.

„Aber Bra....du musst noch etwas bedenken," sagte Newa, als er sie wieder losgelassen hatte. „Erst wenn du wirklich gut mit der Waffe umgehen kannst, darfst du sie den anderen zeigen."

"Warum soll ich das so machen?" fragte Bra.

"Sonst besteht die Gefahr, dass die Erfindung abgelehnt wird, weil niemand sie richtig beurteilen kann." meinte Newa. Das sah Bra ein.

"Wasor...stimmts?" fragte er. Newa nickte. Bra übte noch eine Weile mit dem Wurfstab und konnte nach kurzer Zeit Ziele in einiger Entfernung ziemlich genau treffen. Die beiden waren sehr zufrieden. Kurz bevor die Sonne unterging kamen sie in der Höhle an. Die anderen hatten inzwischen viel gearbeitet. Die Grabstöcke und die Hacken waren fertig geworden, ebenso die Matten für die Fallgrube. Die Frauen hatten aus Lehm eine Menge an Schüsseln, Töpfen und Bechern hergestellt. Alle standen an den Feuern und wurden gebrannt. Kato guckte freundlich als die beiden in die Höhle kamen.

"Na, was habt ihr beiden denn wieder ausgeheckt?" fragte er. Er bemerkte genau, dass Bra über das ganze Gesicht strahlte. Er sah auch, wie Bra sofort zu Jag lief und sich zu ihm ans Feuer setzte. Schnell waren die beiden in einem intensiven Gespräch versunken. Newa setzte sich zu ihrem Großvater.

"Ich habe ihm einen kleinen Gefallen getan," sagte Newa verschmitzt. Kato lächelte. Dann wurden beide auf einmal sehr ernst, denn in der Ferne hörten sie das Wolfsrudel heulen. Die Wölfe waren auf der Jagd. Ob Schnee bei ihnen war?

Liebe/r junge/r Leser/in...

Der genaue Zeitraum, in der die Geschichte von Newa spielt und den es wirklich gab, ist die Zeit der **Neusteinzeitlichen Revolution**. Dieses Ereignis markiert den Übergang von der Altsteinzeit in die Jungsteinzeit. In diesem Zeitraum, der nach Meinung der Archäologen über 5000 Jahre dauerte, vollzog sich der Übergang von der Jagd und Sammlung von Essbarem als Lebenserhaltung zur Viehzucht, zum Ackerbau und zur Vorratshaltung.

In der Geschichte von Newa, die Du gleich lesen wirst, beginnt diese Entwicklung mit dem Streit zwischen Wasor und Javor.

Dieser Umbruch war für die Menschheit und die Natur gewaltig. Er änderte einfach alles. Die Neusteinzeitliche Revolution begann erst vor etwa 10 000 Jahren nach der letzten Eiszeit. Das wärmere Klima führte dazu, dass das Leben zunächst einfacher wurde. Auf einmal gab es fruchtbare Wiesen mit vielen essbaren Pflanzen und viel Wild wo vorher eiszeitliche Wüsten gewesen waren, sodass die Menschen nicht mehr weit umherziehen mussten, um sich Nahrung zu beschaffen. Die Menschen verließen nach und nach die Höhlen und lebten in immer größer werdende Siedlungen. Dadurch, dass sie mehr zu essen hatten, waren sie gesünder und konnten sich besser vermehren. Vermutlich ereignete sich eine Bevölkerungsexplosion..

Nach einiger Zeit wurde es vermutlich wieder schwieriger. Das Gleichgewicht zwischen der steigenden Zahl an Menschen und der sie ernährenden Natur kippte. Die Nahrung wurde knapp. Die Möglichkeit einfach weiterzuziehen, so wie in der Altsteinzeit, hätte das Problem nicht gelöst. Die Menschen begannen deswegen ihre Nahrung selbst durch Ackerbau und Viehzucht herzustellen. Es kam zu einer zunehmenden Arbeitsteilung in verschiedene Berufe und zu einer deutlichen Veränderung in den Strukturen des Zusammenlebens. In diese Zeit fällt auch die Entstehung des Eigentums und damit der Konkurrenz.

Die Neusteinzeitliche Revolution markiert den **Beginn unserer Kultur**. Sie bestimmt heute noch unser Leben, denn sie hat uns in die Lage versetzt, unsere Nahrung selber produzieren zu können und nicht mehr gegen die Natur erkämpfen zu müssen. Lange Zeit dachten wir, die Natur damit besiegt zu haben. Heute erfahren wir, dass das nicht so ist.

Die Wölfe

In den nächsten Tagen regnete es. Zunächst war ein schweres Unwetter aufgezogen, und es hatte gestürmt und geblitzt. Dann war der Dauerregen gekommen. Die Temperatur war gefallen und die Menschen hatten sich in die Höhle zurückgezogen. Newa war sehr traurig, da Schnee immer noch nicht zurückgekommen war. Oft saß sie bei ihrer Mutter und half ihr beim Brot backen und beim Flechten von Körben.

„Wir müssen uns auf den Winter einstellen," sagte Andar beinahe jeden Tag. „Wenn der Schnee hoch ist, kommen wir kaum noch vor die Tür und dann wird es schwierig mit der Jagd und allem anderen. Nur mit dem Wasser haben wir dann keine Probleme, weil wir den Schnee schmelzen können. Und mit den neuen Tontöpfen geht das sogar noch viel besser als früher." Newa hatte inzwischen mit ihrer Mutter zusammen einen kleinen Ofen-Herd gebaut. Sie hatten ihn aus Steinen gebaut und danach die Ritzen mit Lehm zugeschmiert. Das Dach des Herdes bildeten Steinplatten, die man bei Bedarf verschieben konnte, sodass einmal das Feuer nur die Steinplatten erhitzte, was für das Brot-Backen gut war, und andererseits eine Öffnung entstand, auf die man einen Topf stellen konnte, wenn man kochen wollte. Seitdem sie den Ofen gebaut hatten, war der Verbrauch an Brennmaterial deutlich zurück gegangen. Die Feuer brannten nicht mehr so hoch wie vorher. Trotzdem heizten sie die Höhle genauso gut, weil die Öfen die Hitze lange hielten.

„Das wird uns im Winter viel helfen," sagte Andar. „Wir werden viel weniger Holz holen müssen. Trotzdem ist es wichtig, dass wir Vorräte in die Höhle holen." Dies geschah in jedem Jahr. Genauso, wie es eine große Herbstjagd gab, bei der die Männer Fleisch erbeuten mussten, war es die Aufgabe der Frauen, Wurzeln und Beeren zu suchen und einen Vorrat in die Höhle zu bringen. Die Aufgabe der Jojos war es, einen Vorrat an Brennholz zu sichern.

„Da müssen wir in diesem Jahr aber noch viel mehr bedenken," sagte Newa eines Morgens zu ihrer Mutter.

„Was meinst du damit?" fragte Andar.

„Wir müssen auch noch Futter für die Ziegen besorgen und daran denken, dass wir genug Gerste in der Höhle haben, damit wir jederzeit Brot backen können." Daran hatte Andar noch gar nicht gedacht.

„Ich werde das mit den anderen Frauen und Javor besprechen. Dann muss es eine „große Runde" geben, damit Wasor sagen kann, wie wir das alles organisieren sollen."

„Oh je," dachte Newa, „wenn Wasor dem zustimmen soll, wird das ja schwierig werden." Wasor aß zwar sehr gerne das Brot, was inzwischen an allen Feuern gebacken wurde, aber ob er einer Änderung der Planung zustimmen würde, war doch nicht ganz sicher. Newa besuchte Hadur wie jeden Morgen und die beiden unterhielten sich über verschiedene Pflanzen. Hadur hatte viele rote Beeren gesammelt und sie in einem Tontopf gekocht. Es war ein ganz dicker Brei entstanden, da Hadur den Topf für einige Zeit vergessen hatte.

„Eigentlich wollte ich einen Sud kochen," sagte Hadur. „Aber jetzt ist so ein dicker Brei entstanden. Damit kann ich jetzt nicht so viel anfangen." Newa steckte ihren Finger in den Brei, zog ihn heraus und leckte ihn ab.

„Oh, der schmeckt ja ganz süß," rief sie. „Probier das mal." Sie streckte Hadur ihren Finger hin. Hadur probierte und zog die Augenbrauen hoch.

„Na ja, das ist vielleicht doch nicht ganz umsonst gewesen," meinte sie. „Wenn wir das auf das Brot schmieren....." Newa holte schnell ein Brot von ihrer Mutter und die beiden schmierten den roten Beerenbrei auf das Brot. Dann aßen sie ihr erstes Marmeladenbrot und es schmeckte ihnen ganz ausgezeichnet. Da kam Andar zu ihnen. Sie schaute sich das Marmeladenbrot von Hadur und Newa an und war begeistert.

„Die Erfindung des Brotbackens ist einfach toll," sagte sie. „Ich kann mir gar nicht erklären, warum sie in Vergessenheit geraten ist, nachdem meine Großmutter es ja schon einmal erfunden hatte." Javor kam vorbei. Er war mürrisch, da der Regen verhinderte, dass die Männer ihre Vorbereitungen für die große Herbstjagd zu Ende bringen konnten. Auch er probierte ein Marmeladenbrot.

„Hm, das schmeckt ja vielleicht gut. Hast du das mal wieder erfunden Newa?" fragte er.

„Zusammen mit Hadur," erklärte ihm Newa. Sie schaute ihre Mutter an.

„Javor," sagte daraufhin Andar. „Wir müssen unseren „großen Plan" überdenken. Es haben sich einige Dinge geändert. Wir können Brot backen und wir haben seit diesem Sommer einige Haustiere, die über den Winter kommen sollten, damit wir weiter jeden Tag Milch trinken können. Könntest du das mal mit Wasor besprechen?"

Javor dachte einen Moment nach. Man merkte, wie schwierig es für ihn als Jäger war, sich mit dem Thema der Vorratshaltung in der Höhle beschäftigen zu müssen. Dann nickte er, stand auf und ging zu Wasor. Newa beobachtete, wie er lange bei ihm am Feuer saß und mit ihm sprach. Wasor schüttelte manchmal den Kopf, dann nickte er wieder. Newa wollte lauschen und ging deswegen zu Bra, dessen Feuer näher bei Wasors Feuer lag.

„Hallo Bra," sagte sie. „Geht es dir gut?" Bra war ganz versunken in eine Arbeit. Er blickte kurz auf.

„Ja, mir geht's gut," antwortete er. „Aber wie geht es dir? Dein Schnee ist immer noch verschwunden. Das tut mir leid. Aber er wird bestimmt wiederkommen. Da bin ich mir sicher." Newa antwortete traurig.

„Das hoffe ich auch. Kato meint, er sucht sich eine Freundin in dem Wolfsrudel, das momentan hier in der Gegend ist." Sie schaute, was Bra machte. Er hatte mehrere schlanke kurze Schäfte aus Holz bearbeitet und war dabei sie mit Steinspitzen zu versehen. Die Schäfte waren alle etwa gleich lang.

„Ich habe viel geübt und probiert. Inzwischen habe ich die richtige Länge der Speere herausgefunden und auch ein besseres Wurfholz gebaut." Er griff unter ein Fell und holte sein neues Wurfholz heraus. Es hatte einen richtig guten geschnitzten Griff, der mit Pflanzenfasern umwickelt war, so dass man ihn besser greifen konnte. Der Schaft selbst war schmal und elastisch. So konnte er sich beim Wurf etwas biegen und es entstand eine zusätzliche Schnellkraft, wenn man einen Speer damit schleuderte. Das Ende der Speerschleuder war breiter und hatte eine Vertiefung, in die ein Speerschaft genau hineinpasste und nicht wackelte.

Newa war beeindruckt. Bra hatte ihre Erfindung sehr gut weiterentwickelt. Sie war sich sicher, dass er inzwischen auch gut damit werfen konnte. Sie schaute ihm zu, wie er die Steinspitzen herstellte. Zuerst schlug er ganz schmale Steinlamellen mit einem harten Stein von einem Feuersteinblock ab. Newa staunte. Mit unglaublicher Geschicklichkeit traf Bra immer wieder genau den richtigen Punkt auf dem Feuersteinblock. Eine Steinlamelle nach der anderen sprang ab. Dann formte Bra mit Hilfe eines kleinen Steinhammers aus den Lamellen kleine Pfeilspitzen mit einem spitzen und einem breiten Ende. An dem breiten Ende schlug Bra jeweils zwei kleine Ecken hinein.

„Zum fest machen...." sagte er. Die Spitzen wurden dann an den Speeren befestigt. Es war das gleiche Prinzip, wie die Steinhacken gebaut wurden. Der Schaft wurde an einem Ende gespalten und die Steinspitze vorsichtig mit dem breiten Ende in den Spalt geschoben. Dann wurde ein nasses Lederband so um die Spitze und den Schaft gewickelt, dass es genau die Ecken der Spitze fasste.

„Morgen früh, wenn die Lederstreifen getrocknet sind, sind die Spitzen fest," erklärte Bra.

„Woher kannst du das," fragte Newa beeindruckt.

„Jag hat mir ein paar Tipps gegeben", sagte Bra. „Die Schwierigkeit besteht darin, dass der Speer gut ausgewogen ist. Die Spitze ist aber immer etwas zu schwer. Deswegen habe ich bereits einige Speere mit

Knochenspitze gemacht." Er hob das Fell wieder hoch und zeigte Newa sechs Speere mit Knochenspitze.

„Sie fliegen besser, gehen aber schneller kaputt als Steinspitzen," erklärte Bra. Newa hatte ganz vergessen, dass sie eigentlich das Gespräch von Javor und Wasor belauschen wollte, so spannend war das, was sie von Bra lernte.

„Am Anfang des Fluges fliegt der Speer immer ganz gerade, aber irgendwann fängt er an zu torkeln und senkt sich zu Boden. Da muss ich mir noch etwas einfallen lassen. Wenn das Wetter wieder besser ist, zeige ich dir einmal, was ich meine. Vielleicht fällt dir noch etwas dazu ein."

„Wie willst du eigentlich diese Speere alle transportieren, wenn wir auf die Jagd gehen?" fragte Newa. „Willst du, dass die anderen die Speere und deine Wurfschleuder sehen?" Bra guckte sie an.

„Das habe ich mir noch nicht so genau überlegt. Ich möchte eigentlich nicht, dass das alle sehen und mich ständig fragen. Am liebsten wäre mir, wenn ich es ihnen auf der Jagd zeigen könnte." Es wurde unruhig in der Höhle. Wasor war aufgestanden und rief laut.

„Wir müssen eine „große Runde" machen. Ich habe etwas anzukündigen." Die Menschen sammelten sich in der Mitte der Höhle am Feuer Wasors. Erwartungsvoll blickten sie auf ihn. Javor stellte sich neben Newa und Andar und flüsterte.

„Er hat es nicht richtig eingesehen. Mal sehen, was bei der großen Runde herauskommt."

„Javor war gerade bei mir und hat vorgeschlagen, dass wir in diesem Jahr besonders viel Vorräte sammeln sollen," begann Wasor mit lauter Stimme. „Er hat vorgeschlagen, dass wir die Ziegen über den Winter füttern sollen und dass wir Gerste sammeln sollen, um Brot backen zu können." Er blickte in die Runde.

„Das wird aber den Zeitpunkt für die große Jagd hinausschieben und das können wir uns nicht leisten. Vielleicht sind dann die Büffelherden schon weitergezogen und wir finden nicht genug Fleisch für den Winter. Bei der letzten Jagd hatten wir sehr guten Erfolg gehabt. Das müssen wir versuchen zu wiederholen. Die Jagd ist das Wichtigste. Sie hat Vorrang. Die Ziegen werden geschlachtet, wenn der Schnee gefallen ist und es für sie kein Fressen mehr gibt." Iso und Gala guckten ganz traurig aber niemand sagte etwas.

„Sobald der Regen aufgehört hat, gehen wir auf die Jagd," beschloss Wasor seine Rede.

„Willst du nichts sagen," fragte Andar ihren Mann.

„Ich habe schon alles gesagt," meinte Javor. „Vielleicht hat er recht, mit der Jagd. Und wenn die Jagd vorbei ist, haben wir vielleicht noch etwas Zeit bevor der Winter kommt. Jedenfalls ist es gut, wenn es bald los geht." Newa setzte sich zu ihrer Mutter ans Feuer und begann einen Korb zu flechten. Er sollte schmal und hoch werden. Sie flocht ihn aus dünnen Zweigen, die sie vor einigen Tagen vom See mitgebracht hatte. Dort hatte sie die dünnen Zweige der Weide abgeschnitten und in die Höhle gebracht Andar schaute ihr gespannt zu und sagte nichts.

„Es ist für Bra," erklärte Newa ihr. Nachdem sie mit dem Korb fertig war, hüllte sie ein dünnes Fell darum und band es mit einigen Tiersehnen fest. Zum Schluss schnitt sie einen schmalen Fellstreifen zurecht und band ihn an den Korb. Stolz hängte sie sich den Korb über die Schulter.

„Dieser Köcher ist für....." beinahe, hätte sie Andar alles verraten. Gerade noch bremste sie sich. „..... für seine..... neuen Speere." Andar sah sie misstrauisch an.

„Es ist schon recht mein Kind," sagte sie. „Du brauchst mir nicht alles zu erklären. Ich weiß ja, dass du keinen Unsinn machst." Newa war erstaunt. So hatte ihre Mutter noch nie mit ihr gesprochen. Zum ersten Mal wurde sie von ihr nicht mehr wie ein ganz kleines Kind behandelt.

„Danke, Mama," sagte Newa und rannte schnell zu Bra.

„Hier habe ich dir einen Köcher für deine kleinen Speere gebaut. Dann musst du sie nicht in der Hand tragen. Probier mal, ob alle hineinpassen." Bra sprang auf, als Newa zu ihm kam. Sofort packte er seine Speere in den Köcher. Zwölf Stück passten gut hinein. Er hängte sich den Köcher über die Schulter und strahlte über das ganze Gesicht.

„Ich wusste einfach, dass dir etwas Gutes einfällt," rief er. „Danke Newa." Er umarmte sie heftig.

„Geh weg," rief Newa und schubste ihn. „Du kannst mir ja mal einen schönen Hasen jagen und mir sein Fell schenken." Dann ging sie zum Höhleneingang. Es regnete immer noch. Iso saß auf einem Stein und weinte. Sie wurde inzwischen von vielen die Ziegenmama genannt, weil sie jeden Tag bei den Ziegen war. Sie konnte sie am besten von allen melken und war inzwischen dafür verantwortlich, dass jeder abends seine Milch bekam. Die Rede Wasors hatte sie verletzt und traurig gemacht.

„Er weiß gar nicht, was das bedeutet, wenn die Ziegen nicht mehr da sind, weil wir sie geschlachtet haben. Bald kriegen sie Junge. Aber im nächsten Jahr haben wir dann keine mehr." Sie weinte vor sich hin. Newa setzte sich zu ihr und versuchte sie zu trösten.

„Wenn wir von der Jagd zurück sind, wird bestimmt noch einmal über den Vorschlag von Javor gesprochen. Es kann gut sein, dass dann anders entschieden wird."

„Hoffentlich," schluchzte Iso. „Mir macht es so viel Spaß mit den Tieren. Ich möchte sie so gerne behalten. Aber um sie durch den Winter zu füttern, müssten wir entweder die Höhle verlassen und ins Tal zur großen Grasebene ziehen, wo nicht so viel Schnee liegen wird oder ganz viel Gras zur Höhle bringen. Ich glaube nicht, dass eines von beiden gemacht wird." Sie schluchzte weiter.

„Ich habe ja gar nichts dagegen, wenn mal eine Ziege geschlachtet wird und wir essen sie auf, aber doch nicht alle." Iso war untröstlich. In diesem Moment kam Kato zu den beiden Mädchen. Er streichelte Iso über den Kopf.

„Vieles wird sich ändern," sagte er ernst. „Warten wir einmal die große Jagd ab. Ich bin mal sehr gespannt, was wir noch alles lernen werden demnächst." Newa schaute ihn erstaunt an.

„Was meinst du?" fragte sie.

„Habt ihr nicht den Rauch gesehen? Vor fünf Tagen stand in der Ferne eine Rauchsäule." Er schaute sorgenvoll in die Ferne. Niemand hatte etwas gesehen. Iso und Newa konnten sich auch nicht erinnern, dass jemand darüber gesprochen hätte. Alle waren so beschäftigt gewesen.

„Was hat das zu bedeuten?" fragte Iso.

„Ich hoffe, dass ich mich irre, aber es könnten Feuerjäger gewesen sein." Als die beiden Kinder ihn weiter erwartungsvoll anguckten, erzählte Kato weiter.

„Viele Menschen leben nicht in Höhlen so wie wir. Sie bauen Hütten oder haben Zelte. Sie ziehen durch die Ebenen und folgen immer dem Weg der großen Herden. Diese Clans sind meistens wesentlich größer als unser Clan. Sie jagen häufig mit Feuer. Wenn sie eine Herde mit Büffeln finden, zünden sie das Gras an mehreren Stellen gleichzeitig an und die Büffel verbrennen in dem Feuer oder laufen davon und stürzen in eine Schlucht. Das Problem dabei ist, dass jedes Mal sehr viele Büffel sterben aber die Menschen nur wenige von ihnen essen können. Außerdem sterben viele Kleintiere und das Gras, die Nahrung für die meisten Tiere, die im Grasland leben, wird verbrannt. Die Menschen zerstören auf diese Weise ihre Lebensgrundlage. Deswegen müssen sie auch immer weiterziehen." Newa und Iso hörten aufmerksam zu.

„Dann sind diese Menschen aber dumm," meinte Iso.

„Na ja," erwiderte Kato. „So kann man das nicht sehen. Sie haben ein anderes Problem als wir. Sie müssen für viele Menschen genug zu essen besorgen. Und sie haben eine weniger gefährliche Methode gefunden, um die großen Tiere zu erlegen. Ihr habt ja auf der Jagd erlebt, wie schwirig es sein kann, einen Büffel zu erlegen. Wir leben in einer Höhle und wollen hier auch bleiben. Deswegen machen wir es anders.

Wenn wir hier so jagen würden wie die Feuerjäger, hätten wir ein einziges Mal viel zu essen und müssten danach weiterziehen." Er machte eine Pause. „Wir sind in unserem Clan aber schon viel weiter. Bei uns wird es vermutlich bald nicht mehr so wichtig sein überhaupt zu jagen. Aber das wissen noch nicht so viele von uns." Er machte wieder eine kurze Pause.

„Das liegt an euch beiden, denn ihr habt die Ziegen mitgebracht und das Brot gefunden. Die herstellbare Nahrung und die Ziegen als Haustiere ermöglichen es den Menschen unabhängig von den Wildtieren und der Jagd zu werden. Nur wird diese Entwicklung vermutlich noch eine Weile dauern." Newa und Iso saßen noch lange bei Kato und hörten seinen Geschichten zu. Als sie später in die Höhle gingen, um sich schlafen zu legen, sagte Iso zu Newa.

„Ich glaube, Kato ist der klügste Mann in unserem Clan. Er weiß so viel und kann alles so gut erklären." Newa nickte.

„Aber dein Großvater Jag weiß auch viel. Er spricht nicht ganz so gerne wie Kato, aber von ihm habe ich auch schon viel gelernt." In der Nacht träumte Newa von Schnee.

Im Traum war er ein riesiger Wolf geworden, so groß, dass sie unter ihm hindurch laufen konnte. Er kam zu ihr, bellte laut und sprang wild um sie herum. Dabei warf er alle Töpfe in der Höhle um und machte den Menschen Angst. Newa rief.

„Setz dich sofort hin. Du machst alles kaputt." Schnee setzte sich sofort hin. Plötzlich war er wieder freundlich wie immer und leckte Newa die Hand.

„Wo warst du denn die ganze Zeit gewesen?" fragte sie ihn. Schnee lachte und sagte.

„Ich war bei meinen Freunden." In diesem Moment bemerkte Newa, wie auf einmal ein großes Wolfsrudel in die Höhle kam und die Menschen angriff.

Erschrocken wachte Newa auf. Es war mitten in der Nacht. Zuerst wusste sie überhaupt nicht, wo sie war. Schnell stand sie auf und lief zum Höhleneingang. Javor saß dort und hielt Wache. Newa setzte sich zu ihm. Es regnete immer noch. Auf einmal hörte sie das Wolfsgeheul. Es war ziemlich nahe. Erschrocken fasste sie ihren Vater am Arm.

„Meinst du sie kommen her, meinst du sie kommen in unsere Höhle?" fragte sie ihn. Sie erzählte ihm ihren Traum. Aber Javor beruhigte sie.

„Mach dir keine Sorgen Newa. Die Wölfe haben Angst vor dem Feuer. Sie werden niemals die Höhle angreifen. Aber wir müssen in der nächsten Zeit schon mehr aufpassen, wenn wir draußen sind. Sie sind im Augenblick sehr nahe bei uns." Sie blickten in die Nacht.

Auf einmal sahen sie große Schatten mit glühenden Augen, die sich der Höhle näherten.

„Die Ziegen, sie kommen wegen der Ziegen," rief Newa. „Wir müssen die Ziegen beschützen." Daran hatten sie nicht gedacht, Javor nahm einen großen brennenden Ast aus dem Feuer am Eingang und ging zur Höhle hinaus. Damit erleuchtete er die Umgebung. Er ging bis zum Ziegenpferch und öffnete ihn.

„Komm her, Newa" rief er. „Du musst mir helfen, die Ziegen in die Höhle zu bringen." Newa rannte zu ihm. Sie griff sich Wolke und führte ihn so schnell sie konnte zur Höhle. Die anderen beiden Ziegen kamen hinterher. Javor schloss den Pferch und kam ebenfalls hinter ihr her. Plötzlich sprang ein großer schwarzer Schatten vor die Höhle. Ein großer Wolf hatte ihnen den Weg zurück zur sicheren Höhle abgeschnitten. Newa blieb ängstlich stehen. Auch Javor hielt an.

„Was machen wir jetzt?" fragte Newa ihren Vater. „Hast du deinen Speer dabei, um ihn zu töten?" Aber Javor hatte seinen Speer am Höhleneingang liegen lassen, als er mit dem brennenden Ast zum Ziegenpferch gelaufen war. Dummerweise war der Ast auch beinahe abgebrannt und in kurzer Zeit würde das Feuer aus gehen. Der Wolf kam langsam näher. Er knurrte laut und duckte sich zum Sprung.

In diesem Moment schoss ein weißer Schatten von der Seite herbei. Schnee war zurück. Er stürzte sich auf den Wolf und begann einen Kampf mit ihm.

„Schnell in die Höhle," rief Javor und schnappte Newa bei der Hand. Zusammen mit den drei Ziegen rannten sie an den kämpfenden Wölfen vorbei in die Höhle. Sofort nahm Javor seinen Speer in die Hand und wollte wieder hinaus, aber Newa hielt ihn zurück.

„Es sind noch viele Wölfe da draußen. Mit einem Speer kommst du alleine nicht gegen sie an, wenn sie dich angreifen." Sie deutete in die Nacht hinaus. Die Schatten mit den glühenden Augen waren inzwischen nähergekommen.

Schnee und der schwarze Wolf kämpften immer noch vor der Höhle. Der schwarze Wolf war größer und stärker als Schnee aber Schnee war wendiger und schneller. Außerdem war er wütend. Das merkte Newa sofort. Es gelang ihm, den anderen Wolf immer wieder zu beißen und zu vermeiden, dass der ihn erwischte. Schließlich gab der schwarze Wolf auf und lief mit eingezogenem Schwanz davon. Schnee hob den Kopf und stieß ein lautes Wolfsgeheul aus. Kurz darauf hörte man die anderen Wölfe in der Nähe heulen. Immer wieder heulte Schnee und nach und nach wurde das Geheul der anderen Wölfe immer leiser. Sie zogen sich zurück und verschwanden. Endlich drehte Schnee sich um und kam in die Höhle. Er kam zu Newa und leckte ihre Hände. Newa kraulte sein Fell und nahm seinen Kopf in ihren Arm. Er blutete aus mehreren Bisswunden und war richtig zerzaust.

„Oh Schnee," flüsterte Newa glücklich. „Wie schön, dass du wieder bei mir bist. Aber wie siehst du denn aus?"

„Das war aber knapp," sagte Javor. „Gut, dass dein Wolf uns gerettet hat." Er streichelte ebenfalls Schnees Kopf. „Schön, dass er wieder bei uns ist." Newa schaute sich Schnee jetzt genau an. Er war verändert. Sein Fell war verfilzt und hatte einige Bisswunden, die nicht alle von dem gerade stattgefundenen Kampf kamen. Er musste sich in der letzten Zeit häufiger mit anderen Wölfen gebissen haben. Insgesamt wirkte er dünner aber stärker als vor seinem Verschwinden.

„Ich vermute, dein Schnee hat im Wolfsrudel einige Kämpfe bestehen müssen," sagte Javor. „Aber so wie es aussieht, hat er die meisten gewonnen. Sonst wären die Wölfe jetzt nicht alle verschwunden bei seinem Geheul."

„Meinst du, sie kommen zurück?" fragte Newa.

„Das kann schon sein. Aber das wird ein paar Tage dauern. Vielleicht kommen sie aber auch gar nicht zurück, sondern suchen sich eine andere Beute." Inzwischen war das Wolfsgeheul nur noch leise in weiter Ferne zu hören.

„Ist mein Schnee etwa der Anführer des Rudels?" fragte Newa ungläubig.

„Das glaube ich nicht, sagte Javor. „Dafür ist er einfach noch zu jung. Aber er hat sich bereits viel Respekt verschafft. Und ich glaube, er hat sich gerade dazu entschieden, dass sein richtiges Rudel der Clan ist und nicht das Wolfsrudel." Dann lachte er plötzlich.

„Ich glaube übrigens auch, dass er denkt, dass du der Leitwolf des Clans bist, aber das dürfen wir niemandem sagen, vor allem nicht Wasor." Newa ging nachdenklich in die Höhle und legte sich mit Schnee zusammen ans Feuer. Sie kuschelte sich an ihn und genoss die Wärme, die der große Wolf ausstrahlte.

„Das hat mir gefehlt," dachte sie.

Liebe/r junge/r Leser/in...

Ziegen und Schafe, vermutlich auch Schweine und Rinder kamen erst während der Neu-Steinzeitlichen Revolution also vor etwa 10 000 Jahren als Nutztiere zu den Menschen. Im Laufe der Zeit veränderten sie sich. Aus dem Wolf wurde der Hund, aus dem Büffel die Kuh und auch wilde Ziegen sehen ganz anders aus als Hausziegen.

Ein paar Dinge muss ich noch richtigstellen.

Ziegen bekommen ihre Lämmer meistens im Frühjahr nach einer Schwangerschaft von 150 Tagen. Da stimmt die Geschichte nicht, denn Isos und Newas Ziegen bekommen ihre Lämmer bereits im Herbst. Ziegen bekommen übrigens immer zwei Junge und nicht 3, wie in der Geschichte (Wolke, Mond und Stern), denn sie haben zwei Zitzen an ihrem Euter. Und noch etwas ist nicht richtig in der Geschichte. Ziegen geben nur dauerhaft Milch, wenn sie bereits ein Mal trächtig waren. Erst danach funktionieren ihre Milchdrüsen. In der Geschichte holen die Jojos aber schon lange vorher Milch von ihnen.

Wann die Menschen das erste Mal Brot backen konnten oder Marmelade kochten ist leider nicht bekannt.

*Feuerjäger gab es wirklich. Die Jagd mit dem Feuer war eine besondere Art der **Treibjagd** und die Menschen haben sie benutzt, um sich selbst nicht in Gefahr zu begeben. Auch dass eine Tierherde in eine Schlucht getrieben wurde, ist eine Form der Treibjagd. Auf diese Weise haben die Menschen häufig viel mehr Tiere auf einer Jagd getötet als sie essen konnten. Also ist die Geschichte mit der **Zerstörung des eigenen Lebensraumes**, die Kato Newa und Iso erzählt, ebenfalls wahrscheinlich....und leider dauert sie heute noch an.*

Tatsächlich haben sich die Menschen während ihrer gesamten Entwicklung darum bemüht, in der Natur, die eindeutig gefährlich ist, zu überleben. Deswegen waren sie froh, wenn sie alle gefährlichen Tiere in ihrer Umgebung getötet hatten. Also war die Ausrottung von Tieren für die Steinzeitmenschen wahrscheinlich ein normaler Vorgang. Um die Zerstörung ihrer Umwelt haben sie sich keine Gedanken gemacht und vermutlich auch nicht machen müssen. Der Gedanke, dass die Ausbeutung der Natur für uns selbst einmal gefährlich werden könnte, ist verglichen mit der langen Zeit, während der sich die Menschen entwickelt haben, sehr jung.

Die Feuerjäger

Am nächsten Morgen freuten sich alle, dass Schnee wieder da war. Nur Wasor guckte mürrisch.

„Was es mit deinem Wolf gibt, wenn der Winter kommt, müssen wir auch noch einmal besprechen," sagte er. „Wir werden ihn nicht durchfüttern, wenn es kalt wird und wir nicht mehr viel zu essen haben." Newa erschrak. Wollte Wasor ihren Wolf etwa schlachten? Sie beschloss, dass das auf keinen Fall passieren sollte. Eher würde sie ihn wegschicken zu seinem Wolfsrudel. Dann könnte er selber jagen. Sie erinnerte sich an ihren Traum. Da hatte Schnee alles kaputt gemacht im Clan. Sie musste aufpassen, denn Wasor würde vermutlich jeden Vorwand nutzen, um Schnee loszuwerden. Sie guckte aus der Höhle hinaus. Nach der aufregenden Nacht hatte der Regen aufgehört und die Sonne schien wieder. Javor hatte die Ziegen bereits wieder in ihren Pferch gebracht und nichts erinnerte an den nächtlichen Kampf. Javor zwinkerte Newa zu. Sie nickte zurück. Nein, sie würde kein Wort erzählen. Wasor stand auf.

„Morgen werden wir auf die Jagd gehen. Heute gibt es die letzten Vorbereitungen. Wir werden zwei Rutschen bauen für die Grabwerkzeuge und für die Matten, die wir abwechselnd ziehen. Jeder nimmt genug zu essen mit. Wir werden vielleicht lange unterwegs sein. Während wir weg sind, müssen die Frauen Wurzeln sammeln und den Räucherofen fertig machen, damit wir das Fleisch rasch haltbar machen können, wenn wir zurück sind." Er guckte in die Runde. Niemand sagte ein Wort. Dann fragte Hadur.

„Wer soll sich in der Zeit, wenn ihr fort seid, um die Ziegen kümmern?" Iso guckte sie erstaunt an. Wasor stutzte. Das hatte er noch nicht bedacht.

„Hm...das ist ein Problem,.... hm.... Ich glaube, das Beste ist, wenn Iso in der Höhle bleibt. Dann kann sie auch den Frauen ein wenig helfen."

Iso strahlte. Sie hatte gestern noch lange mit Hadur gesprochen und Newa vermutete, dass sie der Medizinfrau ihr Leid geklagt hatte. Newa blinzelte ihr zu.

„Aber die anderen kommen alle mit," sagte Wasor. „Bereitet euch vor." Es begann ein geschäftiges Treiben in und vor der Höhle. Die Männer packten die Steinhacken und Grabstöcke zusammen und banden sie auf einer Rutsche fest. Danach schärften sie ihre Speere und Steinbeile. Die Jojos überprüften die Matten, die sie geflochten hatten und legten sie zusammen. Auch sie wurden auf eine zweite Rutsche gepackt und mit einigen Lederstreifen festgebunden. Die Jungs packten ihre Speere zusammen, wobei Bra seinen merkwürdigen Köcher mit den kleinen Speeren füllte. Sechs mit Knochenspitze, sechs mit Steinspitze. Tugor schaute ihm neugierig zu.

„Was hast du dir dabei gedacht," fragte er Bra. „Hast du etwa keinen richtigen Speer?" Bra schüttelte den Kopf.

„Natürlich habe ich einen Speer," sagte er und holte ihn unter einigen Fellen hervor. Es war ein hervorragend gearbeiteter Speer mit einer langen scharfen Steinspitze. Tugor schaute ihn neidvoll an. Er hatte mehrere Speere. Sie waren lange nicht so schön, wie der von Bra.

„Willst du etwa nur einen einzigen Speer mitnehmen?" fragte er Bra.

„Ach weißt du, ich kann ja nicht so weit und genau werfen, wie du," antwortete Bra. „Bis ich einen zweiten Speer werfen kann, ist das Tier bestimmt schon weggelaufen." Tugor war beruhigt. Das stimmte was Bra sagte. Er war zufrieden, dass er mehrere Speere besaß. Er war zweifellos der viel bessere Jäger. Noch einmal nach den kleinen Speeren zu fragen hatte Tugor vergessen. Newa, die das Gespräch zwischen den beiden gehört hatte, musste ein bisschen lachen.

„Wenn Tugor wüsste," dachte sie. Die Frauen in der Höhle hatten begonnen Brot zu backen, damit jeder etwas auf die Jagd mitnehmen konnte. Gala war losgelaufen, um frische Gerste vom See zu holen, denn der Vorrat war fast aufgebraucht. Sie hatte eine der Ziegen mitgenommen und ihr die beiden Körbe übergehängt, die Newa vor einiger

Zeit gebaut hatte. Hadur und Newa unterhielten sich darüber, welche Kräuter Newa mitnehmen sollte. Sie sollte auf der Jagd die Medizinfrau sein und war bereits ganz aufgeregt.

„Natürlich brauchst du die Kräuter für die Wunden, die du ja bereits in deinem kleinen Beutel immer mit dir trägst," erklärte Hadur. „Hier hast du noch Mohnsamen, die Schmerzen lindern können. Wenn jemand schwer verletzt wird, musst du sie verwenden. Und hier sind Kräuter, die den Hunger für viele Stunden stillen können, wenn ihr nichts mehr zu Essen habt." Newa packte alles in ihren kleinen Medizinbeutel, den sie an ihrem Gürtel befestigte. Sie überprüfte, ob ihr Messer noch in Ordnung war und sammelte einige gute Steine für ihre Schleuder, die sie in ihrem Steinbeutel verwahrte.

Plötzlich erschrak sie. Vor ihr stand die Ziege, die Gala mitgenommen hatte, um die Gerste zu holen. Aber wo war Gala? Newa schrie laut.

„Schnell, wir müssen Gala suchen. Die Ziege ist ohne sie zurückgekommen. Es muss etwas passiert sein." Niemand hörte sie rufen. Sie rannte zurück zur Höhle. Alle waren unglaublich beschäftigt, so dass niemand von ihr Notiz nahm. Sie pfiff nach Schnee. Sofort kam er zu ihr.

„Du musst Gala suchen, schnell. Sie ist weg." Schnee streckte seine Nase in die Luft und schnupperte. Dann sauste er los. Newa konnte ihm nicht mehr folgen. Im nu war er im Gebüsch verschwunden.

„Nicht so schnell," rief sie. „Ich komme nicht hinterher." Schnee blieb stehen und bellte. So hatte sie ihn rasch gefunden. Sie band ihr Schleuderband um seinen Hals und hielt sich daran fest als sie erneut losliefen. Da sie wieder nicht folgen konnte, schwang sie sich auf seinen Rücken. Er war inzwischen so groß und stark geworden, dass er sie problemlos tragen konnte. In schnellem Tempo ging es durch das Gestrüpp. Newa musste sich anstrengen, um auf dem Rücken des Wolfes sitzen zu bleiben. Die Zweige streiften über ihren Körper und zerrissen fast das Fell, was sie als Kleid umgebunden hatte. Um nicht vom Rücken des Wolfes zu fallen, legte sie sich ganz flach auf seinen Rücken.

„So schnell hätte ich niemals im Leben laufen können," dachte sie und schloss ihre Augen. Plötzlich war es vorbei. Schnee stoppte und begann laut zu knurren. Newa richtete sich auf und sah sich um. Sie waren keinen Augenblick zu spät gekommen. Gala saß auf einem Stein und hatte einen großen Ast in der Hand. Vor ihr auf dem Boden kauerte eine große Wildkatze und wartete auf den richtigen Moment um Gala anzugreifen.

„Hilf mir Newa," rief sie ängstlich. „Ich habe mir den Fuß umgeknickt und kann nicht mehr laufen. Die Ziege ist weggelaufen und plötzlich ist diese verdammte Wildkatze aufgetaucht." Newa sprang vom Rücken Schnees. Mit einem schnellen Griff hatte sie mit der einen Hand den Schleudergürtel vom Hals des Wolfes gelöst und mit der anderen Hand einen Stein aus dem Beutel geholt.

„Jetzt gilt es," dachte sie. Sie legte den Stein in die Schleuder, schwang diese zweimal um ihren Kopf, zielte und ließ los. Sofort nahm sie einen zweiten Stein aus dem Beutel, um ihn schnell hinterher zu schießen oder die Schleuder als Keule zu benutzen. Aber das war nicht mehr nötig. Der Stein hatte die Wildkatze genau am Kopf getroffen und sie war umgefallen. Sie bewegte sich nicht mehr. Mit wenigen Sprüngen war Newa zu der Katze gerannt. Sie war tot. Newa atmete auf. Das war knapp gewesen. Schnee stand neben ihr und beschnupperte die tote Wildkatze. Sie streichelte seinen Kopf.

„Was war denn das," hörte sie Galas Stimme sagen. „Hast du etwa gerade diese Wildkatze getötet? Hast du etwa gerade eine Waffe benutzt?" Gala saß völlig verdattert auf dem Stein und schaute Newa entgeistert an. Newa erschrak. Ihr Geheimnis gab es nicht mehr. Es war erkannt. Das hatte sie natürlich im Moment der Gefahr nicht bedacht. Sie hatte einfach ohne zu überlegen gehandelt und Gala gerettet. Sie schaute Gala betreten an.

„Jetzt weißt du es," sagte sie traurig. „Wenn du es den anderen berichtest, kann es sein, dass Wasor mich aus dem Clan ausschließen will."

„Bist du jetzt völlig übergeschnappt?" fragte Gala da. „Wir sind doch Jojos und halten immer zusammen. Du hast gerade in diesem Moment mein Leben gerettet und diese verdammte Wildkatze getötet. Ich wäre doch eine wirklich böse und schlechte Freundin und auch ganz schön dumm, wenn ich dein Geheimnis verraten würde." Sie stand auf und umarmte Newa.

„Aber mal ehrlich," sagte sie. „Damit hast du oft geübt. Das war soooo toll wie du das gemacht hast. Kannst du mir das nochmal zeigen?" Dann verzog sie das Gesicht. „Oh verdammt. Ich habe schlimme Schmerzen in meinem Fuß. Hoffentlich ist er nicht gebrochen." Newa bückte sich und untersuchte Galas Fuß. Er war mächtig angeschwollen. Sie bewegte ihn vorsichtig hin und her. Nichts knirschte. Also war er vermutlich nicht gebrochen. Sie half Gala auf den Rücken von Schnee zu klettern.

„Halte dich gut fest," sagte sie. Dann marschierten sie langsam los in Richtung der Höhle. Auf dem Rückweg unterhielten sie sich angeregt. Newa erzählte Gala alles über die Erfindung und den Bau der Schleuder. Sie erzählte, wie sie geübt hatte und welche wunderbare und unauffällige Waffe diese Schleuder war. Dann versprach sie ihrer Freundin, ihr ebenfalls eine Schleuder zu bauen. Anschließend überlegten die beiden Mädchen, was sie den anderen erzählen wollten. Sie waren sich schnell einig, dass sie von der Wildkatze nichts berichten würden. So kamen sie zufrieden und glücklich bei der Höhle an. Newa ging mit Gala gleich zu Hadur, die sich den Knöchel genau anschaute.

„Wisst ihr was," sagte sie zu den beiden Jojos, „Wir machen einen Kräuterverband und darüber einen Lehmverband. Dann hat der Fuß Ruhe um zu heilen." Während Hadur Gala einen Verband aus abschwellenden Kräutern machte, holte Newa einen großen Klumpen Lehm. Den schmierte sie dann dick auf Galas Fuß.

„Jetzt darfst du ihn nicht bewegen, bis der Lehm trocken ist. Brennen können wir ihn nicht, sonst verbrennen wir deinen Fuß, aber trocknen, das geht." sagte Hadur. Gala humpelte zu ihrem Feuer und setzte sich so hin, dass der Lehm trocknen konnte, aber ihr Fuß nicht zu heiß wurde.

„Danke," sagte sie, als sie endlich gemütlich am Feuer Platz genommen hatte. Durch die Verletzung Galas konnten am nächsten Morgen nur drei Jojos mitgehen auf die Jagd. Newa hatte den Eindruck, dass es Gala ganz gut passte, nicht mitgehen zu müssen. Kurz bevor die Gruppe aufbrach, ging Newa zu Gala ans Feuer, um sich zu verabschieden und den Lehmverband zu überprüfen.

„Ich habe hier etwas für dich," sagte Gala. Sie griff unter ihr Schlaffell und holte einen kleinen Gegenstand hervor, den sie Newa in die Hand drückte. Es war eine kleine Wildkatze aus gebranntem Ton. Sie sah sehr echt aus.

„Die ist ja toll geworden," sagte Newa. „Was du alles kannst." Sie schaute sich um und staunte. Erst jetzt sah sie die vielen wohl geformten Tontöpfe am Feuer von Kodar und Kisa, den Eltern Galas. Kisa, die neben Gala stand, lächelte.

„Gala macht die schönsten und besten Töpfe von uns allen," sagte sie stolz. „Nur verstehe ich nicht, warum sie diese kleine Wildkatze für dich gemacht hat. Na, vielleicht soll es ja ein Luchs sein, der dein Schutzgeist und Krafttier ist. Aber ein Luchs sieht ja doch anders aus. Da musst du noch einmal üben, Gala." Gala zwinkerte Newa zu und sagte gar nichts zum Gerede ihrer Mutter. Newa verabschiedete sich und die Gruppe brach auf zur großen Herbstjagd. Obwohl Wasor es nicht wollte, kam Schnee diesmal mit. Er lief einfach neben Newa her. Wasor befahl Newa mehrfach, den Wolf in die Höhle zu schicken aber er kam jedes Mal, wenn Newa ihn weggeschickt hatte zurück.

„Was machst du da, verdammt noch mal," schimpfte er.

„Er hört nicht mehr so richtig auf mich, seit er weggelaufen war," schwindelte ihn Newa an. „Ich kann einfach nichts machen." Natürlich stimmte das nicht, aber Wasor brauchte nicht alles zu wissen. Irgendwann gab Wasor auf und akzeptierte, dass Schnee bei ihnen war. Sie gingen weit in die große Grasebene hinein und bis zum Abend hatten sie noch keine Büffel gesehen. Die Männer und die Jojos schnitten einen großen Kreis ins Gras und machten in der Mitte des Kreises ein Feuer.

„Den Kreis machen wir, damit die wilden Tiere im hohen Gras nicht nahe an uns herankommen können, ohne dass wir sie sehen," erklärte Javor seiner Tochter. Sie legten sich um das Feuer herum und teilten die Wachen ein. Jeder musste einige Stunden das Feuer bewachen und darauf achten, dass es nicht aus ging. Das Feuer war ihr Schutz vor den großen Säbelzahntigern, die im großen Grasland lebten.

In der Nacht weckte Bandur Newa auf. Seine Feuerwache war zu Ende und Newa sollte die Wache übernehmen. Sie war sehr aufgeregt. Es war schließlich das erste Mal, dass sie mitten in der Wildnis ein Feuer bewachen musste.

„Es ist ziemlich ruhig," sagte Bandur. „Ich habe keine großen Tiere bemerkt. Ich glaube wir haben eine ruhige Nacht." Dann legte er sich schlafen. Newa setzte sich neben das Feuer. Schnee saß bei ihr und seine Anwesenheit beruhigte Newa sehr. Sie war sich sicher, dass Schnee sie sofort warnen würde, wenn ein Tier sich näherte. Newa hörte in die nächtliche Stille hinein. Es war ganz und gar nicht ruhig, wie Bandur gesagt hatte. Ständig meinte sie ein Rascheln oder ein Knacken zu hören, aber wenn sie dann genau hinhörte, war es wieder verschwunden. Einmal hörte sie in weiter Ferne das Gebrüll eines Säbelzahntigers. Dann flog eine große Eule lautlos an ihr vorbei, sodass sie erschrak. Immer wieder guckte sie nach Schnee, der entspannt zu ihren Füßen lag.

„Keine Angst, keine Angst" sagte sie sich immer wieder. „Wie gut, dass Schnee bei mir ist." Sie beobachtete den Mond, der gerade auf ging. Wie eine riesige Scheibe stieg er immer höher am Himmel und tauchte die Gegend in ein fahles Licht. Newa konnte jetzt viel mehr erkennen als vorher. Sie stellte sich hin, um das hohe Gras besser überblicken zu können. Da stutzte sie. Ganz weit in der Ferne entdeckte sie einen winzigen hellen Punkt. Ein Feuer. Es war fast nicht zu sehen. Dort mussten Menschen sein. Was sollte sie tun? Sie weckte ihren Vater.

„Javor, da hinten weit entfernt brennt ein kleines Feuer," sagte sie. Javor stellte sich ebenfalls hin. Lange starrte er in die Richtung, die Newa ihm gezeigt hatte. Dann sagte er.

„Das stimmt. Dort hinten ist ein Feuer. Es bedeutet, dass dort Menschen sind. Das kann gefährlich sein. Wir müssen unser Feuer abdecken. Denn genauso wie wir ihr Feuer sehen können, werden sie unser Feuer sehen können. Hoffentlich ist es nicht schon zu spät." Gemeinsam holten sie die von den Jojos geflochtenen Matten und stellten sie vor das Feuer.

„Pass gut auf, ob sich das Feuer bewegt oder ob es ausgeht," sagte Javor zu Newa bevor er sich wieder schlafen legte. Noch lange beobachtete Newa das Feuer in der Ferne. Manchmal wurde es etwas größer, vermutlich dann, wenn jemand Holz nachgelegt hatte. Aber es bewegte sich nicht und ging auch nicht aus.

„Vermutlich haben sie uns nicht gesehen, denn sonst würden sie ihr Feuer ebenso abdecken wie wir," dachte Newa. Etwas später weckte sie Kodar, der die nächste Wache hatte. Sie zeigte ihm das Feuer und bemerkte, dass er sehr unruhig wurde. Am nächsten Morgen brachen sie früh auf und zogen weiter. Immer noch fanden sie keine Büffel.

„Was ist hier nur los?" fragte sich Wasor. „Es gibt keine Büffel, keine anderen Tiere. Nicht einmal ein Säbelzahntiger ist zu sehen. Das bedeutet nur, dass es keine Tiere zum Jagen gibt." Sie zogen weiter und nach einem weiteren halben Tag der Wanderung entdeckten sie den Grund dafür, warum keine Tiere zu sehen waren. Sie kamen an ein riesiges Stück verbranntes Grasland.

„Feuerjäger," sagte Javor. „Ich habe es befürchtet, als Newa das Feuer entdeckt hat. Sie haben alles abgebrannt und die Tiere sind verbrannt oder geflohen." Während sie über die Ebene gingen, fanden sie viele verbrannte Büffel und andere Tiere. Auch zwei tote Säbelzahntiger entdeckten sie auf der Ebene. Wasor und Javor entfernten sich ein Stück von der Gruppe und beratschlagten, was sie tun wollten. Als sie zurück kamen blickten sie sehr sorgenvoll.

„Wir haben beschlossen, dass wir so viel Fleisch mitnehmen, wie wir auf den Rutschen transportieren können," sagte Wasor. „Es ist sehr unwahrscheinlich, dass wir in den nächsten ein bis zwei Tagen auf lebendes Wild stoßen werden. Die Feuerjäger haben sehr viel zerstört." Sie machten sich daran einige der Büffel zu zerteilen und das Fleisch auf die Rutschen zu laden. Die inzwischen unwichtig gewordenen, mit so viel Mühe gebauten Werkzeuge und Matten wurden abgeladen und liegen gelassen. Nachdem sie beide Rutschen beladen hatten machten sie sich auf den Rückweg. Newa bemerkte, wie eilig es die Männer hatten, die verbrannte Steppe zu verlassen. Ängstlich sahen sie sich immer wieder um, als fürchteten sie, die Feuerjäger könnten auftauchen und sie angreifen. Newa ging neben Bra. Sie hatte Angst.

„Ich glaube, dein Auftritt kommt bald," flüsterte sie ihm zu. „Und ich fürchte, meiner ebenfalls." Sie löste ihre Schleuder und nahm einen Stein aus ihrem Beutel. Bra guckte sie erstaunt an.

„Wie meinst du das?" fragte er sie.

„Die Feuerjäger - Ich glaube, wir werden kämpfen müssen," sagte Newa. „Dann werden wir beide über die Waffen mit der größten Reichweite verfügen und können uns die Angreifer am besten vom Leibe halten. Wenn sie von zwei Seiten angreifen, stellen wir uns Rücken an Rücken und schießen immer abwechselnd auf Distanz." Bra verstand. Er löste seine Speerschleuder von seinem Gürtel und nahm einen Wurfspeer aus seinem Köcher.

„Ich bin bereit," sagte er dann. Es war nicht mehr weit bis zu der Stelle, wo die verbrannte Erde aufhörte und das hohe Gras begann. Als sie sich näherten blieb Schnee auf einmal stehen und knurrte. Sofort blieb auch Newa stehen und rief den anderen zu.

„Halt, im Gras ist etwas. Schnee hat es gemerkt." Wasor drehte sich wütend herum und wollte schimpfen, da bewegte sich das Gras vor ihnen und etwa zehn Männer kamen heraus. Es waren die Feuerjäger. Sie hatten Speere in der Hand und kamen laut schreiend auf die Jäger zu gelaufen. Wasor erstarrte.

„Wir müssen kämpfen," rief er den anderen zu. Er packte seinen Speer und wartete auf den Moment, an dem er seinen Speer schleudern konnte.

„Das sind zu viele," riefen Kodar und Javor. „Wir müssen fliehen. Wir haben keine Chance gegen........"

Etwas zischte an seinem Kopf vorbei, sauste auf die Feuerjäger zu und bohrte sich in den Oberschenkel des vordersten Mannes. Der fiel sofort auf den Boden und zappelte. Im nächsten Moment fiel ein anderer Mann um. Er war von einem Stein am Kopf getroffen worden. Die Feuerjäger blieben stehen und guckten sich an. Dies ermöglichte es Bra einen weiteren Wurfspeer zu schleudern und einen weiteren Feuerjäger zu treffen. Auch Newa schoss zwei weitere Steine auf die verdutzten Feuerjäger ab und traf zwei der Männer. Das genügte. Sie liefen durcheinander. Dann hoben sie die verletzten Männer auf und rannten laut schreiend ins tiefe Gras. Ohne sich noch einmal umzusehen, liefen sie schnell davon.

„Jetzt müssen wir den Moment ausnutzen, wo sie verängstigt sind und schnell zu unserer Höhle kommen," sagte Javor. „Wir dürfen nicht riskieren, dass sie zurückkommen und uns noch einmal angreifen. Wenn wir erst einmal im Grasland sind, können sie sich anschleichen und wir sind im Nachteil."

„Was machen wir mit unserer Beute?" fragte Gor. „Sollen wir sie nicht besser zurücklassen? Wenn wir sie auf den Rutschen ziehen müssen, sind wir langsam und die Feuerjäger können uns leicht einholen."

„Aber wir brauchen das Fleisch," sagte Kodar. „Wir kommen sonst nicht über den Winter." Wasor dachte nach. Er warf einen Blick auf Bra und Newa. Die immer noch Rücken an Rücken standen und die Umgebung beobachteten. Er konnte und er wollte es nicht begreifen. Aber es war eindeutig, dass diese beiden Kinder die Gruppe gerettet hatten. Sie verfügten aus irgendwelchen Gründen über deutlich überlegene Waffen. Das wollte Wasor einfach nicht in den Kopf und er konnte nichts sagen. Javor ergriff das Wort.

„Wenn wir angegriffen werden, verlieren wir unser Leben und das Fleisch. Wenn wir ohne Fleisch unterwegs sind, lassen sie uns vermutlich in Ruhe. Schließlich sehen sie das Fleisch, das wir jetzt bei uns haben, als ihre Beute an, und das ist auch irgendwie richtig." Wasor nickte.

„Wir müssen uns unterhalten," sagte er böse zu Bra und Newa. „Das war ein Verstoß gegen die Regel des Clans." Dann ließen sie die Rutschen mit dem Fleisch zurück und machten sich auf den Weg nach Hause. So schnell sie konnten bewegten sie sich durch das hohe Gras. Von den Feuerjägern sahen und hörten sie nichts. Sie mussten wieder übernachten und fanden glücklicherweise den großen Kreis mit dem Lagerplatz wieder, an dem sie in der Nacht zuvor übernachtet hatten. Als die Sonne untergegangen war, machten die Männer ein ganz kleines Feuer und deckten es mit einem Fell ab, sodass es nicht gesehen werden konnte. Newa ließ Schnee das Lager die ganze Nacht lang umkreisen. Es schien ihr die beste Möglichkeit zu sein, das Lager sicher zu bewachen. Sie selbst machte in der Nacht kein Auge zu, so aufgeregt war sie. Sie hatte in der Ferne wieder das Feuer der Feuerjäger entdeckt.

„Meinst du, sie kommen in der Nacht?" hatte sie Javor gefragt. Javor hatte sie angeguckt und gesagt.

„Das tun sie mit Sicherheit nicht. Sie können uns nicht finden, denn sie sehen unser Feuer nicht. Sie können es nicht riechen, denn der Wind weht in die andere Richtung. Außerdem ist die Nacht viel zu gefährlich wegen der Raubtiere, wenn man kein Feuer trägt. Wenn sie das täten, würden wir sie sehen, wenn sie kommen. Und sie haben bestimmt auch Angst vor uns....wegen deiner komischen Schleuder und den seltsamen kleinen Speeren, die Bra da wirft." Er schaute sie lange an. Dann sagte er leise.

„Das habt ihr wirklich gut gemacht, heute Nachmittag...wirklich gut. Und auch wirklich gut, dass du deinen Schnee mitgenommen hast. Er ist unser bester Schutz." Newa war nicht vollständig beruhigt. Es war eine wirklich gefährliche Situation gewesen, als die Feuerjäger kamen.

Und sie traute dem Frieden nicht. Aber auf Schnee konnte sie sich verlassen. Zwischendurch kam er immer zurück ins Lager und schnupperte an ihr. Dann ging er wieder auf seine Runden.

Sie beobachtete die anderen Männer. Wasor saß alleine auf einem Stein und brütete vor sich hin. Kodar, Gor und Bandur saßen zusammen und redeten heftig. Anscheinend gab es einen Streit. Tugor hatte sich zu Bra gesetzt und ließ sich von seinem Freund den Wurfstab und die kurzen Speere erklären. Sie unterhielten sich sehr angeregt. Javor hatte sich neben das Feuer gelegt und war eingeschlafen.

„Mein Vater hat irgendwie die Ruhe weg," dachte sie. Dann erst fiel ihr ein, was er gesagt hatte.

„Er ist der einzige von uns allen, der es wirklich begriffen hat," dachte sie. Javor hatte verstanden, dass Schnee tatsächlich die Männer beschützen konnte und sich in den Dienst der Menschen gestellt hatte. Der Wolf war ein Menschentier geworden. Und Javor vertraute Schnee. Es war so, wie es Newa vor vielen Wochen geträumt hatte, als das Wolfsrudel sie vor den Löwen beschützt hatte. Als Newa dies verstanden hatte, konnte sie endlich auch ein wenig schlafen. Als der Morgen dämmerte, brachen die Männer auf und erreichten am Abend erschöpft die Höhle. Niemand war ihnen gefolgt. Aber die Jagd war ein großer Misserfolg gewesen.

Liebe/r junge/r Leser/in...

*So, die Geschichte mit den Feuerjägern war ganz schön spannend und jetzt kommt auf Newa eine Art Gerichtsurteil zu, denn sie hat ja gegen eine **Regel** des Clans verstoßen, indem sie eine Waffe benutzt hat. Ob es jemals in einem Clan die Regel gegeben hat, dass Frauen keine Waffen benutzen dürfen, ist nicht bekannt und eine Erfindung von mir.*

Ob solche Dinge, wie ein Gericht, in den Menschengruppen (Clans) der damaligen Zeit wirklich passiert sind, weiß ebenfalls niemand. In der Steinzeit waren die Menschen wahrscheinlich einfach nur froh, wenn sie überlebten. Und eine größere Gruppe hatte deutlich bessere Überlebenschancen als eine kleine. Deswegen vermute ich, dass so einfach niemand aus einem Clan ausgestoßen wurde.

Je weiter sich die Menschen entwickelten, je größer die Gruppen wurden, desto wichtiger wurden Regeln, die das Zusammenleben organisierten. So sind zum Beispiel „strenge Regeln" in einer kleinen Familie nicht unbedingt notwendig, in einer Schulklasse oder einer Fußballmannschaft aber schon. Regeln geben einer Gruppe eine Struktur und sie schützen die Gruppe davor auseinander zu fallen.

Was ist wichtig für eine Regel?"

Alle Mitglieder einer Gruppe müssen bereit sein sie zu befolgen.

Die Regel gilt für alle Mitglieder einer Gruppe gleichermaßen. Also auch für die Chefs der Gruppe.

Sie muss immer einen vernünftigen Sinn haben, den jeder verstehen kann, wenn er nachdenkt. Ist das nicht der Fall, ist die Regel unsinnig und oft unwirksam.

Ach ja, in der Geschichte kommen eine „große Runde" und ein „großer Rat" vor. Das sind schon sehr moderne, fast demokratische Ideen und reine Erfindungen von mir.

Der große Rat

Die Stimmung in der Höhle war gedrückt, als die Jäger ohne Beute zurückkamen. Von den Jägern hatte zuerst niemand Lust über die Ereignisse der letzten Tage zu sprechen und sie gingen wortlos in die Höhle und beschäftigten sich, indem sie ihre Waffen sortierten. Newa, Bra und Tugor waren sehr aufgeregt und berichteten an ihren Feuern über die Jagd und die Feuerjäger. Weil Gala gleich zu Newa ans Feuer gekommen war, um sie zu begrüßen und der alte Devon, der Vater von Bandur, Kato besucht hatte, erfuhren auf diese Weise rasch alle Höhlenbewohner von den Ereignissen.

„Willst du nichts essen," fragte Andar, nachdem Newa ihren Bericht beendet hatte. Newa hatte einen riesigen Hunger und Andar brachte ihr eine leckere Fleischsuppe mit einem Stück Brot. Newa aß gleich drei Teller. Die Suppe schmeckte vorzüglich.

„Ein Glück, dass wir es geschafft haben," sagte Newa. „Ich hatte ganz schön Angst."

„Das glaube ich," sagte Andar. „Wie gut, dass ihr Schnee dabei hattet, der die Feuerjäger im tiefen Gras bemerkt hat. Sonst hättet ihr sie nicht bemerkt, bis es zu spät gewesen wäre." Newa streichelte ihren Wolf, der sich am Feuer zusammengerollt hatte und bereits schlief. Plötzlich stand Wasor auf.

„Morgen müssen wir einen „großen Rat" halten und wichtige Entscheidungen treffen," sagte er laut. „Ihr habt ja inzwischen alle erfahren, was geschehen ist. Wir haben keine Büffel jagen können. Auf der Jagd wurden wichtige Regeln des Clans gebrochen. Alle müssen zusammenkommen und besprechen, was geschehen soll. Außerdem müssen wir überlegen, was wir tun, um über den Winter zu kommen. Vermutlich müssen wir noch einmal auf die große Jagd gehen." Schweigend hörten die Höhlenbewohner ihm zu. Javor runzelte die Stirn, als er Wasors Worte vernahm. Er wechselte einen kurzen Blick mit Kato und Gor, die ebenfalls sorgenvoll guckten.

„Was meint Wasor?" fragte Newa ihren Vater. Javor guckte weg. Er wollte nicht mit Newa sprechen.

„Du musst es ihr schon sagen, auch wenn es dir nicht passt," sagte Hadur in diesem Moment. Sie hatte Newa die ganze Zeit beobachtet und zugehört. Javor druckste herum. Dann sagte er.

„Wenn jemand eine der wichtigen Regeln das Clans bricht, kann es passieren, dass er aus dem Clan ausgestoßen wird. Das weißt du bereits. Aber so eine Entscheidung muss im „großen Rat" getroffen werden. Bei der „großen Runde" sagt am Ende der Besprechung der Anführer des Clans, was geschehen soll. Beim „großen Rat" müssen die meisten der Clanmitglieder mit der Entscheidung einverstanden sein. Wasor hat da nur eine Stimme, genau wie alle anderen. Die Jojos dürfen dabei sein und auch etwas sagen. Eine Stimme haben sie noch nicht. Ein „großer Rat" wird nur ganz selten einberufen. Gegen die Entscheidung gibt es keinen Einspruch."

Newa schluckte. So schlimm war die Situation. Sie hatte es befürchtet. Wasor hatte zwar nicht gesagt, was er damit gemeint hatte, als er von einem Regelverstoß sprach, aber eigentlich war es klar. Newa hatte eine Waffe benutzt. Und das war einfach verboten. Sie wurde ganz traurig und ängstlich. Sie kuschelte sich an Schnee.

„Wenn wir den Clan verlassen müssen, wirst du bei mir bleiben und mich beschützen," flüsterte sie ihm ins Ohr, um sich selber Mut zu machen. Dann schlief sie völlig übermüdet ein. So merkte sie nicht, dass die Menschen noch lange wach blieben und an den Feuern miteinander redeten.

Mitten in der Nacht wachte sie auf. Sofort fiel ihr ein, was am nächsten Morgen geschehen sollte. Sie stand auf und ging zum Höhleneingang. Kato hielt wieder einmal Wache. Die Nacht war ganz still. Newa setzte sich zu ihm.

„Kato, ich habe Angst," sagte sie zu ihm. „Was wird wohl morgen früh passieren? Muss ich den Clan verlassen? Meinst du, es wird mich jemand begleiten, wenn sie mich rauswerfen?" Kato guckte Newa ruhig an.

„Kind, mach dir keine Sorgen," sagte er. „Es wird morgen viel passieren, aber den Clan wirst du mit Sicherheit nicht verlassen müssen. Ich bin vorhin herumgegangen und habe mit Jag, Gor, Hadur und noch einigen anderen gesprochen. Du musst dir keine Gedanken machen. Jetzt leg dich hin, du musst morgen früh ganz wach sein. Übrigens würde ich sofort mit dir kommen, wenn sie dich rauswerfen. Das ist doch klar." Newa war ein wenig beruhigt und schlief rasch wieder ein. Am nächsten Morgen wurde der „große Rat" gehalten. Wasor begann mit seiner Rede.

„Eine wichtige Regel des Clans schreibt vor, dass Frauen und Mädchen keine Waffen tragen und benutzen dürfen. Sie sind für die Organisation in der Höhle zuständig, für die Feuer und für das Sammeln von Wurzeln. Und sie bekommen Kinder. Durch die Kinder lebt der Clan weiter. Wenn die Frauen auf die Jagd gingen, könnte es passieren, dass sie dabei umkommen und der Clan würde sterben, da es keine Nachkommen gibt. Die Männer haben die Aufgabe, die Frauen zu beschützen und durch die Jagd für Nahrung zu sorgen." Er machte eine Pause. „Gestern hat Newa diese Regel gebrochen. Sie hat mit einer Waffe geschossen. Noch dazu mit einer, die niemand von uns kennt. Wo hat sie die her? Vielleicht verfügt sie über Zauberkräfte, von denen sie uns nichts gesagt hat. Ich bin dafür, dass Newa den Clan verlassen muss." Er hatte Newa dabei böse angeschaut und sehr laut gesprochen. Die Menschen saßen schweigend um ihn herum.

„Wer hat jetzt etwas zu sagen?," fragte er in die Runde. „Ich glaube, meine Einschätzung ist richtig und Newa muss gehen."

„Meinst du das wirklich?" fragte Gor bissig. „Warst du gestern eigentlich nicht dabei, als die Feuerjäger uns angegriffen haben und Newa und Bra uns gerettet haben? Ich glaube, du hast nichts zu unserer Verteidigung beigetragen." Man konnte sehen, wie Wasor langsam zornig wurde. Sein Kopf wurde rot und die Adern an seinem Hals wurden immer dicker.

„Was fällt dir ein, Gor," brüllte er los. „Du beleidigst mich."

„Langsam, langsam Wasor," unterbrach ihn da der alte Jag mit ungewöhnlich lauter Stimme. „Pass auf mein Anführer, dass du nicht gegen eine Regel des Clans verstößt. Beim „großen Rat" darf und soll jeder etwas sagen. Und niemand darf deswegen bedroht werden. Das sagt die Regel des Clans. Wenn du so weiter machst, kannst du ja dann zusammen mit Newa den Clan verlassen." Wasor stand der Mund offen. Er wurde abwechselnd rot und weiß und schnappte nach Luft. Der alte Devon stand auf.

„Die Regeln des Clans...." sagte er sehr langsam, als denke er nach. „Ob sie immer so sinnvoll sind...? Ich will euch mal eine Geschichte erzählen." Devon hatte früher in einem anderen Clan gelebt und diesen zusammen mit seiner Frau verlassen. Irgendwann war er auf Jags Clan gestoßen und von ihm aufgenommen worden. Er hatte noch nie darüber gesprochen, warum er den Clan verlassen hatte. Und nie hatte ihn jemand danach gefragt.

„In dem Clan, in dem ich früher gelebt habe, gab es einen Feuerbewacher. Seine einzige Aufgabe war es, darauf zu achten, dass das Feuer niemals aus ging. Deswegen trug er immer ein kleines Feuer in einem ausgehöhlten Knochen mit sich herum. Der Clan wohnte nicht in einer Höhle, wie wir heute, sondern wanderte den großen Tierherden hinterher, so wie das auch die Feuerjäger tun. Der Feuerbewacher musste abends immer ein Lagerfeuer machen und am nächsten Morgen ein kleines Feuer mitnehmen auf die nächste Wanderung. Eines Tages durchquerten die Menschen einen tiefen Fluss und der Feuermacher rutschte aus. Er fiel ins Wasser und der Knochen mit dem Feuer ging unter. Plötzlich hatten die Menschen kein Feuer. Der Feuermacher hatte seine Aufgabe nicht erfüllt und somit eine Regel gebrochen. Aber der Feuermacher konnte zum Glück bereits selber Feuer machen, indem er zwei Holzstäbchen sehr lange aneinander rieb. Das tat er, ein neues Feuer wurde entfacht und so war der Clan gerettet." Er schwieg und guckte in die Runde. Alle schauten ihn erwartungsvoll an.

„Er wurde trotzdem aus dem Clan ausgestoßen, denn er hatte die Regel gebrochen und das Feuer nicht geschützt. Es war den anderen egal, dass er ein neues Feuer gemacht hatte und sie damit gerettet hatte. Außerdem unterstellte man ihm Zauberkräfte, weil er Feuer selber gemacht hatte." Alle schwiegen.

„Warst du der Feuerbewacher?" fragte Iso. Devon nickte. „Ja, ich war es. Es gelang mir zusammen mit meiner Frau viele Tage in der Wildnis zu überleben, nur weil ich Feuer selber machen konnte. Der Rest des Clans musste sich einen neuen Feuerbewacher und neues Feuer suchen. Ich weiß nicht, wie es ihnen weiter ergangen ist. Als ich Jags Clan gefunden hatte und von ihm aufgenommen war, merkte ich als erstes, dass es dort gar keinen Feuerbewacher gab, da jeder selber Feuer machen konnte. In Jags Clan war diese wichtige Regel auf einmal unwichtig geworden."

„Willst du damit sagen, dass die Regeln unseres Clans nicht notwendig sind?" fragte Kodar. „Ich bin auch dafür, dass Newa den Clan verlassen muss." Da stand Gala auf.

„Vater, du weißt nicht, dass Newa mir am Tag vor der Jagd das Leben gerettet hat," sagte sie. „Eine Wildkatze hatte mich gefunden, als ich den Fuß umgeknickt hatte und Newa hat sie getötet." Kodar war sprachlos.

„Warum weiß ich das nicht?" schimpfte er.

„Was hättest du denn getan, wenn du es gewusst hättest?" fragte ihn seine Frau Kisa ein wenig spitz. „Hättest du Newa auch gerne ein Geschenk gemacht, wie es Gor getan hat, als Newa Bra gerettet hat?" Kodar schluckte und fühlte sich irgendwie in die Enge getrieben. Aber er sagte nichts mehr. Dann stand Hadur auf.

„Wasor, wir haben gestern Abend noch sehr lange geredet und die Entscheidung ist längst klar. Niemand außer dir ist der Meinung, dass Newa den Clan verlassen soll. Sogar dein Freund Kodar hat gerade eine Lektion gelernt. Die Geschichte von Devon zeigt uns allen, dass manchmal Regeln gut sind und manchmal schlecht. Und sie zeigt, dass sich Regeln im Laufe der Zeit verändern müssen. Wäre ich nicht seit vielen Jahren bewaffnet, – was ihr alle außer Newa nicht wisst - um mich alleine im Wald bewegen zu können, hätte mich längst ein Raubtier getötet. Ihr denkt, ich hätte Zauberkräfte....wie einfach gedacht. Aber es stimmt nicht. Newa ist klug und durch ihre Klugheit, nicht durch ihre Kraft, hat sie gestern allen das Leben gerettet. Bras Waffe hat sie übrigens ebenfalls erfunden. Sie kann hervorragend mit der Speerschleuder umgehen, ich habe sie nämlich beobachtet. Bra hat die Waffe sehr gut weiterentwickelt und ist ein Meister damit. Aber das habt ihr vermutlich alle sehen können auf der Jagd." Wasor sprang auf.

„Was sagst du da?" brüllte er. „Du trägst ebenfalls eine Waffe? Dann wirst du ebenfalls ausgeschlossen. Du...."

„Dann habt ihr keine Medizinfrau mehr im Clan," unterbrach ihn Hadur trocken. „Begreife es endlich Wasor. Newa wird bleiben. Alle sind dafür." Wasor schaute in die Runde und fand in den Gesichtern der Menschen keine Unterstützung. Alle hatten bei den Worten Hadurs genickt. Wasor schaute zu Kodar, aber auch der blickte stumm zu Boden. Auch Bandor unterstützte Wasor nicht.

„Na gut," sagte er wütend. „Dann soll es so sein. Aber sie darf das nie mehr machen."

„Nein, nein nicht so schnell mein Anführer," meldete sich da erneut Jag zu Wort.

„Der Clan hat noch viel mehr beschlossen, als du gestern geschlafen hast. Nicht nur Newa darf Waffen tragen, alle Mitglieder des Clans dürfen ab heute Waffen tragen. Es bedeutet ja nicht, dass sie jetzt alle auf die Jagd gehen sollen. Es ist zu ihrer Sicherheit. Newa wird allen Frauen und Mädchen zeigen, wie sie mit der Steinschleuder umgehen sollen.

Bra wird ab heute mit mir zusammen der Waffenbauer des Clans werden und kurze Speere, Speerschleudern und alle anderen Waffen herstellen. Es hat sich doch gezeigt, dass er es von euch allen am besten kann." Bra wurde ganz rot und guckte zu Jag.

„Halte jetzt sofort deinen Mund, Jag," schimpfte Wasor. „Sonst...."

„Sonst was?" unterbrach ihn Hadur schroff. „Mir scheint du drohst schon wieder. Willst du gerade eine Regel des „großen Rates" brechen?" Wasor verstummte.

„Es gibt übrigens noch etwas," fuhr sie fort. „Wir müssen uns in den nächsten Tagen überlegen wie wir über den Winter kommen sollen und ich glaube, wir müssen sehr viele Vorräte anlegen, viel mehr als früher. Da Männer damit nicht so viel zu tun haben, bin ich dafür, dass eine Frau die Planung und Organisation übernimmt." Sie guckte Wasor an. „Oder willst du das tun?" Wasor schüttelte den Kopf. Ihm war gerade ein wenig schlecht. Hadur holte ganz tief Luft bevor sie den letzten Satz aussprach.

„Ich bin dafür, dass wir eine Frau zu unserem zweiten Anführer wählen. Jetzt war es passiert. Auf einmal war es mucksmäuschenstill in der Höhle. Keiner sagte ein Wort.

In diesem Augenblick hörte man vor der Höhle einen lauten Schrei. Iso schrie. Niemand hatte bemerkt, dass sie die Höhle verlassen hatte.

„Die Ziegen," schrie sie. „Kommt schnell. Ich glaube Stern kriegt gerade Junge." Alle Jojos sprangen auf und rannten nach draußen. Auch die kleine Mora rannte auf ihren kurzen Beinchen hinterher.

„Ziegenbabys kommen, Ziegenbabys kommen," rief sie in einem fort. Die Erwachsenen blieben in der Höhle sitzen und redeten weiter. Stern hatte sich unter einem großen Busch versteckt und blökte laut. An ihrem Hinterteil guckte etwas heraus, was aussah wie ein kleiner Ziegenkopf. Eine Ziege wurde gerade geboren. Man konnte gut sehen, wie Stern feste drückte und der Kopf langsam weiter herauskam.

„Schnell, wir helfen ihr," rief Iso. Sie lief zu der Ziege und versuchte an dem Kopf zu ziehen. Mit einem Schwung zog sie das kleine Zicklein aus Stern heraus und fiel mit einem Plumps auf ihren Hintern. Da saß sie nun. Das kleine Zicklein hatte sie im Schoß. Newa rannte zu ihr.

„Es atmet gar nicht," rief sie aufgeregt. „Es stirbt. Was sollen wir machen? Guck mal, das Kleine ist ganz voll Schleim." Alles war durcheinander. Jetzt kam auch noch Gala mit ihrem Lehmfuß angehumpelt. Da hörten sie auf einmal ein lautes „Mähhhhh" aus dem Mund des kleinen Zickleins. Iso hatte den Schleim von der Nase des Tieres abgewischt, damit es Luft holen konnte. Nochmal rief es laut „Mähhh" und fing an Isos Finger zu lecken.

„Ahhhh....." schrie Gala. „Es kommt noch eins." Sie zeigte auf Stern. Schon wieder guckte ein Ziegenkopf aus dem Hinterteil der Ziege heraus. Stern drückte und drückte und diesmal war es Newa, die das Junge herauszog. Gala und Newa säuberten die Ziegen mit Gras, das sie vom Boden abrissen und rubbelten den Schleim von ihrem Fell. Die kleinen Ziegen stellten sich hin und liefen zu ihrer Mutter. Schnell suchten sie die Zitzen am Euter von Stern und begannen zu trinken. Mora freute sich und hüpfte die ganze Zeit um die Ziegen herum.

„Kriege ich eine kleine Ziege zum Spielen?" fragte sie. „Ich will soooooo gerne eine kleine Ziege haben. Sooooo gerne."

„Ich glaube, wir kriegen in der nächsten Zeit nicht mehr so viel Milch zu trinken wie in der letzten Zeit. Die Ziege braucht es jetzt für ihre Jungen," meinte Gala. Tugor und Bra standen neben dem Gatter und guckten zu.

„Das habt ihr prima gemacht mit der Geburt der kleinen Ziegen," sagte Tugor. „Bitte verzeiht, wenn wir euch nicht helfen." Gala guckte sie an.

„Ihr könnt in den nächsten Tagen ein kleines Haus für die Ziegen bauen. Im Winter sollen sie ja nicht erfrieren."

„Stimmt, und der Stall muss groß werden," sagte Iso. „Wir bekommen in einigen Tagen ja noch einmal Nachwuchs." Sie deutete auf Mond, die mit ihrem dicken Bauch neben Wolke stand und zu guckte.

„Vielleicht ist das eine Idee für den Winter," dachte Newa in diesem Augenblick. „Wenn wir eine große Ziegenherde haben, brauchen wir uns um frisches Fleisch keine großen Sorgen zu machen." Sie überlegte wo sie Ziegen gesehen hatte, aber es fiel ihr nicht ein, so sehr sie sich auch anstrengte. Mora hüpfte immer noch herum.

„Ich will jetzt eine Ziege haben," schimpfte sie und zupfte dauernd an Newa herum. „Hör mir jetzt sofort zu. Ich – will – jetzt – sofort – eine – Ziege - haben!!!!" quengelte sie.

„Da musst du Gala und Iso fragen," sagte Newa. „Wolke gehört Iso und Stern und Mond gehören Gala." Mora wurde ganz traurig.

„Kannst du sie für mich fragen?" flüsterte sie Newa ins Ohr. „Ich traue mich nicht."

„Warum traust du dich nicht?" fragte Newa ihre Schwester. Mora guckte auf den Boden und schniefte.

„Ich traue mich einfach nicht," schluchzte sie.

„Aber natürlich bekommst du ein junges Zicklein, Mora," rief da Gala. Sie hatte Newas kleine Schwester genau beobachtet und bemerkt, wie traurig sie wurde. Sie bückte sich und schnappte eins der Jungen. Dann setzte sie es vorsichtig auf Moras Arm. Mora strahlte über das ganze Gesicht.

„Ist das jetzt meins?" fragte sie ungläubig. „Das ist das schönste Zicklein auf der ganzen Welt. Es heißt jetzt....." sie überlegte.... „es heißt......Flecki," sagte sie endlich stolz.

„Jetzt bist du Fleckis Mami," sagte Newa. „Ab morgen musst du Iso immer helfen beim Melken und streicheln. Meinst du, dass du das schon kannst?" Mora nickte ernsthaft mit ihrem Kopf. Ihre Tränen waren bereits wieder getrocknet.

„Aber Iso muss mir alles zeigen," sagte sie. „Dann lerne ich alles und bin dann schon eine echte Ziegenmami, wie Iso." Zufrieden gingen die Jojos und Mora zurück in die Höhle. Bei der Aufregung über die Geburt der Ziegen hatten sie beinahe den wichtigen „großen Rat" vergessen.

Das Gerede war immer noch in vollem Gang. Inzwischen war klar, dass Newa den Clan nicht verlassen musste, aber in der Frage, ob der Clan eine Frau als Anführerin neben Wasor haben sollte, herrschte immer noch Uneinigkeit. Hadurs Vorschlag wurde intensiv und lautstark besprochen. Irgendwann rief Wasor.

„Jetzt ist es genug. Wir haben jetzt lange geredet. Wir müssen jetzt endlich abstimmen. Alle, die dafür sind, dass ich alleine der Anführer bleibe, soll auf meine Seite kommen. Alle, die eine Frau als zweite Anführerin wollen, sollen auf die Seite Hadurs gehen."

Es kehrte langsam Ruhe ein. Nach und nach standen die Menschen auf und setzten sich auf eine der beiden Seiten. Man konnte merken, wie schwer ihnen die Entscheidung fiel. Kodar, Bandor, Bala und Krom saßen sehr schnell auf der Seite Wasors. Da hatte Hadur noch niemanden auf ihrer Seite sitzen. Dann standen Andar, Kisa und Kolgi auf und setzten sich zu Hadur. Vina setzte sich zu Wasor, während sich zur gleichen Zeit Javor zu Hadur setzte. Kato und Jag setzten sich zu Hadur. Gor guckte Javor irritiert an und ging zu Wasor. Newa erschrak. Warum machte Gor so etwas? Sie verstand es nicht. Kolgi guckte ihren Mann böse an. Jetzt saßen auf beiden Seiten jeweils 7 Menschen. Nur eine Person fehlte noch. Devon, der Vater von Bandor saß immer noch zwischen den beiden Gruppen und dachte nach. Dann begann er zu sprechen.

„Als ich bei eurem Clan aufgenommen wurde, lebte meine Frau, Bandors Mutter noch. Wenn sie nicht bei mir geblieben wäre, nach meinem Ausschluss aus dem Clan, hätte ich nicht überlebt. Sie hat immer sehr gute Ratschläge und Ideen gehabt. Sie hat Wurzeln und Beeren gesucht und so für unsere Nahrung gesorgt, als wir keine Tiere fanden, die ich jagen konnte. Damals habe ich gelernt, dass nicht immer die erste Idee die beste ist und dass Zuhören und Nachdenken einen schützen können. Wenn sie noch leben würde, ginge sie sicher auf die Seite von Hadur und deswegen tue ich das ebenfalls." Er stand auf und setzte sich zu Hadur. Damit hatte Wasor verloren. Hadur wurde neben ihm Anführerin des Clans.

Am Abend hatte sich Newa zum Ziegengehege gesetzt und spielte mit Schnee. Sie versuchte ihm einige Kunststückchen beizubringen, aber er war lange nicht mehr so gelehrig, wie er es als junger Wolf am Anfang des Jahres noch gewesen war. Aber das war nicht so wichtig. Newa war glücklich, dass sie nicht aus dem Clan ausgeschlossen worden war und außerdem jetzt ganz offiziell ihre Schleuder tragen und auch benutzen durfte. Morgen wollte sie zu der Stelle gehen, wo sie die Wildkatze getötet hatte und das Fell der Katze holen. Bra und Tugor kamen aus der Höhle heraus. Sie waren den ganzen Tag zusammen gewesen und hatten ständig miteinander geredet. Newa war schon ganz neugierig geworden.

„Hallo Newa," sagte Tugor. „Wie geht es dir. Du hast ja heute wirklich Glück gehabt."

„Das stimmt," sagte Newa. „Ich hatte auch ganz schön Angst verbannt zu werden. Aber Schnee hätte mich beschützt. Ich wäre nicht ganz allein gewesen."

„Wir wären auch mit dir gekommen. Alle Jojos," sagte Tugor da. Newa guckte ihn mit großen Augen an.

„Wirklich?" fragte sie. „Ganz ehrlich? Damit hättest du dich ja gegen deinen Vater gestellt. Hättest du das echt gewagt?" Tugor guckte sie direkt an.

„Ich habe erlebt, wie du uns mit deiner Schleuder gegen eine Überzahl gut bewaffneter Männer verteidigt hast. Und die Jojos haben sich geschworen, immer zusammenzuhalten. Wir wären doch einfach nur sehr dumm, wenn wir dich verbannt hätten."

„Aber dein Vater....findest du ihn......" Newa traute sich kaum es zu sagen, "..........dumm......? Tugor guckte traurig.

„Nein, Wasor ist nicht dumm, aber er ist als Anführer immer gezwungen alles richtig zu machen und das ist schwer. Deswegen hält er sich an den Regeln des Clans fest. Er hat letzten Abend mit mir gesprochen.

Er hat Angst davor, dass er Fehler macht und seine Macht verliert. Und er kann die neuen Veränderungen nicht so schnell verstehen und annehmen." Newa war ganz betroffen.

„Deswegen hat mein Vater ihn gestern auch unterstützt," sagte Bra plötzlich. „Gor hat Bedenken gehabt, dass Wasor nicht mehr als Anführer anerkannt wird und sich einer Frau beugen muss. Das würde zu einer tiefen Spaltung im Clan führen."

„Das müssen wir verhindern," sagte Newa. „Eine Spaltung im Clan macht uns alle schwächer. Wir müssen als Clan an einem Strang ziehen. So wie wir Jojos. Was können wir tun?" Bra und Tugor schauten sich zufrieden an. Sie hatten sich in Newa nicht getäuscht. Obwohl sie mit ihren zehn Jahren deutlich jünger als die beiden Jungs war, hatte sie das Problem, das jetzt durch die Wahl des zweiten Anführers entstanden war, begriffen.

„Wir haben uns da einen Plan ausgedacht," sagte Bra. Newa wurde ganz neugierig. Tugor und Bra guckten sich an. Dann begann Tugor den Plan zu erklären.

„Die große Herbstjagd, die Wasor geplant hatte ist missglückt. Daran sind die Feuerjäger schuld und sonst niemand. Wir brauchen Fleisch für den Winter. Jetzt hat Wasor eine weitere Niederlage erlitten. Wir finden, er braucht jetzt bald einen wirklichen Erfolg. Hadur wird jetzt mit den Frauen Wurzeln suchen, Gerste holen, um Brot zu backen, Früchte sammeln, Marmelade kochen und die Jäger werden dabei irgendwie überflüssig. Nicht nur Wasor verliert seine Wichtigkeit, auch die anderen Männer verlieren sie."

„Die Frage lautet. Woher bekommen wir Fleisch für den Winter?" sagte Bra.

„Wir haben uns überlegt," fuhr Tugor fort, „dass wir viel mehr Ziegen brauchen. Wir brauchen so viele Tiere, dass wir im Winter jede Woche ein oder zwei Tiere schlachten können um sie zu essen." Newa war beeindruckt. Das hatte sie den beiden Jungs nicht zugetraut. Sie hatten die gleiche Idee, die sie vor wenigen Stunden gehabt hatte, als Stern ihr Zicklein auf die Welt gebracht hatte.

„Sehr gute Idee," meinte sie. „Aber wo kriegen wir die Ziegen her?" Tugor schaute sie erstaunt an.

„Weißt du das denn nicht mehr?" fragte er ungläubig. „Als wir die drei Ziegen gefunden haben, da haben wir doch oben in den Felsen viele kletternde Ziegen gesehen. Wir müssen durch die Schlucht auf den Berg hinaufsteigen. Und dann müssen wir die Ziegen fangen und zur Höhle bringen."

„Was war ich doof," dachte Newa sich. Sie hatte wirklich vergessen gehabt, wo sie die Ziegen gesehen hatte.

„Am besten ist wohl, ich gehe zu Wasor und erzähle ihm von den Ziegen in den Felsen und schlage ihm vor, eine Herde einzufangen, das meint ihr doch wohl," sagte sie zu den Jungs. Tugor guckte sie zweifelnd an.

„Ich glaube, das wäre nicht so gut. Er ist auf dich im Moment nicht so gut zu sprechen," meinte er. „Bra und ich haben überlegt, dass es zuerst einmal wichtig ist, dass du auf keinen Fall Hadur diesen Vorschlag machst." Newa schluckte. Das passte ihr nicht. Niemals wollte sie Hadur hintergehen. Aber sie sah ein, dass Wasor Hilfe benötigte. Sie hatte begriffen, dass ein Gleichgewicht im Clan hergestellt werden musste.

„Ok," sagte sie. „Ich sage niemandem etwas. Wie gehen wir also vor?" Tugor und Bra schauten sich an. Es hatte geklappt. Newa war auf ihrer Seite.

„Wir haben uns da etwas überlegt...." fing Bra an. Dann setzten sie sich zusammen und die beiden Jungs erklärten Newa ihren Plan. Zwischendurch mussten sie alle laut lachen, so lustig waren ihre Ideen. Erst spät abends gingen sie in die Höhle. Kodar, der am Höhleneingang Wache hielt, guckte sie missbilligend an aber das störte sie nicht. Sie hatten einen guten Plan.

Liebe/r junge/r Leser/in...

In einer Gruppe von Menschen gibt es eigentlich immer eine Rangordnung. Man nennt eine Rangordnung auch mit einem anderen Wort **Hierarchie***. Manchmal ist die Rangordnung vorgegeben.*

Das ist zum Beispiel bei der Arbeit der Fall. Da gibt es einen Chef, Abteilungsleiter und Menschen die in verschiedenen Abteilungen arbeiten. Auf einem Schiff gibt es einen Kapitän und Matrosen.

Manchmal ist eine Rangordnung nicht vorgegeben.

Zum Beispiel in einer Fußballmannschaft. Dort spielen elf Menschen zusammen. Die Rangordnung entwickelt sich erst, wenn alle zusammenspielen. Oft ist der Ranghöchste der Stärkste oder der Klügste oder der beste Spieler. Und manchmal ist es so, dass eine Rangordnung nicht mehr passt, vielleicht, weil sich irgendetwas verändert hat. Stell Dir vor, die Fußballmannschaft soll auf einmal Handball spielen oder in einem Chor singen und der beste Fußballspieler kann das gar nicht. Dann ist er als „Chef" nicht mehr am richtigen Platz. In Gruppen ohne feste Rangordnung gibt es immer Kämpfe um die Rangordnung. Das ist in einem Wolfsrudel genauso wie bei Menschen.

In der Geschichte entdecken Newa und Iso den Quark. So ganz stimmt es nicht mit der Herstellung, aber tatsächlich ist es so, dass sich das Milcheiweiß auf dem Boden eines Gefäßes absetzt, wenn die Milch lange genug steht. Am besten geht das mit Kuhmilch, aber Kühe haben die Menschen in der Geschichte noch nicht. Den Überstand nennt man **Molke***, das abgesetzte Milcheiweiß heißt* **Casein***. Dieses Casein ist dann der Grundstoff für Quark, Käse und viele andere Dinge, die wir auch heute noch gerne essen.*

Der Plan der Jojos

Am nächsten Morgen gingen Newa, Tugor und Bra zu Iso und Gala, um ihnen von ihrem Plan zu berichten. Die beiden waren begeistert. Jeder bekam ganz spezielle Aufgaben, die er ausführen musste. Die wichtigste Aufgabe hatte Tugor, aber er sollte erst ganz zuletzt tätig werden. Dann ging es los. Bra ging zu Jag und besprach mit ihm die Herstellung einer ganz besonderen Speerschleuder. Sie unterhielten sich sehr lange. Danach verließ Bra zusammen mit ihm die Höhle.

„Wo geht ihr hin," fragte Newa ihn.

„Jag hat mir erklärt, dass das beste Holz für eine Speerschleuder Eschenholz oder Ahornholz ist. Ich will jetzt im Wald einen geeigneten Ast suchen, den ich dann bearbeiten kann." Er nahm ein Steinbeil und das Knochenmesser seines Vaters mit, ging aus der Höhle hinaus und verschwand mit Jag im Wald.

„Passt auf euch auf," rief Newa ihm nach.

„Ich habe meine Speerschleuder dabei. Ich bin sehr gut ausgerüstet dank einem gescheiten, kleinen Mädchen, das immer alles besser weiß," lachte er. Newa verließ die Höhle, um ihren Teil des Planes zu erfüllen. Dabei sah sie Wasor an seinem Feuer sitzen. Er starrte stur vor sich hin und hatte ganz offensichtlich sehr schlechte Laune.

„Oh je," dachte Newa. „Hoffentlich klappt das alles mit dem Plan, sonst haben wir ein Problem." Mit diesen Gedanken verließ sie die Höhle und ging nach draußen. Der Plan sah vor, dass sie mit Schnee üben sollte, die Ziegen zusammenzutreiben. Newa glaubte, dass Schnee dies leicht könnte, aber sie wusste es natürlich nicht genau. Schließlich hatte sie das noch nie mit ihm ausprobiert. Und dann bestand ja auch die Gefahr, dass Schnee einfach eine Ziege tötete. Immerhin war er ja ein Wolf. Als sie an das Ziegengehege kam, traf sie dort Iso. Für sie hatten die Jojos keine geeignete Aufgabe gefunden bei dem Plan, Wasor zu helfen. Darüber war Iso traurig gewesen.

„Die kleinen Zicklein sind soooooo goldig," sagte sie. „Deine kleine Schwester hilft mir immer ganz toll. Sie ist total verliebt in ihre kleine Flecki. Hoffentlich bleiben die kleinen Ziegen alle gesund."

„Was macht denn Mond," fragte Newa. „Wann kriegt sie ihre Jungen?"

„Ich glaube, das dauert nicht mehr so lange," antwortete Iso. „Ich muss jeden Morgen genau gucken, wie weit sie ist." Sie gingen zu Mond, die sich in eine Ecke des Geheges zurückgezogen hatte. Sie stand unter einem kleinen Baum im Schatten und ruhte sich aus.

„Mit ihr kann ich heute nicht rechnen, wenn ich Schnee beibringen will, die Ziegen zusammenzutreiben," dachte Newa. „Sie ist viel zu erschöpft." Iso ging zu Mond und begann den Euter auszumelken. Die Milch zischte in einen Tontopf, den sie mitgebracht hatte.

„Oh, verdammt," rief Iso plötzlich. „Ich habe den Topf von gestern ganz vergessen. Mond hatte so viel Milch, dass ich zwei Töpfe vollgemacht habe. Oh, je, wo habe ich den nur hingestellt."

„Ich suche ihn mal," rief Newa. „Dann kannst du weiter melken. Ich leere die Milch am besten aus. Sie wird in der Sonne schlecht geworden sein und du brauchst bestimmt heute wieder einen zweiten Topf." Sie lief durch das Gehege und suchte den Tontopf. Iso hatte ihn gut versteckt. Komischerweise stand er unter einem Busch in der anderen Ecke des Geheges. Newa hob den Topf hoch und wollte gerade die Milch in einem hohen Bogen wegschütten, da fiel ihr auf, dass die Milch ganz verändert aussah. Sie war nicht mehr weiß, sondern trübe aber durchsichtig. Aber nur zum Teil. Was war denn das? Auf dem Boden des Gefäßes hatte sich ein dicker weißer Brei abgesetzt. Newa schüttelte den Tontopf und erwartete, dass sich alles wieder vermischen würde, aber das passierte nicht. Der Brei blieb auf dem Boden.

„Komisch," dachte Newa. „Wie das wohl schmeckt?" Sie stupste ihren Finger in die durchsichtige Flüssigkeit und leckte ihn ab. Es schmeckte nach nichts.

„Hm...." dachte Newa, „wenn das nach nichts schmeckt, muss das weiße Zeug intensiver schmecken." Jetzt stupste sie ihren Finger in den weißen Brei auf dem Boden des Tontopfes und leckte ihn wieder ab. Sie staunte. Es schmeckte sehr gut. Es schmeckte so gut, dass sie gleich einen kleinen Klumpen herausholte und ihn aß.

„Das ist vielleicht lecker," dachte sie. „Mit etwas Marmelade ....hmmm...." Das Wasser lief ihr im Mund zusammen und sie wollte in die Höhle laufen, um den Quark mit Marmelade zu vermischen und gleich zu essen. Aber dann stoppte sie. Ihr war gerade die Idee gekommen, wie Iso, die Ziegenmami an dem Plan der Jojos beteiligt werden konnte. Schnell lief sie zurück zu Iso.

„Das musst du probieren," sagte sie. „Da fällst du einfach um." Da Iso intensiv mit Melken beschäftigt war, nahm Newa einfach ihren Finger, schnappte sich etwas Quark aus dem Tontopf und steckte Iso ihren Finger in den Mund. Iso probierte und war so erstaunt, dass sie das Melken vergaß.

„Was ist denn das?" fragte sie erstaunt. „Was hast du denn jetzt schon wieder gemacht?"

„Das habe nicht ich gemacht, sondern du," sagte Newa. „Dadurch, dass die Ziegenmilch einen Tag stehen geblieben ist, hat sie sich getrennt. Es hat sich dieser komische Quark auf dem Boden abgesetzt." Iso guckte in den Topf.

„Wie schmeckt die helle Flüssigkeit?" fragte sie.

„Man kann sie trinken, aber sie schmeckt nicht so gut wie der Quark," erklärte Newa. „Ich habe eine echt gute Idee, wie du an dem Plan teilnehmen kannst. Gehe in die Höhle, vermische den Quark mit der Marmelade und bringe davon eine große Schale zu Wasor. Wenn er davon probiert hat, musst du ihm genau erklären, wie du das hergestellt hast. Es wäre doch gelacht, wenn wir ihn nicht überzeugen könnten." Iso freute sich.

„Hej Newa, das ist eine ausgezeichnete Idee," rief sie. „Meine Mutter hat gestern einen Topf mit frischer Marmelade aus diesen hellroten

Beeren, die da unten bei den dichten Büschen stehen, gekocht. Sie schmeckt phantastisch." Iso schnappte den Tontopf und flitzte in die Höhle. Im Weglaufen rief sie Newa zu.

„Du musst schnell Mond noch fertig ausmelken. Das kannst du doch. Vielen Dank." Dann war sie in der Höhle verschwunden. Newa guckte ein bisschen verdattert. Das hatte sie jetzt davon, dass sie Iso den Tipp mit dem Quark und der Marmelade gegeben hatte. Aber dann machte sie sich daran, Mond zu melken. Da sie das noch nicht oft gemacht hatte, dauerte es ganz schön lange, bis sie fertig war. Sie trug den Milchtopf, der inzwischen ganz voll war, vorsichtig in die Höhle und verteilte die Milch an alle Höhlenbewohner. Als sie zu Wasor kam, saß der mit einem glücklichen Gesicht an seinem Feuer und aß einen großen Topf mit Marmeladen-Quark.

„Schau mal Newa," rief er. „Iso hat mir hier gerade einen echten Leckerbissen vorbeigebracht. So etwas Gutes habe ich ja in meinem ganzen Leben noch nicht gegessen. Wie hat sie das nur gemacht?" Newa verriet nichts, sondern sagte nur.

„Schade, dass wir nicht mehr Ziegen haben, die Milch geben können. Und demnächst wird auch Mond ihre Jungen kriegen. Dann fällt die Milch für die Menschen erst einmal für eine ganze Zeit weg, weil die kleinen Ziegen die Milch trinken müssen, um groß zu werden." Wasor hörte sich alles genau an während er den Marmeladenquark aß.

„Habt ihr noch mehr davon," fragte er Iso als er fertig war. Iso schüttelte den Kopf.

„Nein Wasor, du hast alles bekommen, was wir hatten. Wir lassen den Rest von der heutigen Milch stehen, dann habe wir morgen früh wieder frischen Quark." Wasor sagte nichts dazu und schien nachzudenken, was Newa für ein gutes Zeichen hielt. Auf jeden Fall war seine schlechte Laune wie weggeblasen.

„Jetzt muss ich aber endlich meine Aufgabe erfüllen," dachte Newa und verließ wieder die Höhle. Sie pfiff nach Schnee, der sofort angesaust kam und mit dem Schwanz wedelte. Newa kletterte in das Gatter der Ziegen und rief Schnee zu sich. Der Wolf wollte gleich nach einem der kleinen Zicklein schnappen aber Newa stoppte ihn.

„Setz dich hin," rief sie und Schnee setzte sich ein wenig widerwillig neben sie. Dann begann sie mit dem Training. Schnee musste nach links und rechts laufen und die Ziegen immer umrunden. Das Ziel war es, alle Ziegen zu Newa zu treiben. Es dauerte einige Zeit, bis es gut klappte. Dann öffnete Newa das Gatter an einer Seite und ließ die Ziegen hinaus. Wolke flitzte sofort davon und Stern und die Zicklein folgten ihm. Nur die dicke Mond blieb im Schatten ihres Baumes stehen.

„Schnell," rief Newa Schnee zu. „Fang sie wieder ein. Bring sie hierher zurück." Jetzt hatte sie echt Angst bekommen vor ihrem eigenen Mut. Was, wenn Schnee die Ziegen nicht zurückbrachte? Dann wären alle Ziegen weg und sie hätte es verursacht. Aber sie brauchte sich keine Sorgen zu machen. Blitzschnell hatte der Wolf die Ziegen überholt und gebremst. Indem er die Ziegen immer halb umrundete trieb er sie langsam zurück zu Newa.

„Prima, mein Wolf," rief sie. „Jetzt wieder hinein ins Gatter mit den Ziegen." Schnee hörte heute wirklich gut auf sie und trieb die Ziegen wieder zurück ins Gatter. Newa verschloss das Gatter wieder. Es war geschafft. Newa guckte sich um. Hatten Tugor und Gala ihre Aufgaben so erfüllt, wie es abgesprochen war?

Gala hatte seit dem frühen Morgen begonnen aus Ton Ziegen zu basteln. Sie hatte bereits eine ganze Herde gebaut und aus einigen Zweigen ein Gatter, in dem die Ziegen standen. So hatten es die Jojos besprochen. Als Iso hereingekommen war, um Wasor den Marmeladenquark zu bringen, war sie schon ganz schön weit gekommen. Gala beobachtete, was Iso und Newa mit Wasor besprachen. Dann formte sie aus dem Rest des Tons noch einen Bären. Sie stellte die Tiere auf den Ofen an ihrem Feuer und musste nur noch warten, bis sie getrocknet waren. Richtig brennen wollte sie ihre Ziegenherde erst in der Nacht. Ihre Mutter guckte was sie machte.

„Wie findest du ihn?" fragte Gala sie und gab ihr den Bären. Kisa schaute den Bären genau an. Er sah stark und gefährlich aus.

„Der ist aber mächtig," sagte sie. „Was hast du mit ihm vor?"

„Geheimnis," lächelte Gala verschmitzt. Jetzt musste sie gut achtgeben, um ihren Einsatz nicht zu verpassen. Es dauerte nicht lange, da kam das Zeichen von Tugor. Er war aufgestanden und hatte sich zu seinem Vater ans Feuer gesetzt. Wasor berichtete ihm von dem leckeren Marmeladenquark und Tugor staunte nicht schlecht. Iso war inzwischen vor die Höhle gegangen und beobachtete Newa und Schnee, wie sie die Ziegen zusammentrieben. Jetzt musste alles genau klappen. Tugor winkte Gala unauffällig zu. Gala stand auf, nahm die Tonziegen, das Gatter und den Bären und humpelte ans Feuer von Wasor.

„Hallo Wasor und Tugor," sagte sie. „Ich habe hier aus Ton Tiere gebastelt. Die Ziegen sind für dich, Tugor. Du hattest mich doch darum gebeten, dir welche zu machen, weil du geträumt hattest, dass eine riesige Ziegenherde über das Grasland gekommen sei, um dich zu fressen." Diese komische Geschichte hatten sich die Jojos ausgedacht und Gala und Tugor mussten aufpassen, dass sie nicht aus Versehen anfingen zu lachen.

„Was hast du denn da für einen Quatsch geträumt?" fragte Wasor. „Du solltest endlich einmal von deinem Schutzgeist oder einem Krafttier träumen. Du willst doch wohl nicht behaupten, dass die Ziegen dein Schutzgeist werden sollen?" Tugor schaute ihn ganz ernsthaft an, als er sagte.

„Nein, die Ziegen sollen nicht mein Schutzgeist sein, aber du wirst zugeben, dass sie uns in der letzten Zeit viel Gutes getan haben. Vielleicht habe ich deswegen von ihnen geträumt." Gala nahm den Bären, den sie geformt hatte und gab ihn Wasor.

„Für dich habe ich einen großen Bären gemacht, Wasor," sagte sie. „Er soll ein Krafttier für dich sein und wenn du ihn bei dir hast, wird er dich bestimmt beschützen." Wasor war sprachlos. Er schaute sich den Bären genau an. Man merkte, dass er ihm gut gefiel.

„Den hast du wirklich gut geformt," sagte er. „Er sieht sehr stark und mächtig aus. Ich bedanke mich."

„Er ist noch nicht ganz fertig," sagte Gala. „Ich möchte ihn über Nacht gerne noch richtig brennen, damit er nicht kaputt gehen kann. Das gleiche gilt für Tugors Ziegen."

In diesem Augenblick sahen sie, wie Iso am Höhleneingang erschien und winkte. Das war das Zeichen. Jetzt kam es darauf an. Tugor und Gala wurden ganz nervös.

„Ähhhh.....Tugor...." stotterte sie. „Könntest du mich einmal zum Höhleneingang bringen? Ich möchte mal an die Sonne und kann mit meinem verletzten Fuß so schlecht laufen." Jetzt durfte Tugor keinen Fehler machen. Er nahm Gala am Arm und lies sie gleich wieder los, sodass Gala, die gerade dabei war sich aufzurichten, ungeschickt stürzte.

„Au," rief sie, als sie auf den Boden plumpste. Wasor schoss hoch.

„Du ungeschickter Dappes," schnauzte er Tugor an. „Pass doch mal auf. Spielt mit Ziegen herum und kann ein junges Mädchen nicht mal zum Höhleneingang bringen. Du bist vielleicht ein toller Kerl." Er bückte sich, hob Gala auf, als sei sie so leicht wie eine Feder und trug sie zum Höhleneingang. Tugor stolperte hinter her. Es hatte geklappt. Als Wasor mit Gala vor der Höhle erschien, konnte er beobachten, wie Schnee die Ziegen zunächst im Gatter zusammentrieb und Newa ihn dirigierte. Er stellte Gala neben sich auf den Boden und schaute lange gebannt zu. Iso, Gala und Tugor schauten sich zufrieden an. Der erste Teil des Plans hatte funktioniert und Wasor war aufmerksam geworden. Gemeinsam sahen sie zu, wie Newa die Ziegen aus dem Gatter ließ und wie Schnee sie danach wieder einfing und zurück ins Gatter trieb. Kodar kam dazu. Auch er schaute sich alles an.

„Warum macht sie immer solch einen Unsinn?" schimpfte er, als er Newa beobachtete. „Jemand müsste ihr das mal verbieten."

„Lass sie mal machen," meinte Wasor nachdenklich. „So einen Unsinn finde ich das gar nicht." Dann ging er zurück in die Höhle. Etwas später kam Bra aus dem Wald zurück. Er hatte einige Hölzer mitgebracht und setzte sich gleich in die Höhle, um sie zu bearbeiten. Als erstes begann Bra die Speerschleuder zu bauen. Dazu glättete er den Holzschaft so lange, dass der keinerlei Ecken und Kanten mehr hatte. Dann schnitzte er mit Gors scharfem Knochenmesser an dem breiteren Ende eine tiefe Mulde in das Holz, in die ein Wurfspeer genau hineinpasste. Den Schaft höhlte er auf der einen Seite aus. Dort konnte der Speer aufliegen. Zum Schluss schnitzte er einen Holzgriff, der aussah wie ein auf dem Kopf stehender Höhlenbär. Er schaute sich sein Werk an und war zufrieden. Jag hatte in der Zwischenzeit aus einem Feuersteinblock einige Speerspitzen hergestellt. Gemeinsam bauten sie acht genau gleich lange Wurfspeere. Bra nahm die Schleuder und die Wurfspeere in die Hand.

„Meinst du, sie sind gut genug für Wasor," fragte er Jag.

„Noch nie hat jemand so eine gute Waffe besessen wie diese," sagte Jag anerkennend. „Du hast sie sehr sorgfältig und gut gebaut. Ich bin gespannt, wie Wasor reagiert, wenn du sie ihm schenkst."

„Na dann," sagte Bra und stand auf, um zu Wasor zu gehen. Wasor saß wieder an seinem Feuer, aber man konnte sehen, dass er viel bessere Laune hatte als noch vor einigen Stunden.

„Na, da kommt ja schon wieder ein Jojo," begrüßte er Bra. „Heute ist ein komischer Tag. So oft wie heute hatte ich mit euch Jojos noch nie in meinem Leben zu tun. Was das wohl bedeuten soll? Zuerst kommt Iso und bringt mir einen Marmeladenquark, dann schenkt mir Gala einen Bären aus Ton. Mein Sohn stellt sich so dermaßen ungeschickt an, dass es sogar mir auffällt. Newa führt mir vor, wie sie mit ihrem Wolf eine Ziegenherde zusammentreiben kann und jetzt kommst du auch noch. Was hast du auf dem Herzen?" Bra wurde rot. Er wurde ganz unsicher. Aber dann sammelte er sich.

„Ich weiß nicht, was die anderen Jojos den ganzen Tag so machen. Ich habe mir gedacht, dass du als unser Anführer der erste sein solltest, der von mir die neue Waffe bekommt. Es dauert einige Zeit, um sie zu bauen und ich dachte, ich fange gleich damit an. Es ist ein Wurfarm und einige Speere aus Eschenholz mit Steinspitze." Mit diesen Worten zeigte er Wasor sein Werk. Wasor wurde still. Beinahe ehrfürchtig nahm er den Wurfarm in die Hand und betrachtete den kunstvoll geschnitzten Griff. Er drehte ihn um und schaute sich den Bären genau an.

„Der ist wunderschön. Heute habe ich bereits zwei Bären bekommen. Wenn das kein gutes Zeichen ist...." Dann begutachtete er die Speere.

„Warum sind die so kurz," fragte er. Bra erklärte ihm, wie er lange ausprobiert hatte welche Länge und welches Gewicht die Speere haben mussten, damit sie optimal flogen.

„Vielleicht brauchst du aber andere Speere als ich," sagte er. „Du bist so viel stärker und wirst die Speere wesentlich weiter werfen können als ich. Das musst du aber einmal ausprobieren. Dann kann ich die Speere anpassen."

„Sie sind sehr gut ausgewogen," sagte Wasor anerkennend. „Unter uns gesagt..... ich habe niemals einen wirklich gut ausgewogenen Speer hingekriegt." Er lachte freundlich. „Ich habe immer Jag bewundert, wie er das gemacht hat. Aber leider sind seine Hände so unsicher und schwach geworden, dass er keine guten Speere mehr bauen kann." Er klopfte Bra auf die Schulter. „Es ist wirklich sehr gut, dass wir mit dir einen guten Waffenbauer bekommen werden. Du wirst bei Jag in die Lehre gehen und dir alles genau beibringen lassen, was er weiß. Es darf dieses Wissen nicht mehr verloren gehen, so wie das Wissen von der alten Newa verlorengegangen war...." Er schaute einen Augenblick nachdenklich vor sich hin. „Vielleicht sollte das meine Aufgabe werden als Anführer dieses Clans. Aus jedem das Beste herausholen, indem ich mir anschaue was jeder am besten kann.......was meinst du dazu?" Bra stand der Mund offen. So eine lange Rede hatte er von Wasor noch nie gehört.

„Ähhh...." Bra wusste nicht was er sagen sollte. „Ähhh....wenn du das so sagst," meinte er. Dann wollte er aufstehen und schnell verschwinden. Ihm wurde die ganze Sache auf einmal unangenehm.

„Nicht so schnell, mein lieber," bremste ihn Wasor. „Sprich mit Newa. Ihr müsst beide rasch Steinschleudern bauen für die Frauen. Später kannst du dann Speere und Wurfarme für die Männer herstellen. In den nächsten Tagen wird viel passieren. Ich werde es morgen früh erklären. Übrigens...vielen Dank für diese wunderbare Waffe."

Dann stand Wasor auf und rief nach Tugor. Er sprach kurz mit ihm und dann verschwanden die beiden aus der Höhle und gingen schnell zum Wald. Erst nach mehreren Stunden, als die Sonne schon langsam unter ging, kamen sie zurück. Sie hatten ein Reh erlegt, was Wasor stolz auf seinen breiten Schultern trug. Im Hals des Rehes steckte einer von Bras Wurfspeeren. Tugor ging hinter Wasor her und trug seine Wurfspeere und seine Speerschleuder. Er guckte ein wenig seltsam. Die Jojos waren gespannt und besorgt. Hatte ihr Plan funktioniert? Eigentlich hatte der Plan vorgesehen, dass Tugor seinem Vater vorschlagen sollte, in den Wald zu gehen. Er wollte ihm sagen, dass im Wald vermutlich ein Riesenhirsch war, den er mit ihm jagen wollte. Das war natürlich eine erfundene Geschichte. Sie sollte als ein Vorwand dienen. Tugor wollte Wasor dann zu der Stelle locken, wo die Jojos die Ziegen gefunden hatten. Dort in der Nähe war die lange schmale Schlucht, die hinauf auf die Berge führte. Tugor wollte Wasor dort auch die Ziegen zeigen, die man auf den Felsen sehen konnte. Dann - so sah es der Plan vor – wollte Tugor seinem Vater vorsichtig den Vorschlag schmackhaft machen, eine Herde Ziegen zu fangen. So hatten die Jojos sich alles vorgestellt. Wasor sollte den Eindruck haben, er hätte die Idee mit der Ziegenherde selber gehabt.

Aber es war alles ganz anders gekommen. Die Menschen freuten sich, als Wasor das Reh mitbrachte, und standen alle um ihn herum. In dem Durcheinander kam Tugor zu den anderen Jojos, die bei Gala am Feuer von Kodar standen.

„Was ist los?" fragte Gala. „Hat alles geklappt?" Tugor schüttelte den Kopf.

„Ich weiß es einfach nicht," sagte er. „Mein Vater war ganz komisch. Ich konnte ihm zuerst gar nichts von dem Riesenhirsch erzählen und ihn zu der Ziegenstelle bringen. Er hatte irgendwie seinen eigenen Plan. Zuerst probierte er die Wurfspeere aus. Er war sehr zufrieden." Tugor guckte Bra an.

„Deine Arbeit hat er sehr gelobt. Die Speere flogen gut und er hat es ganz schön schnell gelernt gut zu treffen. Dass er sehr weit werfen würde, war mir schon vorher klar, denn er ist einfach sehr stark und er kann schon einen normalen Speer viel weiter werfen als die meisten Männer. Aber dann sagte er.

„Komm wir gehen hinunter zum Grasland und schauen, ob wir ein paar Antilopen finden." Ich sagte ihm, dass der Weg zu weit sei und wir in die Dunkelheit kämen, aber das schien im egal zu sein. Dann schlug ich ihm vor, zu den Bergen zu gehen, da ich dort einen Riesenhirsch gesehen hätte und da sagte er.

„Du meinst wohl eine Riesenziege, hahaha." Ja, er lachte sich kaputt, so als hätte er einen guten Witz gemacht. Dann haben wir glücklicherweise das Reh entdeckt und er konnte es erlegen."

„Ich glaube, er hat etwas gemerkt," meinte Iso niedergeschlagen.

„Das meine ich auch," sagte Bra. „Als ich ihm die Waffen brachte, hat er schon so komische Bemerkungen gemacht. Er wundere sich, dass die Jojos heute so oft bei ihm seien. Andererseits hat er gesagt, dass ich jetzt der Waffenbauer werde und dass ich bei Jag lernen soll. Ich habe es einfach nicht verstanden."

„Bestimmt hat er etwas gemerkt," sagte Newa. „Die Frage ist, wie er reagieren wird. Was sollen wir jetzt nur machen?"

„Gar nichts," sagte Tugor. „Ok, er hat vermutlich gemerkt, dass wir ihn dazu bringen wollten, eine Ziegenherde zu fangen. Das ist ja nicht schlimm. Er muss jetzt entscheiden, was er machen will. Wenn er nichts kapieren will, dann muss er es eben lassen. Ich glaube alle sehen die

Situation ganz klar. Wir haben zu wenig Fleisch, um sicher durch den Winter zu kommen. Wir werden sehr viel Wurzeln, Früchte, Gerste, Gras und solches Zeug sammeln müssen und einlagern. Zum Glück können wir inzwischen Brot backen und insofern werden wir nicht verhungern im Winter. Aber diese Dinge wird Hadur organisieren und Wasor wird nichts zu sagen haben. Wenn er morgen früh verkündet, dass die Männer noch einmal ins Grasland ziehen sollen, um Büffel zu jagen, wird es wahrscheinlich Streit geben. Javor wird da nicht mitmachen und Gor vermutlich ebenfalls nicht. Dann wird der Clan zerstritten sein. Es liegt jetzt an Wasor ganz allein was geschehen wird." Er schaute die anderen an. „Jojos - wir sind uns einig, oder?" Alle nickten. „Ja, Tugor, wir sind uns einig." Sie gaben sich gemeinsam die Hand und gingen danach auseinander. Newa wollte noch einen kleinen Abendspaziergang machen und ging mit Iso und Schnee zu der Stelle, wo Gala von der Wildkatze angefallen worden war. Newa hatte die getötete Katze hoch in einen Baum gehängt, damit keine anderen Tiere sie fressen konnten, denn sie wollte gerne das Fell der Wildkatze haben. Es dauerte eine Weile, bis sie die Stelle gefunden hatten. Newa kletterte in den Baum und machte die Katze los. Sie plumpste herunter vor die Füße von Iso. Newa schaute sich um. Von dem Baum aus konnte man sehr weit blicken. Sie schaute hinunter in das große Grasland und dachte an die Feuerjäger. Wo sie wohl gerade waren? Hatten sie ihre Spuren verfolgt? Newa machte sich Sorgen. Aber so sehr sie auch suchte, sie konnte keine Rauchsäule oder einen Feuerschein entdecken. Beruhigt kletterte sie den Baum wieder hinunter.

„Das ist ja eine ganz schön große Wildkatze," sagte Iso. „Schau mal, sie hat sogar Säbelzähne."

„Für einen Sägelzahntiger ist sie aber viel zu klein," erwiderte Newa. „Sie ist etwas kleiner als ein Luchs. Aber ein Luchs hat keine Säbelzähne sondern Pinselohren."

„Hast du schon mal einen Luchs gesehen?" fragte Iso.

„Hmmm....jaaa....von weitem," druckste Newa herum, denn sie wollte Iso die Geschichte mit ihrem Schutztier nicht erzählen. Aber dann entschied sie sich anders.

„Du bist doch eine Jojo und Jojos sagen sich die Wahrheit," sagte Newa. Dann berichtete sie Iso, wie sie damals auf der Jagd nach dem Luchs diesen getroffen hatte und wie er zu ihr gekommen war. Iso stand der Mund offen.

„Hast du denn gar keine Angst gehabt, als der Luchs zu dir gekommen ist?" fragte sie.

„Als er gekommen ist, hatte ich überhaupt keine Angst," antwortete Newa. „Aber nachher, als ich mir die ganze Geschichte noch einmal überlegt habe, bekam ich Angst. Auch jetzt, wenn ich sie dir erzähle, bekomme ich nochmal Angst. Hast du schon einmal von einem Schutztier geträumt?"

„Ich träume jede Nacht von meinen Ziegen," lachte Iso. „Aber ich glaube nicht, dass es sich dabei um einen Schutzgeisttraum handelt."

„Das glaube ich auch nicht," meinte Newa. Sie lud die Wildkatze auf den Rücken von Schnee denn sie war zu schwer für sie. Dann machten sie sich auf den Heimweg.

Liebe/r junge/r Leser/in...

Die Menschen stellten Seile, Kordeln oder Fäden aus Tierhäuten, Sehnen oder auch aus Pflanzenfasern her. Dazu kann man viele Pflanzen verwenden beispielsweise die Brennessel, Weide, Linde und viele andere.

Verwendet wird dazu der so genannte **Bast**. *Bast nennt man die Schicht, die bei Pflanzen unter der Rinde kommt und den eigentlichen Holzkern der Pflanze schützt. In dem Bast verlaufen die Wasseradern einer Pflanze in denen Wasser von den Wurzeln bis hinauf in die höchsten Äste und die Blätter fließen kann. Dazu braucht die Pflanze keine Pumpe. Es funktioniert alleine durch eine Kraft, die keinerlei Energie benötigt. Dies ist ein echtes Wunder. Wegen der Wasseradern besteht der Bast aus vielen Fasern.*

Am bekanntesten ist die Pflanze **Lein** *(oder auch* **Flachs** *genannt), die auch heute noch als Kulturpflanze in vielen Regionen der Erde eine große Rolle spielt. Die aus dem Lein gewonnenen Fasern (Flachsfasern) wurden früher zu dem Leinen, einem Kleidungsstoff verarbeitet. Die Maler verwenden die Leinwand worauf sie ihre Bilder malen. Neben dem Leinen wird aus dieser Pflanze auch das Lein-Öl gewonnen oder das Lein-samenbrot gebacken, das wir heute gerne essen. Auch in dem Wort Leine, weißt der Name des Seils auf den Flachs als Grundstoff hin. In der folgenden Geschichte spielen Seile aus Bast eine große Rolle.*

Eine andere **Kulturpflanze** *wurde in der Geschichte bereits beschrieben. Kannst Du Dich erinnern? Es war die* **Gerste**, *vermutlich das erste Getreide, aus dem Mehl gewonnen werden konnte. Andere essbare Kulturpflanzen sind Weizen, Mais, Raps, Kartoffeln oder Reis.*

In der folgenden Geschichte kommt wieder eine Geburt bei den Ziegen vor. Dabei kann es manchmal passieren, dass ein Tier-Baby während des Geburtsvorgangs stecken bleibt. Das ist dann gefährlich für das Baby und die Mutter und man muss dem Tier helfen so wie Newa und ihre Freundinnen es getan haben. Das nennt man Geburtshilfe.

Wasors Entscheidung

Es stürmte und regnete am nächsten Morgen. Der Herbst nahte und der Sommer ging langsam zu Ende. Das war nicht mehr zu übersehen. Umso wichtiger war es für die Höhlenbewohner, sich auf den Winter einzustellen. Die Menschen froren und die Feuer wurden gefüttert, damit es in der Höhle wärmer wurde. Newa hatte am Abend bereits einige Fellstreifen zurechtgeschnitten, um für alle Frauen und Mädchen Steinschleudern zu bauen, wie es im großen Rat beschlossen worden war. Sie hatte die Streifen eingeweicht und begann sie jetzt weich zu kneten, um dann an der breiten Stelle eine weiche Kuhle im Leder formen zu können. Ihre gute Laune verschlechterte sich in dem Moment, als sie daran dachte, was Wasor heute wohl verkünden würde.

„Hoffentlich gibt es keinen Streit und Wasor trifft eine gute Entscheidung," dachte sie, und band in das eine Ende eines Lederbandes eine Schlaufe. Sie schaute sich ihr Werk an. Eine Schleuder war fertig. Sie guckte hinüber zu Bra. Auch er war dabei Steinschleudern zu bauen. Newa sah ihm an, dass er lieber an einer Speerschleuder gearbeitet hätte. Aber auch er arbeitete konzentriert an seiner Aufgabe. Da wurde sie abgelenkt. Wasor war aufgestanden und hatte sich an den Höhleneingang neben das Wachfeuer gestellt.

„Ich habe gestern einige Entscheidungen getroffen, die ich euch allen mitteilen will," begann er. „Wie man heute sehen kann, ist der Sommer fast vorbei und es wird bald kalt werden. Durch die missglückte Jagd müssen wir in diesem Jahr einen anderen Plan verfolgen, um genügend Vorräte für den Winter zu bekommen. Die Jagd hat aber für zwei Probleme gesorgt, die wir im Auge haben müssen. Zum einen brauchen wir Nahrung, zum anderen müssen wir wachsamer sein als vor der Jagd. Die Feuerjäger haben uns bisher nicht verfolgt, was daran liegt, dass sie momentan genug zu essen haben. Aber es ist nicht klar, was sie machen, wenn sie keine Nahrung mehr haben. Ich könnte mir vorstellen, dass sie irgendwann unsere Spur aufnehmen und hierher verfolgen. Darauf müssen wir vorbereitet sein. Zum Glück liegt unsere Höhle so hoch in den Bergen, dass wir einen sehr weiten Blick ins Grasland haben und bereits früh erkennen können, wenn sie kommen sollten. Trotzdem habe ich beschlossen, dass wir noch vor dem Winter Kundschafter losschicken, um herauszufinden, was die Feuerjäger planen.

Das andere Problem können wir nicht durch eine weitere Jagd lösen, auch wenn wir das wollten. Wir würden erneut keine Büffel finden und vielleicht sogar nochmal mit den Feuerjägern in Konflikte kommen. Also habe ich gestern sehr viel nachgedacht und mir überlegt, dass wir eine Ziegenherde fangen sollten, die über den Winter bei uns ist. Leider ist die Höhle zu klein, um eine ganze Herde bei uns unterzubringen. Also müssen wir ein größeres Gehege und auch eine große Hütte für die Ziegen bauen, damit sie im Winter geschützt sind. Die Ziegen werden uns als Nahrungsquelle dienen." Wasor machte eine Pause und schaute in die Runde. Es war ganz still und alle schauten ihn aufmerksam und gespannt an.

„Die fünf Ziegen, die wir bis jetzt haben, na ja..... in einigen Tagen kommen nochmal zwei Zicklein dazu, reichen nicht für uns alle, wenn wir den Winter überstehen wollen. Außerdem bekomme ich einen mächtigen Streit mit Iso, wenn wir ihre Ziegen schlachten sollten," sagte er mit einem schmunzelnden Seitenblick auf Iso. Er schaute jetzt Newa an.

„Wir können die Ziegen aber nur fangen, wenn wir Newas Wolf einsetzen. Du hast mir das ja gestern sehr schön vorgeführt, wie gut er die Ziegen treiben kann. Mal sehen, ob er das auch bei einer größeren Herde mit wilden Ziegen kann. Ich stelle mir also vor, dass wir einige Ziegen aus den Bergen holen, bevor dort der Schnee fällt. Wir treiben sie herunter in den Pferch. Für die Ziegen benötigen wir im Winter sehr viel Gras, Blätter und Grünzeug aller Art, denn wenn die Ziegen verhungern, werden auch wir Menschen verhungern.

Tugor, Newa und ich werden in ein paar Tagen in die Berge gehen und versuchen die Ziegen zu fangen. Bandur und Kodar werden einen großen, festen Pferch und einen Stall bauen und Javor und Gor gehen ein Stück weit ins Grasland und beobachten, was die Feuerjäger machen und planen. Bra und Jag haben die Aufgabe Speerschleudern zu bauen, die Javor und Gor mitnehmen können. Wenn sie ins Grasland gehen, müssen sie besser bewaffnet sein, als die Feuerjäger. Die Frauen kümmern sich um die Vorräte an Pflanzen und diesem ganzen komischen Zeug. Außerdem müssen wir alles Wild, was wir in der nächsten Zeit erjagen können, räuchern, um es über den Winter haltbar zu machen. Aber ganz besonders wichtig erscheint mir, dass schon mal ganz viel Marmelade gekocht wird." Er lachte. „Ja,.... Iso....dein Marmeladen-Quark, den du mir gestern gebracht hast, hat mich endgültig davon überzeugt, diesen Plan so durchzuführen, wie ich ihn gerade beschrieben habe."

Newa fiel ein Stein vom Herzen. Sie blickte in die Gesichter der Jojos und stellte überall reine Freude und riesige Erleichterung fest. Hadur saß ganz erstaunt auf dem Boden und wunderte sich über Wasors Weisheit. Allen Menschen konnte man anmerken, wie erleichtert sie waren, dass Wasor diese Entscheidung getroffen hatte und sie nicht zu einer neuerlichen Jagd überreden wollte. So hatte er mit seiner Entscheidung die Spaltung des Clans verhindert. Wasor hatte sich hingesetzt und winkte Newa und Tugor zu sich.

„Ich vermute, die Ziegen leben in der Nähe der Stelle, wo ihr die tote Ziege und die kleinen Zicklein gefunden habt," sagte er. „Wir werden sofort aufbrechen, wenn der Sturm in ein paar Tagen nachgelassen hat und es wieder etwas wärmer geworden ist. Bereitet euch gut vor. Wir werden mehrere Tage brauchen, um unsere Aufgabe zu erledigen." Dann wurde er ganz ernst und schwieg für einen Moment.

„Ich weiß ganz genau, dass ihr gestern versucht habt, mir diesen Plan schmackhaft zu machen. Das war sehr mutig von euch, denn es hätte ja passieren können, dass ich es bemerke und böse reagiere. Aber ich will jetzt sofort wissen, wer von euch die Idee zu diesem Plan hatte?" Er guckte Newa und Tugor streng an. Die beiden Jojos guckten auf den Boden. Als Tugor nichts sagte, ergriff Newa das Wort.

„Wir haben uns große Sorgen um den Clan gemacht, Wasor. Nach den Entscheidungen im großen Rat........"

„war die Möglichkeit eines schlimmen Streites im Clan gegeben und einer Spaltung. Dies hätte alle Menschen gefährden können." wollte sie noch sagen, aber Wasor unterbrach sie.

„Wer hatte die Idee? Warst das schon wieder du, Newa?" fragte er streng. Newa schwieg erschrocken und wartete, dass Tugor etwas sagte. Der schwieg aber und guckte die ganze Zeit auf den Boden. Dann sagte er auf einmal ganz leise.

„Ähhh....ich habe mit Bra so über alles Mögliche gesprochen......da kamen wir auf einmal auf die Idee......mit der Ziegenherde.....wir hatten sie in den Bergen gesehen....zuerst war Newa einverstanden.....dann die anderen....dann haben wir gemeinsam....also alle Jojos waren dabei.....ja....dann haben wir den Plan ausgearbeitet........" stotterte er. Man merkte deutlich, dass er Angst vor Wasors Reaktion hatte. Aber Wasor lächelte plötzlich.

„Du warst das?" fragte er erstaunt. Tugor nickte. Newa hatte auf einmal den Eindruck, dass sich Tugors Vater freute. Er war immer in sich gekehrt und sehr streng mit sich und anderen. Dass er einmal lächelte oder sich freute, kam niemals vor.

„Das habt ihr gut gemacht," sagte er nach längerem Schweigen. „Tugor, du wirst einmal ein guter Anführer des Clans werden, wenn ich es nicht mehr sein kann. Ich bin stolz auf dich." Newa kam es so vor, als sei Wasor richtig glücklich darüber, dass nicht sie, sondern sein Sohn den Plan der Jojos zusammen mit Bra ausgeheckt hatte.

„Über dich habe ich auch nachgedacht Newa," sagte er dann wieder ernst. „Wir waren nicht die besten Freunde. Für einen Anführer des Clans ist es nicht so leicht, mit einem Kind zu tun zu haben, welches so gescheit ist wie du. Einem Kind, das immer wieder zeigt, dass es den

Anderen gedanklich voraus ist aber das trotzdem ein Kind ist, was viele Gefahren einfach noch nicht kennt. Vielleicht werden wir aber ab jetzt besser miteinander auskommen." Dann stand Wasor auf und ging aus der Höhle hinaus in den Sturm. Anscheinend brauchte er einmal etwas Ruhe und Abstand. Newa und Tugor starrten sich an. So hatten sie Wasor noch nie erlebt.

„Ich hatte gerade echt Angst," sagte Tugor. Newa nickte.

„Ich auch, und wie. Das hätte auch anders laufen können. Du hattest deinen Vater aber wirklich richtig eingeschätzt, als du und Bra zu mir gekommen seid, um mir euren Plan zu erklären. Er ist ein guter Anführer, der immer versucht für den Clan das Beste zu entscheiden. Und er kann nachdenken und seine Entscheidungen ändern, wenn sie nicht gut sind. Ich hätte das nicht gedacht." Tugor stand auf.

„Lass uns überlegen, was wir brauchen, wenn wir die Ziegenherde fangen wollen. Speer und Steinbeil ja wohl eher nicht." Newa dachte nach.

„Wir könnten Bänder und Seile brauchen, um einige der Ziegen zusammenzubinden, wenn sie weglaufen wollen. Schließlich kann Schnee sie nicht ständig alle bewachen. Ich gehe am besten zu Andar und lasse mir zeigen, wie man ein Seil aus Fellstreifen herstellt." Tugor nickte.

„Das ist eine gute Idee. Ich lasse es mir von meiner Mutter auch beibringen." Er ging davon und Newa guckte ihm erstaunt hinterher. Hatte sie da gerade richtig gehört? Tugor wollte ein Seil flechten, also Frauenarbeit machen? Sie verstand die Welt nicht mehr. Da merkte sie auf einmal, dass sie riesigen Hunger hatte. Sie hatte ganz vergessen etwas zu essen und ging zu ihrer Mutter. Andar hatte am Vortag Brot gebacken und Marmelade aus roten Früchten gekocht. Newa nahm ein Stück Brot und schmierte so dick sie konnte Marmelade darauf. Dann begann sie mit Genuss das Brot zu essen.

„Andar," begann sie, „kannst du mir zeigen, wie man ein Seil macht? Wir werden Seile brauchen, wenn wir die Ziegen fangen wollen." Andar nickte. Sie begann zu erklären.

„Wenn du ein Seil bauen willst, brauchst du viele Fellstreifen. Sie sollten alle etwa gleich breit sein, dann kannst du sie besser verarbeiten. Wenn du sehr schmale Streifen nimmst, bekommst du ein dünnes Seil, wenn du breite nimmst, bekommst du ein dickes Seil. Wenn du ein ganz dickes Seil brauchst, nimmst du bereits geflochtene dünne Seile und flechtest sie erneut zu einem Seil. Jetzt zeige ich dir die Technik." Andar nahm einen Speer von Javor, der neben dem Feuer lag und rammte ihn tief in den weichen Höhlenboden. Dann nahm sie drei schmale Fellstreifen und band sie mit einem Knoten an dem Speer fest.

„So musst du anfangen," erklärte sie. „Binde immer drei Streifen zusammen. Das musst du machen, damit das Seil stark wird. Ein einzelner Streifen kann leicht reißen. Die drei Streifen musst du dann flechten. Immer den Äußeren über den Mittleren, immer abwechselnd von rechts nach links und umgekehrt." Sie flocht einen Zopf aus den drei Fellstreifen. Zwischendurch zog sie immer wieder die Streifen ganz straff. Newa guckte interessiert zu.

„Wenn du am Ende eines Fellstreifen angekommen bist, nimmst du einen neuen und flechtest ihn nach und nach in das Seil ein. Auf diese Weise kannst du es so lang machen wie du willst. Du musst natürlich genug Fellstreifen haben." Newa hatte interessiert zugehört und zugeschaut. Inzwischen war das Marmeladenbrot in ihrem Mund verschwunden. Sie schnitt sich einige Fellstreifen zurecht und begann ein Seil zu flechten. Am Anfang ging es noch schwer und sie musste Andar einmal um Hilfe bitten, aber nach einiger Zeit hatte sie den Trick heraus und kam gut voran. Bald hatte sie ein langes Seil fertig gestellt. Newa wollte gerade ein neues Fell suchen, um es zurechtzuschneiden, da wurde sie von ihrer Mutter gebremst.

„Langsam Newa," sagte sie. „Wir müssen etwas sparsam mit den Fellen umgehen, denn wir brauchen alle warme Kleidung für den Winter. Wenn alle Felle zerschnitten sind, müssen wir frieren." Daran hatte Newa nicht gedacht. Immerhin hatte sie ein gutes langes Seil gefertigt.

Sie stand auf um Gala zu besuchen und ihr die Schleuder zu bringen, die sie am Morgen gebaut hatte. Gala freute sich, als Newa kam.

„Hadur hat gesagt, dass heute mein Fuß fertig geheilt ist und wir den Tonfuß entfernen können," sagte sie. „Ich freue mich schon so darauf, mal wieder richtig laufen zu können. Außerdem muss ich unbedingt aus der Höhle hinaus."

„Warum musst du das?" fragte Newa. „Draußen ist ganz schlechtes Wetter und es stürmt."

„Ja, weißt du denn nicht, dass heute die neuen Ziegen kommen sollen?" rief Gala. „Iso und Mora sind schon den ganzen Vormittag draußen und kümmern sich um Mond. Sie hat anscheinend Probleme, ihre kleinen Ziegen auf die Welt zu bringen." Newa guckte erstaunt. Das hatte sie gar nicht gewusst. Sie war zu sehr mit ihrem Seil beschäftigt gewesen. Aber es stimmte. Iso und Mora waren nicht in der Höhle.

„Hilf mir," sagte Gala. „Mach den Tonfuß kaputt, damit ich wieder einen richtigen Fuß habe." Sie hielt ihren Fuß Newa unter die Nase. Newa suchte sich einen geeigneten Stein und zerklopfte den Ton. Nach und nach kam Galas Fuß wieder zum Vorschein.

„Uhhhh, der stinkt aber," rief Newa. „Aber er sieht ganz gut aus. Tut er dir noch weh?" Gala blickte ein wenig ängstlich auf ihren Fuß.

„Irgendwie kommt er mir so vor, als gehöre er gar nicht zu mir," sagte sie. „Aber er tut nicht weh." Vorsichtig stellte sie sich darauf, ging ein paar Schritte und rief.

„Er ist wieder in Ordnung. Er ist prima geheilt. Ein Glück, ich hatte schon Angst, dass er nicht mehr so gut wird wie der gesunde." Sie hüpfte fröhlich auf dem Fuß herum.

„Lass uns zu Iso gehen und schauen, was die Ziegen machen," rief sie und lief zum Höhlenausgang. Newa rannte hinterher. Draußen war es wirklich ungemütlich. Es war kalt und stürmisch. Die beiden gingen zum Pferch. Dort saßen Iso und Mora bei Mond, die auf dem Boden lag und anscheinend starke Schmerzen hatte.

„Es geht nicht voran," rief Iso. „Das Zicklein steckt irgendwie fest und kommt nicht heraus. Ich fürchte, Mond wird sterben." Mora fing an zu weinen.

„Die arme Mond. Sie soll nicht sterben. Ich will noch ein Zicklein haben. Und Mond soll nicht sterben." Newa beugte sich zu Mond, die ganz erschöpft auf dem Boden lag und schnell atmete. Das Zicklein steckte wirklich fest. Statt eines Ziegenkopfes wie ein paar Tage vorher bei Stern, guckten zwei Beine aus der Scheide von Mond heraus.

„Sie liegt falsch," dachte Newa. Das hatte sie nämlich von Hadur gelernt. Ein Baby liegt falsch, wenn es nicht mit dem Kopf zuerst kommen will, hatte Hadur ihr immer erklärt. Newa versuchte das Zicklein zu fassen und herauszuziehen, wie sie es mit den anderen gemacht hatten, aber sie rutschte immer wieder an den glitschigen Beinen ab. Was sollte sie nur tun? Hätte sie nur nicht so lange an ihrem Seil gebastelt! Dann hätte sie vielleicht noch helfen können. Sie stutzte.

„Das Seil," rief sie und sprang auf. „Das ist die Idee." Sie rannte in die Höhle, während die anderen entgeistert hinter ihr her guckten.

„Jetzt spinnt sie aber wirklich," sagte Gala und schüttelte den Kopf.

„Newa spinnt und Mond soll nicht sterben," schwätzte Mora vor sich hin. Iso war verzweifelt.

„Jetzt muss aber ganz schnell etwas passieren, sonst geht das hier nicht gut aus," sagte sie. Da kam Newa zurück. Sie hatte das lange Seil dabei. Schnell kniete sie sich neben die Ziege. Das Seil legte sie zu einer Schlaufe. Die Schlaufe legte sie um die Beine des Zickleins und zog sie zu. Das saß.

„So, jetzt müssen wir zusammenarbeiten," rief sie. „Gala und Mora – ihr haltet Mond ganz fest. Iso - du musst jetzt mit mir ziehen. Die kleine Ziege liegt nicht richtig." Gemeinsam zogen sie an dem Seil. Und wirklich nach kurzer Zeit begann die Ziege sich zu bewegen.

„Es kommt," rief Iso. „Wir schaffen es." Kaum hatte sie das gesagt, kam das kleine Zicklein heraus. Ein Schwall Fruchtwasser kam hinterher und Newa und Iso plumpsten auf ihre Hintern. Kurz darauf kam auch die zweite Ziege heraus. Sie hatten es geschafft. Beide Zicklein lebten und Mond ging es nach kurzer Zeit ebenfalls besser. Mora hüpfte herum und sang die ganze Zeit.

„Mond muss nicht sterben, wir haben es geschafft. Mond muss nicht sterben, wir haben es geschafft." Mond begann zu meckern und Mora musste ihr etwas Wasser zu trinken bringen.

„Das war aber knapp," sagte Iso zu Newa und Gala.

„Wir hatten einfach ganz viel Glück," sagte Newa. „Hätte ich nicht ausgerechnet heute gelernt, wie man ein Seil baut und gerade eines fertiggestellt, wäre ich niemals im ganzen Leben auf die Idee gekommen, das Zicklein mit einem Seil aus Mond herauszuziehen. Ich glaube wir haben heute gute Arbeit geleistet." Inzwischen hatten die beiden Zicklein begonnen am Euter von Mond zu trinken. Alles war in Ordnung.

„Na, wie heißen denn jetzt deine beiden neuen Zicklein?" fragte Iso die kleine Mora. Newas Schwester war ganz aufgeregt.

„Soll ich beiden Zicklein einen Namen geben?" fragte sie. „Beiden...?

„Aber klar," sagte Gala. „Du hast doch richtig mitgeholfen, sie auf die Welt zu bringen."

„Uiiiii......Uiiiii...." rief Mora. Sie war ganz stolz. „Dann heißen sie ..... hm ..... sie heißen Lala und Lulu. Und es sind meine Kinder." Sie lachte.

„Lala und Lulu, Lala und Lulu....." Der Sturm wurde stärker und es begann wieder zu regnen. Die Kinder brachten Mond und die beiden Zicklein in die kleine Hütte, die Tugor und Bra in den letzten Tagen gebaut hatten und gingen schnell zurück zur Höhle.

Drinnen arbeiteten alle an ihren Aufgaben. Die Frauen hatten die Gerste, die in der Höhle vorrätig war, inzwischen zu Mehl gemahlen und dieses in zwei große, dicht geflochtene Körbe, die zusätzlich mit Lehm abgedichtet worden waren, gefüllt. Außerdem hatten sie alle Beeren zu Marmelade verarbeitet.

„Da müssen wir aber noch viel sammeln gehen," hatte die alte Krom gesagt, der die neue Marmelade besonders gut schmeckte. „Die Beeren werden ja alle erst im Herbst richtig schön reif. Dann finden wir ganz viele im Wald." Javor und Gor saßen mit Wasor zusammen und berieten über die geplante Erkundung im großen Grasland. Sie überprüften ihre Waffen und packten einige Beutel mit Vorräten zusammen.

„Wir dürfen auf keinen Fall Hölzer und Zunder zum Feuermachen vergessen," sagte Gor. „Wenn wir alleine im Grasland sind, werden Raubtiere kommen und uns vielleicht angreifen, wenn wir kein Feuer haben."

„Und wir müssen unbedingt einige Tage lang mit der Speerschleuder üben, damit wir diese Waffe auch gut beherrschen. Sie wird ein entscheidender Vorteil für uns im Grasland sein," sagte Javor. „Erst dann gehen wir los." Kodar und Bandor schärften ihre Steinbeile, um im Wald geeignete Stämme für den Bau des Ziegenpferches schlagen zu können und unterhielten sich darüber, wie sie den Pferch bauen wollten.

„Die Hütte in dem Pferch muss so groß sein, dass alle Ziegen hineinpassen," sagte Bandor. „Und sie muss so stabil sein, dass ein Raubtier sie nicht aufbrechen kann, ohne dass wir es hören."

Newa besuchte Bra, der mit Jag zusammen konzentriert an seinen Holzstücken arbeitete, um Speerschleudern und Speere für Javor und Gor herzustellen. Die beiden freuten sich, als Newa sie besuchte und ihnen von den Ziegen erzählte. Jag hatte Bra gezeigt, wie man die Rinde von Ästen ablösen konnte, um das Kernholz freizulegen und die Speere noch glatter und leichter zu machen. Bra benutzte dazu ein sehr scharfes, halbrundes Knochenmesser, denn es war einfacher die Rinde im Ganzen abzuschälen als mühsam abzurubbeln. Endlich hatte er die Rinde abgelöst. Newa nahm sie in die Hand und spielte damit herum, während sie Jag zuhörte, der eine Geschichte erzählte.

„Ich freue mich, dass ich wieder eine Aufgabe habe im Clan," sagte er zufrieden. „Es macht Spaß, Bra die Geheimnisse des Waffen- und Werkzeugbaus beizubringen. Alles dreht sich darum, sorgfältig zu arbeiten und die richtige Speerspitze zu dem richtigen Schaft zu finden, damit dieser gut ausgewogen ist. Sonst fliegen die Speere schlecht. Das große

Problem ist das Schäften. Wie macht man die Spitze an dem Holzschaft fest, so dass sie auch gut hält und nicht zu schwer wird? Ich habe früher mit Baumharz versucht die Spitzen fest zu kleben. Das funktioniert auch ganz gut, ist aber so unendlich mühsam. Das Baumharz muss man aus einem lebenden Baum herausholen. Man muss ein Loch in den Baum machen und warten, bis genug Harz herausläuft. Das dauert lange. Dann muss man genau den richtigen Moment abpassen und es holen, wenn es noch flüssig ist. Wenn man sich da nicht beeilt, wird es fest und man kann es nicht mehr formen. Es war so mühsam, dass ich es irgendwann aufgegeben habe."

„Hast du niemals einen anderen Klebstoff gefunden," fragte Newa.

„Nein, leider nicht," sagte Jag. „Ich habe sogar einmal Hadur gefragt, ob es bei ihren Pflanzen nicht etwas gibt, aus dem man einen Klebstoff herstellen kann, aber sie konnte mir nicht helfen. Aber es geht ja auch mit nassen Fellstreifen." Er holte einen schmalen Streifen aus einem Tongefäß, das neben ihm stand und mit Wasser gefüllt war.

Newa musste zweimal hingucken. Das war doch ihr komisches Gefäß, mit dem sie das Wasser geschöpft hatte, damals, als sie mit der Ziege unterwegs gewesen war. Sie hatte das Gefäß zur Höhle gebracht und es danach einfach vergessen, weil Schnee verschwunden war und viele Dinge passierten. Jetzt fiel es ihr wieder ein. Inzwischen war es gebrannt, wie alle Tontöpfe und wurde von Bra und Jag als Wassertopf benutzt. Sie wollte ihn hochheben, da merkte sie, dass sie ihre rechte Hand in den Rindenstreifen verheddert hatte. Ganz unbewusst hatte sie einige der Rindenstücke aufgefasert und zu einem dicken Strang verdreht, der sich um ihre Hand geschlungen hatte. Erst als Newa ihn abreißen wollte merkte sie, wie fest dieser Strang geworden war. Sie wickelte ihn ab, hob das Gefäß hoch und schaute es sich genau an. Im Vergleich zu den anderen Tontöpfen war es unförmig und es hatte am Rand ein Loch. Dort hatte sie es mit ihrem Daumen festgehalten und dadurch ein Loch hinein gemacht.

„Au wei," dachte sie. „Damit hat es angefangen."

„Das ist mein erster Topf," sagte sie. Jag guckte nur kurz.

„Der Topf lag hier einfach so herum. Deswegen haben wir ihn benutzt. Brauchst du ihn?"

„Nein," sagte Newa. „Er hat außerdem ein Loch im Rand." Sie steckte ihre Finger hindurch.

„Ein Loch?" Jag guckte erstaunt den Topf an. „Ja, stimmt. Ich brauche jetzt einen Fellstreifen." Mit einem der Speere angelte er den Topf mit den Fellstreifen zu sich herüber, indem er den Schaft in das kleine Loch steckte. Der Speer bog sich dabei und beinahe wäre der Topf abgerutscht aber Jag reagierte schnell und setzte den Topf wieder ab. Dann konzentrierte er sich wieder auf die Speere. Newa war nachdenklich geworden während sie Bra und Jag zuschaute. Wieder spielte sie in Gedanken mit der Rinde. Neben Bra und Jag lag inzwischen ein ganzer Haufen herum. Newa suchte ein paar Streifen zusammen. Dann faserte sie die Streifen mit den Händen auf. Während sie über den Topf nachdachte begannen ihre Hände das zu tun, was sie den ganzen Morgen getan hatten. Sie flochten einen Zopf.

„Was hast du da gemacht," Die Frage Bras rissen sie aus ihren Gedanken.

„Hä...." meinte sie. „Was meinst du?"

„Na das da..... „rief Bra. „Du hast ein Bast-Seil gemacht. Aus unseren Abfällen. Hast du das gar nicht gemerkt?" Newa schüttelte den Kopf. Das konnte doch gar nicht sein. Sie war so in Gedanken gewesen, dass sie nicht einmal gemerkt hatte, was sie da gebastelt hatte. Jag nahm ihr den Bastzopf aus der Hand. Er prüfte seine Festigkeit. Dann gab er es Bra in die Hand.

„Ich bin zu schwach...meine Hände....du weißt ja." Bra versuchte so gut er konnte Newas Seil zu zerreißen, aber es gelang ihm nicht. Newa sprang auf.

„Willst du uns schon wieder verlassen?" fragte Jag.

„Ich will sehen, ob jemand das Seil zerreißen kann," sagte sie und nahm es Bra aus der Hand. Sie ging damit zu Tugor, der immer noch damit beschäftigt war, Seile aus Tierhaut zu flechten. Seine Mutter hatte ihm die gleiche Technik beigebracht, wie es Andar bei Newa gemacht hatte.

„Schau mal Tugor," unterbrach Newa seine Arbeit. „Ich habe hier was gefunden und du musst mir helfen auszuprobieren, ob es auch gut geworden ist." Sie erklärte Tugor, was sie entdeckt hatte.

„Das wäre ja prima, wenn man aus diesem Abfall wirklich gute Seile machen könnte," meinte er. „Dann müsste man nicht wertvolle Felle zerschneiden." Sie wickelten sich das Seil um die Hände und zogen daran so fest wie sie nur konnten. Dabei flog Newa in hohem Bogen auf die Nase, weil Tugor viel zu stark war und sie einfach mit Schwung auf seine Seite zog. Aber das Seil hielt. Sie holten Gala dazu. Zusammen mit Newa zog sie auf der einen Seite gegen Tugor. Jetzt waren die Kräfteverhältnisse einigermaßen ausgeglichen. Aber das Seil hielt. Newa stieß einen Freudenschrei aus.

„Ich muss das unbedingt Andar berichten," rief sie. „Wir können Seile herstellen ohne Felle verwenden zu müssen." Aufgeregt lief sie zu ihrer Mutter und zeigte ihr das Seil. Andar schaute sich das Seil lange und sehr gewissenhaft an. Sie überprüfte die Zugkraft und war beeindruckt, wie viel Gewicht das Seil aushalten konnte.

„Das ist eine gute Erfindung, die du da gemacht hast," sagte sie zu ihrer Tochter. „Sehr gut. Ich bin gespannt, ob man damit auch Werkzeuge bauen kann, denn vermutlich wird dieses Rindenseil nicht so gut schrumpfen wie ein nasses Lederband. Gib das Seil einmal Jag. Mal sehen was er dazu denkt." Newa ging zurück zu Jag und berichtete ihm über Andars Idee.

„Es ist sehr gut, aber nicht so geschmeidig, wie ein Lederseil. Aber vielleicht wird es das im Laufe der Zeit. Vielleicht wird es aber auch brüchig, wenn der Bast austrocknet. Wir werden sehen. Könntest du uns einmal ein ganz schmales Band flechten, damit wir es ausprobieren können?" fragte er Newa. Newa nahm einige sehr schmale Baststreifen, die auf dem Boden lagen, faserte sie auseinander und flocht eine schmale Kordel. Damit war sie schnell fertig und gab sie Jag. Jag passte eine Speerspitze in einen Holzschaft ein und band die Kordel darum. Wie erwartet, ließ sie sich nicht richtig festziehen.

„Wir versuchen es einmal mit Wässern und warten dann bis morgen früh," sagte Jag. Er löste die Kordel wieder und legte sie in den Topf mit Wasser. Newa nahm die restlichen Rindenstücke mit zu ihrem Feuer und flocht ein weiteres Seil daraus. Auch wenn ihre Erfindung sich nicht so gut zum Schäften eignen sollte, konnte man doch gute Seile daraus machen, um die Ziegen damit festzubinden. Kurz vor Einbruch der Dunkelheit kam Wasor endlich zurück. Er hatte den ganzen Tag draußen verbracht und war auf Jagd gewesen. Er hatte einen Riesenhirsch erlegt und war sehr stolz und zufrieden.

„Ich habe ihn mit Bras Wurfspeer getroffen," berichtete er. „Der Speer hatte so eine Wucht, dass der Hirsch beinahe sofort tot war. Das habe ich mit einem normalen Speer noch nie geschafft. Du hast eine sehr gute Waffe gebaut Bra. Und Newa, du hast eine sehr gute Waffe erfunden. Ich muss es einfach noch einmal sagen." Dann gingen er und die anderen Männer hinaus um den Riesenhirsch zu holen.

„Morgen müssen wir unbedingt räuchern," sagte Kisa. „Ich fürchte, Gala muss morgen früh den Räucherofen sauber machen. Sie hat so lange nichts mehr arbeiten müssen."

Liebe/r junge/r Leser/in...

Heute habe ich etwas Schwieriges für Dich ausgesucht. Es dreht sich heute einmal um ein englisches Wort, für das es im Deutschen keine wirklich gute Übersetzung gibt.

*Das Wort heiß **Serendipidy**. Wir übersetzen es mit „**glücklichem Zufall**" es bedeutet aber sehr viel mehr.*

In der Geschichte erlebt Newa immer wieder ähnliche Serendipidy-Situationen. Sie sieht aus Zufall etwas (Das geräucherte Fleisch in dem Luftabzug der Höhle, Die Lederkeule rutscht ihr von der Hand ab, Das Brot-Backen, das Bastseil...viele andere) und denkt weiter. Sie erforscht das, was sie gesehen hat, fügt Dinge zusammen und findet daraus etwas Neues.

Es ist interessant, dass sehr viele wirklich wichtige Erfindungen und Entdeckungen auf diese Weise gemacht wurden und nicht durch systematische Forschung. Die Dinge sind fast immer schon lange da und werden gesehen aber nicht erkannt. Meistens ist es dann ein einziger Mensch, der einen Zusammenhang erkennt und dann zum „genialen Erfinder" wird.

*Erst vor ganz wenigen Jahren hat eine spanische Wissenschaftlerin, sie heißt **Frederica Bertocchini**, eine solche Entdeckung gemacht. Sie hat nämlich Würmer gefunden, die Plastiktüten fressen können. Plastiktüten sind, wie du ja weißt, Müll und sehr schwer zu entsorgen, da sie nicht verrotten wie beispielsweise Holz oder Fleisch. Da Frederica als Hobby Bienen züchtete, musste sie eines Tages einen Bienenstock von Maden säubern, die eingedrungen waren und den Honig fraßen. Die Maden füllte sie in eine Plastiktüte, die sie später in den Müll werfen wollte. Anscheinend hatte sie das dann vergessen. Am nächsten Morgen waren in dem Plastikbeutel Löcher. Zum Glück hat sie nicht einfach alles weggeschmissen, sondern nachgedacht.*

Erinnert Dich das nicht an Newa?

Es kommen in dieser Geschichte viele Zufälle zusammen.

Nur, weil diese Wissenschaftlerin gleichzeitig Bienen gezüchtet hat...

Nur, weil sie die Maden in eine Plastiktüte gepackt hat statt in einen Stoffbeutel...

Nur, weil sie vergessen hat, ihn gleich wegzuwerfen

Nur weil sie dann nachgedacht hat.

Moras Rettung

„Newa, wir müssen demnächst alles Fleisch, das die Jäger von der Jagd mitbringen, räuchern," erklärte Andar gerade, als Newa noch darüber nachdachte, was sie alles mit dem Fell der Wildkatze machen könnte. „Deshalb musst du gleich einmal mit Gala zusammen den Räucherofen saubermachen und dann ein Feuer darin anmachen. Er ist jetzt lange nicht in Betrieb gewesen. Ich möchte den Rehbock, den Javor letzte Woche im Wald erlegt hat, räuchern und Kisa hat noch Fleisch von dem Wildschwein was Kodar gejagt hat. Und jetzt kommt noch Wasors Riesenhirsch dazu, den wir räuchern müssen. Ich habe dir den Ofen ja schon einmal erklärt."

„Ich muss aber....." wollte Newa widersprechen, doch ihre Mutter war so beschäftigt, dass sie gar nicht zu hörte.

„Na gut," dachte Newa, „aber die Schleudern mache ich erst noch fertig." Sie nahm die Lederstreifen, die sie über Nacht eingeweicht hatte aus dem Wasser und band an einem Ende eines jeden Streifens die Schlaufe. Dann machte sie die Delle für die Steine an der breitesten Stelle.

„Gehst du bald hinaus?" nervte Andar schon wieder. Sie war echt anstrengend heute morgen, fand Newa.

„Jaaaahhhaaaaahh....." sagte Newa. „Ich muss nur noch die Schleudern verteilen." Sie nahm die Lederstreifen und ging von Feuer zu Feuer und verteilte die Schleudern an die Frauen.

„Heute Mittag, werden wir das Schleudern üben," sagte sie.

„Neeeeeewa......," schallte es durch die Höhle. „Wie oft muss ich dir noch sagen, dass du Gala helfen sollst?" keifte ihre Mutter. Newa schnappte sich einen langen Holzstab und ging brummig hinaus zu dem Ofen. Das Wetter hatte sich etwas gebessert. Der Wind hatte sich gelegt und es regnete nicht mehr. Sie sah Iso und Mora bei den Ziegen. Mora spielte mit den Ziegenbabys und freute sich. Newa konnte ihr lustiges, lautes Lachen hören. Wie gerne hätte sie jetzt mit ihr bei den Ziegen gespielt.

„Iso hätte doch auch mal den Ofen saubermachen können", dachte sie wütend. Gala war dabei, den großen Räucherofen zu säubern und schimpfte vor sich hin. Es war die schlimmste Arbeit, die man sich denken konnte.

„Das ist vielleicht ein Mist hier," brummelte sie. „Gut, dass du endlich kommst. Was hast du denn die ganze Zeit gemacht? Ich bin schon so lange alleine hier draußen."

„Die ist auch noch unzufrieden," dachte Newa. „Was ist eigentlich los heute morgen?" Sie machte sich an die Arbeit.

„Warst du schon mal drin?" fragte sie Gala. Gala guckte sie entgeistert an.

„Wie bitte?" fragte sie. „Ich klettere da doch nicht rein. Da werde ich ja total schwarz und dreckig. Dann muss ich zum Bach und mich waschen. Das will ich nicht." Newa schmunzelte in sich hinein. Gala war eine supernette Freundin, aber sie war auch ganz schön eitel. Sie passte immer auf, dass sie sich nirgends dreckig machte. Da war Iso ganz anders. Deswegen hatte Gala auch so wenig Interesse an den Ziegen und inzwischen die ganze Arbeit Iso überlassen.

„Na gut," sagte Newa. „Dann mache ich das mal, wenn du nicht möchtest."

„Du kannst mir ja den ganzen Dreck rausschieben," freute sich Gala. "Ich räume ihn dann weg. Übrigens ist in dem Brennofen ganz viel Holzkohle. Davon werde ich mir nachher etwas mitnehmen, denn damit könnte ich die Höhlenwände bemalen oder die Tontöpfe." Newa krabbelte hinein und schaute sich um. Es lagen viele verbrannte und verkohlte Holzstücke herum. Einige waren kaum verbrannt aber alles war schwarz und dreckig. Widerwillig lockerte sie den ganzen Dreck mit dem Holzstab und schob ihn aus dem Räucherofen heraus. Da fiel ihr auf einmal eine feste schwarze Masse auf, die sich auf dem Boden und in den Ecken des Brennofens befand. Newa hatte das noch nie gesehen. Einige verkohlte Holzstücke hingen so fest in der Masse, dass sie sie gar nicht herausziehen konnte.

„Das klebt vielleicht fest," dachte sie. Sie bemühte sich nach Kräften aber es klappte nicht. Enttäuscht kletterten sie aus dem Ofen wieder heraus. Neben Gala stand Kato. Ihm war langweilig gewesen und so hatte er beschlossen einen kleinen Spaziergang zu machen. Vor der Höhle hatte er bei Gala angehalten und ihr zugeschaut, wie sie den Dreck aus dem Räucherofen holte, den Newa von innen herausgeschoben hatte.

„Na, das ist eine ganz schöne Drecksarbeit," sagte er, als Newa mit schwarzem Gesicht aus dem Ofen geklettert kam. Newa erzählte ihm, was sie gefunden hatte.

„Aber das macht doch nichts," sagte Kato da. „Dieses Zeug wird flüssig und verschwindet, wenn das Feuer brennt. Es stört den Räuchervorgang überhaupt nicht. Ihr könnt es einfach im Ofen lassen."

„Aber meine Mutter hat gesagt, ich muss den Ofen richtig gut sauber machen," widersprach Gala. „Ich will mit ihr keinen Ärger haben."

„Deine Mutter weiß das auch," sagte Kato. „Alle, die den Ofen schon ein paarmal sauber gemacht haben, kennen dieses Zeug. Es heißt Pech. Mal ist es mehr vorhanden, mal weniger. Es hängt wohl von dem zuletzt verbrannten Holz ab. Ihr müsst sowieso gleich ein Feuer machen, denn eure Mütter sind ganz wild darauf, endlich ihr Fleisch räuchern zu können. Im Feuer verbrennt das Zeug."

„Na gut," sagte Newa und stapelte trockenes Holz in den Räucherofen hinein. Gala ging inzwischen zur Höhle und holte einen brennenden Ast. Dann zündeten sie das Holz im Ofen an. Sie warteten, bis es weit heruntergebrannt war und legten dann frisches Holz dazu. Das frische Holz fing sofort an zu qualmen aber es brannte nicht richtig. Newa war zufrieden. So sollte es sein. Aus dem Holz trat Wasser aus und es zischte ein wenig. Newa guckte noch einmal in den Ofen hinein, um zu prüfen ob alles in Ordnung war. Sie stocherte mit ihrem langen

Holzstock im Ofen herum. Als sie den Stab wieder herauszog, hing an seinem Ende die komische klebrige schwarze Masse und tropfte herunter.

„Was ist denn das?" dachte Newa. „Das Feuer macht doch den Lehm ganz hart, wenn man ihn brennt. Jetzt macht das Feuer dieses schwarze Zeug ganz weich. Feuer ist merkwürdig." Sie guckte sich den Stab mit dem schwarzen Zeug am Ende an. Es roch streng. Sie pustete auf das klebrige Zeug und stellte fest, dass es wieder etwas fester wurde. Sie nahm einen kleinen Ast und klebte ihn an den Stab. Dann wartete sie. Und es kam, wie sie es erwartet hatte. Die schwarze Masse wurde wieder fest und hatte die beiden Holzstücke aneinandergeklebt. Newa wurde ganz aufgeregt. Sie kratzte mit einem breiten Holzstück so viel von dem schwarzen Zeug aus dem Ofen, wie sie konnte. Das war natürlich schwierig, denn in dem Ofen brannte ja das Feuer. Aber irgendwann hatte sie einen großen Klumpen vor sich auf dem Boden liegen.

„Was machst du da?" fragte Gala irritiert. „Wir sind doch jetzt fertig. Ich gehe jetzt in die Höhle und fange an, ein Bild an die Höhlenwand zu malen." Sie nahm einige Stücke Holzkohle, die sie sich herausgesucht hatte und marschierte zur Höhle. Newa beachtete sie gar nicht. Schnell sauste sie in die Höhle zu Bra.

„Ich brauche sofort meinen Tontopf," rief sie ihm schon von weitem zu. Bra guckte irritiert. Er war durch Newa etwas genervt, denn er benötigte gerade seine volle Konzentration, um eine Speerschleuder zu bauen und hatte keine Lust mit Newa über ihren komischen Tontopf zu reden.

„Nimm ihn halt mit," schimpfte er. „Und lass mich in Ruhe arbeiten. Dein Bastseil, ist übrigens nicht gut geeignet, um einen Speer zu bauen. Ich habe es ausprobiert. Es zieht sich nicht richtig zusammen. Da braucht man doch einfach ein Lederband." Er fischte das letzte Lederband aus dem Topf und schubste Newa den Topf entgegen. Es schwamm nur noch die aus Bast geflochtene Kordel darin herum.

„Wenn du wüsstest," dachte sie und schüttete das Wasser in hohem Bogen auf den Höhlenboden.

„Hehh, bist du jetzt völlig bescheuert?" schimpfte Bra los. „Kippst einfach das wertvolle Wasser in die Gegend. Am besten holst du gleich einmal frisches Wasser aus dem Bach, wenn du so achtlos damit umgehst." Die letzten Worte schimpfte er ins Leere, denn Newa hatte auch die Bastkordel in die Gegend geworfen, sich den Tontopf unter den Arm geklemmt und rannte bereits wieder aus der Höhle hinaus. Kato stand nach seinem kleinen Spaziergang wieder an dem Räucherofen und guckte erstaunt auf seine aufgeregte Enkeltochter.

„Was ist denn los?" fragte er sie. „Habe ich etwas verpasst." Newa guckte ihn an.

„Das kann man wohl sagen. Seit Jahren haben wir hier diesen tollen Ofen. Jeder von euch musste ihn schon sauber machen und alle haben das Pech gesehen." Kato runzelte die Stirn. Er verstand Newas Aufregung nicht und setzte sich neugierig neben sie auf einen Stein. Newa nahm ihren Stab und spießte damit den Pechklumpen auf, den sie aus dem Ofen herausgeholt hatte. Dann hielt sie den Stab in die Flammen und wartete, bis das Pech ganz weich geworden war und zu tropfen begann. Sie zog den Stab aus dem Ofen heraus und steckte ihn in das Loch an dem Tontopf. Das Pech wurde langsam wieder kälter und härter. Newa modellierte es mit ihren Händen. Sie füllte den Spalt zwischen Topf und Stab gewissenhaft aus und verstrich das Pech auf dem Holz. So bekam sie einen ganz glatten Übergang. Nach einigen Minuten war das Pech wieder fest geworden. In diesem Augenblick hatte Newa das erste Mal eine Schöpfkelle gebaut und eine neue Schäftungstechnik erfunden. Stolz schaute sie auf ihr Werk. Kato war sprachlos.

„Ähhhh....hm.....,"stotterte er. „Du hast einen Klebstoff gefunden."

„Den hättet ihr aber auch schon früher finden können," sagte Newa. „Jag hat mir gestern erst erzählt, wie verzweifelt er einen Klebstoff für die Speerspitzen gesucht hat und wie er mit Baumharz experimentiert hat. Dabei habt ihr den Klebstoff vor den Augen in dem Räucherofen gehabt. Ihr habt ihn nur nicht gesehen." Sie freute sich. „Welche Bäume machen am meisten Pech?" fragte sie Kato.

„Ich muss nachdenken," erwiderte er. „Das letzte Mal brannte der Ofen längere Zeit im Frühjahr. Da hatten wir viel Holz von einer großen Birke geholt, die in einem Sturm umgefallen war. Ja, das könnte passen. Wir haben eigentlich nur mit diesem Birkenholz gefeuert. Hier liegt immer noch viel Holz von der Birke herum." Er deutete auf das Holz, das an der Wand des Ofens aufgeschichtet war. Newa guckte den Stapel nachdenklich an.

„Wir müssen jetzt herausfinden, wann das Holz richtig verbrennt, so dass nichts davon übrig bleibt und wann es so verbrennt, dass es Pech ausstößt." Kato überlegte. „Es hat bestimmt damit zu tun, dass ein normales Feuer richtig gut brennt und das Feuer in dem Räucherofen nur qualmt. Der Ofen ist ja damals extra so gebaut worden, dass nur wenig frische Luft an das Feuer kommen kann. Es hat bestimmt mit der Luftzufuhr zu tun." Newa betrachtete ihren Großvater mit großen Augen.

„Was du alles weißt," sagte sie bewundernd.

„Aber du kannst besser denken," sagte Kato und streichelte Newa über den Kopf. „Was du immer für gute Ideen hast." Er bückte sich und nahm einen dicken Birkenast von dem Stapel und legte ihn in den Räucherofen.

„Ich lege ihn mal ganz an die Seite, so dass er nur wenig von den Flammen angegriffen wird. Er soll nur richtig heiß werden. Was hältst du davon?" fragte er Newa. Die nickte.

„Scheint mir eine ganz gute Idee zu sein."

„Dann sagen wir jetzt mal Deiner Mutter Bescheid, dass sie und die anderen Frauen kommen können, um das Fleisch zu räuchern," sagte Kato und stand auf um in die Höhle zu gehen.

In diesem Moment bemerkte Newa, dass etwas nicht stimmte. Sie schaute sich rasch um. Zuerst wusste sie nicht, warum sie auf einmal so unruhig wurde. Dann wurde es ihr klar. Es war so ruhig um sie herum. Nur den Wind konnte sie hören und das Vogelgezwitscher. Etwas fehlte aber. Das war es. Sie hörte die Ziegen nicht mehr. Sie sprang auf und rannte zum Ziegenpferch. Das Gatter war offen und die Ziegen waren alle weg.

„Ahhhhhh......Mist.......," schrie sie. „Schnee, Schnee.....schnell komm her." Es dauerte nur einen kurzen Moment, da kam ihr Wolf aus der Höhle gesaust. Schwanzwedelnd sprang er um sie herum.

„Wir müssen die Ziegen suchen," rief sie Schnee zu. Dann lief sie los. Und hielt wieder an. In welcher Richtung sollte sie eigentlich suchen? Schnee war schon unterwegs.

„Wie gut, dass ich dich habe," dachte Newa und folgte ihm. Bald hatten sie die erste Ziege entdeckt. Es war Mond mit ihren beiden kleinen Zicklein Lala und Lulu. Sie stand an einem Baum und verspeiste genüsslich die Blätter. Die kleinen Zicklein standen neben ihr und guckten zu. Newa band ihre Schleuder von ihrem Bauch ab und legte Mond eine Schlinge um den Hals. Dann führte sie die Ziege zurück zum Pferch und sperrte sie ein.

„Ich müsste mir die Seile holen," dachte sie. „Das wird besser gehen als mit meinem Schleudergürtel. Außerdem, was mache ich denn, wenn plötzlich ein Raubtier kommt und mich angreifen will." Sie lief in die Höhle, um die Seile zu holen, die sie gestern geflochten hatte. Dort traf sie Iso und erzählte ihr, was passiert war. Isos Gesicht versteinerte. Sie schluckte.

„Ähhhh........Mora........" stammelte sie. Newa blieb das Herz beinahe stehen. War Mora etwa alleine da draußen mit den Ziegen unterwegs?

„Was ist mit Mora," schrie sie Iso an. „Ist sie nicht mit dir in die Höhle gegangen, nachdem ihr mit den Ziegen gespielt hattet?"

„N...n....n....n....nein," stotterte Iso. „Sie wollte gleich hinter mir reinkommen. Dann kam meine blöde Mutter und wollte unbedingt, dass ich ihr beim Fleisch machen helfe. Da habe ich einfach vergessen zu gucken, ob sie auch in die Höhle gekommen ist."

„Sag sofort den Jojos Bescheid und den Männern," fuhr Newa ihre Freundin an. „Wir müssen sie sofort suchen. Hoffentlich ist ihr nichts passiert." Sie nahm die Seile und rannte mit Schnee zur Höhle hinaus. Sie kamen an der Stelle vorbei, wo sie Mond gefunden hatte, aber da war niemand. Schnee schien aber zu wissen, wo er hinwollte. Newa schwang sich auf seinen Rücken und krallte sich in seinem Fell fest. Schnee sauste los. Zielsicher lief er den Hang hinunter in Richtung des Baches. Newa sah einige Ziegenköttel und wusste, dass sie auf dem richtigen Weg waren. Immer weiter den Abhang hinunter ging der Lauf.

„Wie kann Mora so weit gelaufen sein," fragte sich Newa. „Warum hat sie das wohl gemacht?" Plötzlich hielt Schnee an und schnupperte in die Luft. Er heulte laut. Dann lief er weiter. Newa hoffte, dass Schnee Mora wohl finden würde und nicht die Witterung eines Hasen geschnuppert hatte, den er jetzt mal schnell jagen wollte. Sie kamen an einem Dickicht vorbei und sahen auf einmal die Ziegen. Wolke, Stern und die kleinen Zicklein, das ohne Namen und Flecki standen in einiger Entfernung an einer kleinen Schlucht. Newa kannte diese Schlucht, hatte sie aber noch nie betreten. Aber von Mora konnte sie nichts sehen. Ihr Herz begann zu rasen. Wenn ihrer Schwester etwas passiert war? Den Gedanken konnte sie kaum ertragen und beinahe hätte sie angefangen zu weinen. Gedanken schossen ihr durch den Kopf. Sie hätte aufpassen müssen, statt dieses komische Pech zu erforschen. Warum hatte Iso nicht besser Acht gegeben? Wo war eigentlich ihr doofer Vater und ihre noch doofere Mutter? Sie drehte sich um. Kein Mensch war weit und breit zu sehen. Niemand hatte Schnee bei dem schnellen Lauf durch das Gestrüpp den Abhang hinunter folgen können. Sie war jetzt ganz allein und ihre Schwester war in Gefahr. Das war ihr eindeutig klar geworden als sie die Ziegen gesehen hatte.

Sie konnte nicht weiterdenken, denn Schnee sauste bereits den letzten steilen Abhang hinunter zu den Ziegen. Die begannen laut zu meckern, als Schnee bei ihnen auftauchte. Als erstes entdeckte sie ein kleines

Stück Fell, das von Moras Kleid stammen musste. Es hing an einem Dornenzweig direkt neben der kleinen Schlucht.

„Still," rief Newa. Aber die Ziegen meckerten immer weiter. Newa schlug ihnen mit der flachen Hand kräftig auf die Schnauzen bis sie aufhörten zu meckern.

„Seid endlich mal ganz still," rief sie verzweifelt. Dann kehrte Ruhe ein. Alle Tiere guckten Newa erwartungsvoll an. Newa strengte ihre Ohren an. Zuerst war alles nur ganz still, aber auf einmal hörte Newa etwas. Es war nur ganz leise zu hören aber es war da. Sie hörte jemanden weinen. Sofort fing auch sie an zu weinen.

„Mora, Mora, ich komme gleich," schluchzte sie. Sie war erleichtert, denn jemand der weint, konnte nicht tot oder bewusstlos sein. Newa schluckte ihre Tränen hinunter und rieb sich die Augen trocken. Jetzt musste sie ganz stark sein. Von den Jojos und den anderen Männern war immer noch nichts zu sehen und zu hören. Wo blieben die nur? Newa begann Mora zu suchen und kletterte an den Rand der kleinen Schlucht. Sie bemerkte eine Spur, die auf den Rand der Schlucht zu lief. Jemand war dort ausgerutscht und über den Rand gerutscht.

„Ein Glück, dass Mora weint," dachte sie. Sie holte tief Luft und rief.

„Mora, Mora. Ich bin da. Ruf mal laut Newa, damit ich weiß wo du bist." Es dauerte einen Moment. Das Weinen hatte plötzlich aufgehört. Dann rief jemand.

„Newa, Newa......Newa, Newa ich bin hier unten. Wie gut, dass du da bist. Kannst du mich jetzt holen?" Newa fiel ein Stein vom Herzen. Das war eindeutig ihre kleine Schwester Mora und sie schien nicht schwer verletzt zu sein.

„Ich komme dich gleich holen," rief sie.

„Das wird auch Zeit," antwortete Mora. „Ich muss nämlich ganz doll Pipi." Beinahe hätte Newa angefangen zu lachen, so glücklich war sie und so lustig fand sie ihre Schwester. Wenn sie ans Pipi-Machen denken konnte, war sie bestimmt nicht so schwer verletzt.

„Bist du verletzt?" rief sie. „Tut dir etwas schlimm weh?"

„Ich bin nicht kaputt," tönte es aus der Tiefe der Schlucht. „Aber mein Fellkleid ist ganz kaputt. Da wird die Mama bestimmt schimpfen." Mora begann wieder zu weinen.

„Das wollte ich doch alles gar nicht," schluchzte sie. „Alles nur wegen Flecki...." Newa legte sich auf den Bauch und blickte über den Felsenrand in die Schlucht. Direkt ein kleines Stück unter ihr entdeckte sie Mora. Nachdem ihre Schwester über den Rand der Schlucht gerutscht war, musste sie in einem großen Busch gelandet sein, der auf einem Felssims stand. Der hatte ihren Sturz zum Glück gebremst. In dem Busch hingen größere Teile von Moras Fellkleid. Sie selbst hatte sich aus dem Busch befreit und saß auf dem Felssims. Sie war total verdreckt, zerkratzt und über und über von Zweigen und Blättern bedeckt.

„Na du siehst vielleicht wild aus," rief Newa ihr zu. Mora hörte auf zu weinen und guckte nach oben.

„Da bist du ja," rief sie freudig und wollte Newa entgegen klettern.

„Bleib sitzen, sonst haue ich dich, wenn ich komme und dich hole," schrie Newa so laut sie konnte, als ihr die Gefahr klar wurde, in der sich Mora immer noch befand. Sie hätte jederzeit von dem Sims in die tiefe Schlucht stürzen können. Mora setzte sich beleidigt wieder auf ihren Hintern und begann sofort wieder zu weinen.

„Besser weinen als fallen," dachte Newa. Sie setzte sich hin und dachte nach. Wie konnte sie Mora retten? Die erste Möglichkeit wäre einfach hinunterzuklettern? Das war keine gute Idee, denn erstens war es sehr gefährlich und Newa hätte abstürzen können und außerdem wären dann Mora und sie selbst auf dem Sims gefangen. Newa hätte niemals mit ihrer Schwester zusammen wieder nach oben klettern können. Nein, dieser Plan schied aus. Newa dachte an das Seil. Sie überlegte das Seil an einem Baum zu befestigen und sich dann abzuseilen. Dies Idee war eindeutig besser. Sie band das Seil fest an einen dicken Baum der am Rand der Schlucht stand. Das andere Ende band sie um ihren Bauch.

„Hm....das geht auch nicht," dachte sie. „Wie kriege ich Mora nach oben wenn ich unten bei ihr bin?" Auf einmal hatte sie einen Einfall. Sie löste das Seil vom Baum und legte es stattdessen in einer großen Schlaufe um einen dicken Ast des Baumes herum.

„Wenn ich mit beiden Seilenden nach unten klettere und dann das eine Ende des Seiles Mora um den Bauch binde, könnte ich sie nach oben ziehen. Der Baum ist dann mein Gehilfe." Das schien ihr eine sehr gute Idee zu sein. Sie verdrehte die beiden Seilenden und lies sich dann ganz langsam schrittweise in die Schlucht hinunter. Kurze Zeit später war sie bei ihrer Schwester angekommen. Mora weinte immer noch.

„Du sollst nicht so böse sein, Newa," schluchzte sie. „Du hast mich geschimpft und willst mich hauen." Newa nahm Mora in den Arm und drückte sie ganz fest.

„Nein, nein ich bin doch nicht böse. Ich werde dich jetzt mit dem Seil die Felswand hinaufziehen. Wenn du oben angekommen bist, musst du das Seil losbinden und mir das Ende wieder runter werfen. Meinst du, dass du das kannst?" In diesem Augenblick bemerkte Newa, dass sie einen kleinen Fehler gemacht hatte. Mora würde das Seil nicht losbinden können. Und ohne das Seil war es unmöglich aus der Schlucht nach oben zu klettern.

„Verdammt," dachte Newa. „So gut gedacht aber nicht zu Ende." Sie schimpfte innerlich mit sich. Was sollte sie tun? Ihre Gedanken ratterten.

„Wenn man nicht nach oben klettern kann, dann vielleicht nach unten," überlegte sie. Mora wäre dann aber alleine mit den Ziegen und Schnee und sie wäre alleine mitten in der Schlucht. Ob Mora den Weg zurück zur Höhle finden würde? Ob sie den Weg aus der Schlucht finden würde? Sie schaute nach unten. Es war weiter, als nach oben auf die Felskante. Das Seil würde nicht reichen, um sie zu sichern, außerdem wäre es ja nicht festgebunden, da Mora es um den Bauch trug. Dieser Weg ging also aus vielen Gründen nicht. Konnte sie einen Knoten binden, den Mora leicht öffnen konnte, wenn sie oben angekommen war? Sie dachte darüber nach, entschied sich aber dagegen. Was wäre, wenn Mora den Knoten nicht lösen konnte? Beide wären gefangen. Diese Gefahr durfte Newa nicht eingehen. Dann hatte sie plötzlich eine wirklich gute Idee.

„Mora, du musst jetzt genau machen, was ich dir sage," sagte sie eindringlich zu ihrer Schwester. „Kannst du das?" Mora guckte ihre Schwester mit großen Augen an und nickte.

„Wenn du mir genau sagst, was ich machen soll..... dann kann ich das. Iso sagt mir auch immer genau, was ich machen soll," sagte Mora ernsthaft. Newa nahm ihr Messer von ihrem Gürtel und gab es Mora in die Hand.

„Dieses Messer ist unsere Rettung, wenn du alles richtig machst," sagte sie zu Mora. „Ich werde es dir um den Hals hängen und dich dann an dem Seil bis nach oben ziehen. Wenn du oben angekommen bist, setzt du dich auf den Boden und bleibst sitzen bis ich oben bin. Ganz egal was die Ziegen machen oder Schnee. Du musst sitzen bleiben." Mora nickte. „Dann nimmst du das Messer und schneidest das Seil an deinem Bauch durch. Du musst aufpassen, dass du dich nicht schneidest. Das Messer ist scharf. Das Messer steckst du danach in den Boden. Erst dann wirfst du das Seil wieder zu mir hinunter."

„Ich bin doch nicht doof," sagte Mora beleidigt. „Natürlich kann ich ein Seil durchschneiden." Newa stutzte. Da war doch schon wieder ein Denkfehler in ihrem sensationellen Plan. Das Seilende an Moras Bauch war kurz und musste wieder zurück zu Newa in der Schlucht. So wie sie es bis jetzt geplant hatte, würde es oben am Rand der Schlucht liegen bleiben.

„Ein Gewicht," dachte Newa. „Ich muss ein Gewicht an Moras Seilende binden, damit das Seil wieder zu mir nach unten fallen kann." Newa suchte einen geeigneten Stein, um den sie das Seil schlang. Dann band sie das Seil um Moras Bauch.

„Du wirfst den Stein zu mir herunter," erklärte Newa ihrer Schwester. „Dann kommt das Seil mit. Ok?" Gerade wollte sie anfangen Mora an dem Seil in die Höhe zu ziehen, da hörte sie Schnee plötzlich bellen. Was war los? Ein Raubtier? Newa bekam einen Schreck aber dann dachte sie nach. Bei einem Raubtier würde Schnee niemals bellen. Da wäre er ganz still oder er würde knurren. Nein, vielleicht kamen endlich die Jojos oder die Männer aus der Höhle. Schnee bellte immer weiter. Dann hörte er auf. Eine Stimme war zu hören.

„Wir sind hier unten," rief Newa. „Hört ihr mich?" Tugors Kopf erschien über dem Rand der Schlucht und guckte nach unten.

„Was ist passiert?" fragte er. „Seid ihr in Ordnung."

„Mora ist in die Schlucht gefallen und ich habe mich abgeseilt, um sie zu retten. Ich ziehe sie jetzt nach oben. Du musst sie in Empfang nehmen und mir dann das Seil wieder runter werfen, damit ich mich nach oben ziehen kann." Tugor guckte etwas irritiert aber er hatte inzwischen ja gelernt, dass Newa immer genau wusste was sie tat und man besser nicht mit ihr diskutierte. Deswegen sagte er einfach nur.

„In Ordnung, zieh sie hoch," und verschwand. Newa stellte Mora hin und begann langsam an dem Seil zu ziehen. Hoffentlich hält das Seil, dachte sie. Aber Schritt für Schritt bewegte sich Mora nach oben und verschwand über der Kante.

„Ich hab sie," rief Tugor. „Zieh deinen Kopf ein." Dann kam der Stein geflogen und sauste an Newa vorbei in die Tiefe. Das Seil spannte sich.

„Ups," dachte Newa. „Gut, dass ich es noch um meinen Bauch gebunden habe, sonst wäre mein Ende jetzt nach oben abgesaust." Sie verdrehte die beiden Seilenden miteinander so, dass sie nur einen Strang hatte und kletterte daran hinauf. Kurze Zeit später stand sie oben. Tugor saß auf dem Boden und hatte Mora auf dem Arm, die ihren Daumen in den Mund gesteckt hatte und ein wenig nuckelte.

„Das war wohl eine schlimme Aufregung," sagte er zu Newa. „Weißt du schon, was passiert ist?" Newa schüttelte den Kopf. Mora nahm den Daumen aus dem Mund und fing an zu erzählen.

„Es ist alles die Schuld von Flecki," begann sie ihre Geschichte. „Zuerst habe ich nur ein ganz, ganz, ganz klein wenig das Gatter geöffnet, weil ich nochmal in das Gehege wollte, um Flecki zu streicheln."

„Aber Iso war doch schon weg," sagte Newa.

„Jaaaa.....sie war schon weg aber ich wollte noch einmal in das Gehege rein. Ich war noch nicht fertig mit streicheln," schmollte Mora. „Und dann hat Flecki mich einfach umgerannt und ist aus dem Gatter rausgelaufen. Ich bin aufgestanden und habe gerufen, „Flecki komm zurück, komm zurück...." aber er lief immer weiter weg. Dann bin ich hinter ihm hergelaufen. Die anderen Ziegen kamen alle hinter mir her. Ich konnte nichts machen." Sie fing an zu weinen. „Der blöde Flecki ist ganz weit weggelaufen, bis hier her. Hier habe ich ihn endlich eingeholt. Ich wollte ihn festhalten, aber dabei bin ich ausgerutscht und in die Schlucht geplumpst. Das war vielleicht ein Sturz. Der Busch hat mich ganz zerkratzt." Ihre Geschichte war beendet und sie steckte ihren Daumen wieder in den Mund. Newa und Tugor schauten sich an. Sie wussten nicht ob sie lachen oder weinen sollten über die Geschichte dieses kleinen, süßen Mädchens Mora.

„Wenn dir das nächste Mal die Ziegen weglaufen, sagst du einem von uns Bescheid, damit wir dir helfen können sie wieder einzufangen," sagte Tugor zu Mora. „Versprichst du uns das?" Mora nickte und guckte Tugor mit großen Augen an.

„Ich will jetzt nach Hause," sagte sie.

„Das machen wir jetzt auch. Willst du auf Schnee reiten," fragte Newa. Mora strahlte über das ganze Gesicht.

„Darf ich das? Oh, Newa....wie schön....auf Schnee reiten......" Newa setzte Mora auf den Rücken von Schnee. Dann band sie allen Ziegen das Seil um den Hals und gab das Ende Tugor in die Hand.

„So könnte es gehen, wenn wir die Ziegenherde fangen wollen. Was meinst du?" fragte sie Tugor. Der nickte. Dann wurde er ernst und fragte.

„Was wollen wir zuhause erzählen was passiert ist?" Als Newa nichts sagte fuhr er fort.

„Als Iso in die Höhle gerannt kam und berichtete, dass du auf der Suche nach Mora warst, haben die anderen gar nicht so richtig verstanden was los war. Alle waren so unendlich beschäftigt mit ihren Arbeiten. Sogar deine Mutter kapierte es nicht. Nur dein Vater und Gala sprangen sofort auf und rannten mit Iso und mir aus der Höhle. Aber du warst schon so schnell mit Schnee verschwunden, dass wir euch nicht verfolgen konnten. Deswegen haben wir uns sofort getrennt und jeder hat in eine andere Richtung gesucht. Zum Glück habe ich euch gefunden." Er machte eine Pause. „Es wäre besser gewesen, wenn du etwas auf uns gewartet hättest," beendete er seine kleine Rede. Jetzt erst verstand Newa, warum es so lange gedauert hatte, bis Tugor aufgetaucht war.

„Ich konnte nicht warten," erwiderte Newa. „Ich wusste nicht was passiert war und Mora hätte jeden Augenblick weiter abstürzen können. Wie geht es jetzt weiter? Wo sind die anderen? Wie lange wollen sie noch suchen?"

„Wir haben vereinbart, dass wir ein Feuer vor der Höhle machen, wenn jemand Mora gefunden hat," sagte Tugor.

„Ich glaube wir sollten nicht zu viel erzählen von unserem Abenteuer," kam Newa auf Tugors Frage zurück.

„Wir sagen einfach, sie hätte sich verlaufen und sei hingefallen, weil die Ziegen ausgebüxt sind und fertig. Meinst du nicht?" Tugor stimmte ihr zu. Da meldete sich Mora noch einmal.

„Ich werde auch nichts verplappern. Und wenn ich Schimpfe kriege, werde ich gar nicht weinen. Versprochen."

„Du bist schon ein sooooo großes Mädchen," sagte Newa. „Ich bin ganz stolz auf dich. Du wirst bestimmt mal eine ganz tolle Jojo werden." Mora strahlte über das ganze Gesicht. Sie unterhielten sich weiter und gingen langsam zurück zur Höhle. Es war ein mühsamer Anstieg, da sie die Ziegen mit sich ziehen mussten. Die blieben nämlich gerne an jedem Strauch stehen, um ein paar Blätter zu knabbern. Aber schließlich hatten sie es geschafft. Sie erzählten die Geschichte, die sie sich ausgedacht hatten, Mora bekam wie erwartet Schimpfe von Andar, die gar nicht verstehen konnte, dass Mora so einfach den Ziegen hinterhergelaufen war. Iso bekam Schimpfe von ihrer Mutter, weil sie nicht auf Mora aufgepasst hatte. Newa bekam Schimpfe, weil sie nicht auf Javor gewartet hatte und einfach mit Schnee losgelaufen war. Tugor bekam ein Lob, weil er Newa und Mora gefunden hatte und so war alles in bester Ordnung. Etwas später, als es längst dunkel geworden war, saßen Newa und Kato am Höhleneingang.

„Hast du noch einmal nach unserem Pech geguckt?" fragte Newa ihren Großvater leise.

„Hmmmm...." nickte der. „Es funktioniert genauso, wie wir es uns gedacht haben. Ich habe noch einige Birkenholzstücke in den Ofen gelegt. Heute Nacht wird er viel räuchern und morgen früh haben wir bestimmt ganz viel Birkenpech."

„Prima," sagte Newa. „Liegt meine Schöpfkelle noch draußen?"

„Die habe ich in Sicherheit gebracht, damit sie nicht kaputt geht und auch niemand sehen kann, was du erfunden hast, bevor du es nicht willst."

„Danke Kato," sagte Newa erleichtert. Sie hatte sich schon Sorgen gemacht.

„Hier habe ich übrigens eine Kleinigkeit für dich gebaut," sagte Kato. „Ich glaube, diese kleine Erfindung wird viele Jahre lang eine wichtige Rolle beim Essen spielen." Er griff in seinen Fellumhang und holte ein komisches Ding heraus. Er hatte aus Ton eine ganz kleine flache Schöpfkelle geformt mit einem Loch an einem Ende und mit etwas Birkenpech einen Holzstiel daran befestigt.

„Das ist ein Löffel," sagte er. „Damit kannst du jetzt viel besser deine Suppe und deinen Wurzelbrei essen. Und natürlich auch deinen Marmeladenquark. Ich habe es heimlich bereits ausprobiert." Newa staunte. Ihr Großvater hatte doch immer wieder gute Ideen.

Liebe/r junge/r Leser/in...

In der letzten Geschichte haben Newa, Gala und Kato das **Birkenpech** *entdeckt. Zusammen mit Baumharz (davon hat Jag bereits etwas erzählt) ist es vermutlich der älteste Klebstoff, den es gibt. Es entsteht, indem Birkenrinde nicht verbrennt, sondern unter Luftabschluss verschwelt. Man vermutet, dass es bereits vor etwa 100 000 Jahren (also viel früher als die Geschichte von Newa und ihrem Clan spielt) entdeckt wurde und die Technik des Schäftens wesentlich verbessert hat. Kato hat durch die Erfindung des Löffels eine zweite äußerst effektive und auch in unserer Zeit immer wieder gebrauchte Schäftungstechnik erfunden. Man bohrt ein Loch in das Material und steckt den Schaft durch das Loch. Das ist besonders einfach, wenn es sich um formbares Material handelt wie in der Geschichte der Ton.*

Ich hatte in einem anderen Kapitel geschrieben, dass sich die Haustiere der Menschen von den Wildtieren deutlich unterscheiden. Dieses Merkmal findet sich auch bei den so genannten Kulturpflanzen. Warum ist das so?

Es liegt daran, dass die Menschen wichtige Tiere, Nahrungsmittel und Nutzpflanzen gezüchtet haben. Sie haben natürlich nicht gewusst was **züchten** *ist und wie das funktioniert aber im Grunde haben sie gar nicht anders gekonnt. Wenn man ein paar Ziegen hat, die unterschiedlich viel Milch geben, wird man, wenn man Hunger hat, zuerst eine Ziege schlachten, die weniger Milch gibt. Auf diese Weise entsteht automatisch eine Auswahl. Die Ziegen, die viel Milch geben werden sich besser vermehren und die Zucht von „Milchziegen" hat begonnen.*

Ähnlich kannst Du Dir das bei den anderen Haustieren und den Nutzpflanzen vorstellen. Auch heute wird das im Wesentlichen genauso gemacht. Da man inzwischen genauer über die Vorgänge der Vererbung und Vermehrung Bescheid weiß, kann man jedoch viel gezielter züchten.

Das Hochtal

Im Clan waren alle mit Wasors Entscheidung sehr zufrieden. Jeder hatte seine Aufgabe zu erfüllen und es gab einen gemeinsamen Plan für den Clan, wie der Winter bewältigt werden konnte. Newa, Iso und Gala und Tugor hatten aus dem Rindenbast inzwischen genug Seile hergestellt, um mehrere Ziegen festbinden zu können. Die Gruppe plante am nächsten Tag aufzubrechen, um die Ziegenherde zu fangen. Bra hatte zusammen mit Jag sowohl für Javor als auch für Gor eine Speerschleuder und mehrere Wurfspeere mit Stein- oder Knochenspitzen hergestellt. Jeweils zehn Speere wurden in Köcher verpackt, die Andar und Kolgi hergestellt hatten. Auch die anderen Vorbereitungen für den Winter waren in vollem Gang. Der Pferch und der große Ziegenstall, den Bandur und Kodar bauen sollten, wurde jeden Tag größer. Zusätzlich bauten sie eine weitere Hütte, in die die Frauen jeden Tag Gras und anderes Grünzeug brachten, das für die Ziegen im Winter als Nahrung dienen sollte. Eines Abends kam Wasor an Javors Feuer und sagte.

„Morgen gehen wir los, um die Ziegen zu fangen. Wir haben nicht mehr sehr viel Zeit. Der Winter wird bald kommen. Wann willst du mit Gor losgehen, um die Feuerjäger auszukundschaften?"

„Wir haben genügend mit den neuen Speeren und der Speerschleuder geübt, und ich denke, auch wir könnten morgen früh aufbrechen." sagte Javor. „Wir müssen sehr vorsichtig sein, damit sie uns nicht bemerken und vielleicht nachher unseren Spuren folgen." Wasor nickte. Es war ein gefährliches Unternehmen, aber für den Clan war es wichtig zu erfahren, was die Feuerjäger planten. Hoffentlich konnten Javor und Gor das herausfinden. Newa saß am Feuer und hörte Wasor und Javor bei ihrem Gespräch zu. Sie machte sich Sorgen um ihren Vater und Gor. Das Zusammentreffen mit den Feuerjägern war ihr noch zu sehr in Erinnerung.

Früh am nächsten Tag brachen Javor und Gor auf, um die Feuerjäger auszukundschaften. Gleichzeitig machten sich Wasor, Tugor und Newa auf den Weg zur Felsschlucht. Sie hatten jeder einen Schulterkorb dabei, in dem sich die Seile befanden, mit denen sie die Ziegen festbinden wollten. Tugor übernahm schnell die Führung, denn er kannte den Weg zu der schmalen Felsenrinne noch genau. Newa und Schnee gingen in der Mitte und Wasor ging zuletzt. Es dauerte einige Zeit, bis sie sich durch den Wald gekämpft hatten und die Stelle gefunden hatten, wo der Luchs die Ziege gerissen hatte und wo sie die beiden kleinen Ziegen gefunden hatten. Von dort war es nur noch ein kleines Stück und sie hatten die schmale Schlucht erreicht. Sie hielten an. Hoch oben an der Felswand konnten sie einen großen Adler beobachten, der seine Kreise drehte. Sie konnten aber auch einige Ziegen sehen, die in der Felswand herum kletterten.

„Hier müssen wir hinauf," sagte Tugor zu seinem Vater. Sie begannen den Aufstieg. Es ging leichter, als sie es erwartet hatten. Die Felsen lagen dicht beieinander, so dass man ganz gut gehen konnte. Trotzdem dauerte es einige Zeit, bis sie den Aufstieg bewältigt hatten und am Ende der Felsrinne angekommen waren.

Als sie sich umdrehten und hinunter auf die große Grasebene blickten, bot sich ihnen ein überwältigender Ausblick. So hoch über der Ebene waren sie noch nie gewesen. Ganz tief unten konnten sie die Felsformationen erkennen, in denen sich ihre Höhle befand. Auch der kleine See, an dem die Gerste wuchs, war zu sehen. Beim Blick in die weite Grasebene konnten sie weit weg am Horizont eine Rauchwolke sehen. Anscheinend machten die Feuerjäger wieder Jagd auf Büffel. Wasor wechselte einen besorgten Blick mit Newa und Tugor. Dann drehten sie sich um und schauten nach vorne. Der Anblick, der sich ihnen bot, war ebenfalls beeindruckend. Sie standen auf einem kleinen Hügel, der das Ende der Felsrinne und gleichzeitig der Eingang in ein Hochtal war. Das Tal war breit und lang und wurde von niedrigen Felswänden umschlossen. Wasor, Tugor und Newa staunten. Das hätten sie nicht erwartet. Ein weites Tal auf dem Gipfel der Berge, die sie jeden Tag sahen. Eine leicht abfallende Wiese ging hinunter ins Tal, wo dann auf der linken Seite ein Wald begann. In einiger Entfernung war auf der rechten Seite ein See zu sehen. Wasor wurde ganz unruhig.

„Seht ihr das?" flüsterte er. „Da unten, auf der Wiese am See....da sind ganz viele Tiere." Newa und Tugor folgten seinem Blick. Es stimmte. Auf der Wiese grasten Tiere. Es waren Ziegen dabei, aber auch einige Büffel, Schafe und einige Tiere, die Newa noch nie gesehen hatte. Anscheinend sah es so aus, als könnte ihr Plan funktionieren. Sie wollten gerade los gehen, da hielt Wasor sie zurück.

„Wir müssen hier oben sehr vorsichtig sein. Wir kennen dieses Tal nicht und wissen nicht welche Raubtiere hier oben leben. Es sieht alles ganz friedlich aus. Aber der Friede kann tödlich sein, wenn wir nicht aufpassen." Newa nickte. Wasor hatte recht. Sie war froh, dass er als erfahrener Jäger dabei war. Und sie war froh, dass Schnee sie begleitete. Er würde sie vor allen Gefahren warnen können und sie sicherlich auch verteidigen. Langsam bewegten sie sich in Richtung des Sees, wo die Tiere auf der Wiese grasten. Es war friedlich, die Vögel zwitscherten, und es schien keine Gefahr zu drohen. In einiger Entfernung von der Wiese blieben sie stehen. Sie wollten die Tiere keinesfalls aufscheuchen, bevor sie einen Plan hatten, wie sie vorgehen sollten, um einige der Ziegen zu fangen.

„Was sind das für große Tiere?" zeigte Newa fragend auf die ihr unbekannten Tiere.

„Das sind Pferde," antwortete Wasor. „Ich habe sie schon gejagt und man kann sie genauso gut essen wie Büffel. Allerdings sind sie wesentlich schneller, und deswegen schwieriger zu treffen, andererseits sind sie nicht so gefährlich wie Büffel."

„Wie wollen wir vorgehen?" fragte Tugor jetzt. „Wir sollten uns beeilen, denn es wird bald dunkel und vielleicht sind morgen die Tiere woanders." Wasor nickte. Er zeigte auf eine Gruppe Ziegen, die ein wenig abseits grasten. Dann sagte er.

„Schnee könnte diese Gruppe in ein kleines Tal treiben, wo sie nicht so schnell weglaufen können. Dort könnten wir dann einige mit den Seilen fangen und gleich festbinden. Aber wir müssen einen geeigneten Ort suchen. Dort schlagen wir auch unser Lager auf." Sie wandten sich nach links in Richtung der Felswand und suchten eine Weile. Schließlich fanden sie in der Nähe eine kleine, für ihr Vorhaben gut geeignete Felsbucht.

„Wir könnten einen kleinen Zaun bauen, um den Eingang zu der Felsbucht zu verschließen, wenn die Ziegen hineingelaufen sind," schlug Newa vor. Wasor nickte.

„Eine gute Idee," sagte er. „Nur ist es dafür etwas zu spät. Wenn wir erst anfangen Bäume zu schlagen für das Gatter, sind die Ziegen weggelaufen. Vielleicht können wir ein paar Seile legen und sie spannen, wenn die Ziegen in die Felsbucht gelaufen sind." Zum Glück hatten sie genug Seile mitgebracht. Sie banden einige zusammen und legten sie am Eingang der Felsbucht auf den Boden. An der einen Seite banden sie die Seile an einem Baum fest. Auf der anderen Seite sollten Wasor und Tugor an den Seilen ziehen und sie spannen, wenn die Ziegen in die Falle gelaufen waren. Newa sollte Schnee dirigieren und Schnee sollte die Ziegen zusammentreiben.

Newa war mächtig aufgeregt, als sie sich auf den Weg zur Ziegenherde machte. Sie musste sich gegen den Wind anschleichen, damit die Ziegen ihre und Schnees Witterung nicht bemerkten und wegliefen. Es klappte gut. Nach einiger Zeit erreichte sie den Rand der Wiese und konnte die Ziegen sehen.

„Los Schnee," flüsterte sie ihrem Wolf zu. „Jetzt kommt es auf dich an. Pass gut auf wie ich pfeife und winke und dann treibe die Ziegen zusammen." Schnee guckte sie aufmerksam an. Dann flitzte er los.

Newa beobachtete was passierte. Die Ziegen wurden auf einmal unruhig und fingen an zu meckern. Schnee tauchte im hohen Gras auf und rannte auf die Ziegen zu. Die Ziegen liefen hektisch auseinander. Eine Gruppe brach nach links aus, eine andere nach rechts. Newa sprang auf und wedelte mit den Armen und pfiff gleichzeitig einmal kurz. Sofort lief Schnee nach rechts und trieb die eine Gruppe zurück zu den anderen, die sich vor Newa erschreckt hatten. So war die Gruppe der Ziegen wieder zusammen. Sie liefen jetzt aber dummerweise in die falsche Richtung und entfernten sich von der Falle in der Felsbucht. Newa winkte und pfiff. Wie sollte sie Schnee nur zeigen, wohin er die Ziegen treiben sollte? Schnee konnte ja nicht wissen, was Newa plante. Sie rannte so schnell sie konnte hinter Schnee und den Ziegen her, aber die Tiere waren viel zu schnell. Schnee machte das Spiel mit den Ziegen anscheinend Spaß und er brauchte eine gewisse Zeit, bis er auf Newas Pfiffe hörte, stehen blieb und endlich nach ihr schaute.

„Zurück," schrie sie. „Zurück...die Ziegen...zurück." Dabei winkte sie mit ihren Armen und zum Glück verstand Schnee was sie wollte. Er überholte die Ziegen und griff sie von der anderen Seite wieder an. Die Ziegen bremsten, drehten sich um und rannten jetzt in die entgegengesetzte Richtung. Newa war erleichtert. Die Ziegen waren auf dem richtigen Weg. Schnee trieb sie jetzt langsamer vor sich her. Die Ziegen blieben zum Glück zusammen und nach einiger Zeit erreichten sie die kleine Felsbucht, wo Wasor und Tugor warteten. Sie liefen in die Falle. Wasor und Tugor zogen die Seile in dem Moment hoch, als die Ziegen in die kleine Felsbucht gelaufen waren. Sie waren gefangen. Tugor und Wasor stießen einen Jubelschrei aus. Newa war zu erschöpft, um zu jubeln. Schließlich musste sie den ganzen Weg hinter den Ziegen und Schnee herlaufen. Sie war völlig außer Atem als sie bei Wasor und Tugor ankam.

„Es hat geklappt," rief Wasor ganz glücklich und tanzte herum. Auch Tugor hüpfte von einem Bein auf das andere. Ihr Plan hatte funktioniert. Die Ziegen bemerkten, dass sie in der Felsenbucht gefangen waren und drehten um. Sie wollten auf der anderen Seite wieder hinauslaufen aber da hingen jetzt die Seile, die Tugor und Wasor inzwischen festgebunden hatten. Außerdem versperrte ihnen Schnee den Weg. Die

Ziegen liefen aufgeregt hin und her aber nach einiger Zeit fanden sie sich damit ab gefangen zu sein und fingen an zu grasen. So schnell sie konnten verstärkten die drei Jäger die verspannten Seile mit Zweigen, Ästen und anderem Gestrüpp, sodass eine richtige Wand entstand. Das kleine Tal war verschlossen. Wasor guckte zufrieden.

„Das hat richtig gut geklappt. Jetzt müssen wir nur noch Holz holen, um den Pferch noch besser zu verstärken und um eine kleine Hütte für uns zu bauen. Tugor und ich gehen einige kleine Bäume schlagen und du passt hier auf die Ziegen auf." Sie verschwanden im Wald.

Newa setzte sich in den Ziegenpferch. Sie war froh, dass sie bei den Ziegen bleiben konnte und Wasor und Tugor nicht helfen musste. Schnee sprang um sie herum. Alles war so friedlich. Die Vögel zwitscherten und Newa schaute über das Hochtal. Weit in der Ferne wurde es von hohen Felswänden begrenzt. Newa wäre sehr gerne einmal dorthin gegangen aber dafür war jetzt keine Zeit. Die Ziegen waren wichtiger. Vielleicht konnte sie die Gegend im nächsten Jahr einmal zusammen mit den Jojos erkunden. Sie hörte die Geräusche, die Tugor und Wasor im Wald machten, während sie die Bäumchen für ihre Hütte fällten. Newa spielte mit Schnee. Sie hatte einen kleinen Stock, den sie immer warf und Schnee holte ihn dann zurück. Es machte den beiden sehr viel Spaß und Newa musste manchmal laut lachen, wenn Schnee den kleinen Stock bereits in der Luft schnappte nachdem sie ihn geworfen hatte.

Auf einmal blieb Schnee erstarrt stehen. Sein Kopf drehte sich ruckartig in die Richtung wo Tugor und Wasor im Wald beschäftigt waren. Er fing an zu knurren. Irgendetwas stimmte nicht. Newa sprang auf. Die Vögel hatten aufgehört zu zwitschern und das Schlagen der Beile gegen die Bäume waren das einzige Geräusch was sie hörte.

„Achtung, passt auf...." schrie sie so laut sie konnte. „Ein Raubtier muss in der Nähe sein. Passt auf und bringt euch in Sicherheit." Das Schlagen der Äxte hörte sofort auf. Einen Moment lang war es totenstill.

Dann hörte Newa ein lautes Brüllen. Sie bekam einen Schreck. Was sollte sie tun?

Im nächsten Moment verschwand Schnee in rasender Geschwindigkeit im Wald. Newa war allein. Sie schaute sich um. Erschrocken sah sie die Wurfspeere und Speerschleudern von Wasor und Tugor im Gras liegen. Ohne zu wissen was sie tat, schnappte sie 2 Speere und den Wurfstab Tugors und rannte Schnee hinterher. Unterwegs hörte sie bereits Kampfeslärm. Schnee musste das Raubtier erreicht und angegriffen haben, denn sie konnte sein Bellen und Knurren deutlich hören. Dazwischen hörte sie immer ein lautes Brüllen. Hoffentlich hatten sie es nicht mit einem Höhlenlöwen zu tun, dachte sie aufgeregt. Dann hatte sie auf einmal eine kleine Lichtung erreicht. Sie versteckte sich hinter einem Busch und konnte sehen was passiert war. Anscheinend war ihr Warnruf noch gerade rechtzeitig gekommen. Wasor und Tugor waren auf Bäume geklettert. Wasor blutete heftig aus mehreren Risswunden an seinem linken Unterschenkel. In der Mitte der Lichtung stand ein großer Säbelzahn-Leopard, der sich gegen die Angriffe Schnees verteidigte. Er war wesentlich größer und stärker als Schnee aber langsamer und der Wolf passte gut auf, dass der Leopard ihn nicht erwischte. Als der Leopard plötzlich mit einem großen Satz auf ihn zu sprang verschwand Schnee im Wald. Der Leopard hatte gewonnen. Er brüllte laut und sah sich um. Newa duckte sich hinter dem Busch und fasste die Wurfspeere so fest sie konnte. Aber der Leopard bemerkte sie nicht. Er blickte jetzt hinauf zu Wasor und Tugor. Langsam ging er auf die beiden Bäume zu. Wasor hatte einen relativ hohen Baum erwischt und saß schon recht sicher in den Ästen. Aber Tugor war auf einen kleinen Baum geklettert. Der Leopard näherte sich dem Baum. Er guckte nach oben, brüllte laut und richtete sich an dem Baum auf. Dann begann er langsam den Baum hinaufzuklettern. Newa bekam einen Schreck. Sie hatte nicht gewusst, dass Leoparden auf Bäume klettern können. Tugor versuchte noch höher auf seinen Baum zu klettern aber es war klar, dass der Leopard ihn irgendwann erreichen würde. Was sollte Newa tun?

Sie nahm leise einen Wurfspeer und legte ihn in den Wurfarm ein. Sie könnte den Speer auf den Leoparden abschießen. Vermutlich würde sie ihn auch treffen aber was würde dann passieren? Würde sie ihn töten können? Sie musste das Raubtier unbedingt sicher töten, sonst würde der Leopard sie alle drei töten. Sie dachte fieberhaft nach.

Plötzlich hatte sie eine Idee. Das Gift der großen grünen Grasschlange. Das könnte vielleicht helfen. Sie griff in ihren Medizinbeutel und hatte schnell die kleinen Wurzeln gefunden, die sie zusammen mit Hadur mit dem Gift der Grasschlange getränkt hatte. Sie nahm die Wurzeln in den Mund und begann zu kauen. Es schmeckte fürchterlich bitter. Nach kurzer Zeit hatte sie einen ekelhaften Brei im Mund. Den spuckte sie in ihre linke Hand und schmierte den Brei auf die Spitzen der beiden Wurfspeere. So hatte Hadur es ihr beigebracht. Inzwischen war der Leopard langsam immer höher auf den Baum geklettert und war Tugor schon deutlich nähergekommen. Newa musste sich beeilen. Sie schaute sich um. Eine Fluchtmöglichkeit. Wo könnte sie sich in Sicherheit bringen, wenn der Leopard sie angriff? Wenige Schritte hinter ihr befanden sich einige große Felsen. Sie entdeckte eine schmale Felsspalte.

„Das müsste genügen," dachte sie. Dann legte sie den Wurfspeer ein und stand leise auf. Der Leopard bemerkte sie nicht, da er versuchte das Bein Turgors mit seinen Krallen zu erreichen. Wie sie es vor langer Zeit geübt hatte stellte sie ihr linkes Bein nach vorne holte langsam mit dem rechten Arm aus, zielte und schoss den Speer ab. Er sauste über die kleine Lichtung und bohrte sich tief in den Oberschenkel des Leoparden.

„Verdammt," dachte Newa. Sie hatte das Raubtier nicht gut getroffen. Der Leopard brüllte laut auf und drehte seinen Kopf in Richtung Newa. Er erkannte sofort seinen neuen Gegner und sprang mit einem riesigen Satz vom Baum herunter. Newa drehte sich um und flitzte zu der kleinen Felsspalte, die sie sich als ihre Fluchtmöglichkeit ausgesucht hatte. Der Leopard kam langsam über die Lichtung auf die Felsen zu. Anscheinend war er sich sicher Newa zu erwischen. Der Wurfspeer steckte tief in seinem rechten Hinterbein und wackelte hin und her. Das störte ihn. Mit seinen Vorderbeinen und seinem Maul versuchte er den Speer zu entfernen. Das gab Newa die Zeit sich in die kleinen Felsspalte zu zwängen und in Sicherheit zu bringen. Inzwischen hatte der Leopard es geschafft. Der Wurfspeer war abgebrochen aber die vergiftete Spitze steckte zum Glück noch in seinem Bein. Der Leopard näherte sich den Felsen.

In diesem Moment kam der Angriff von Schnee. Er hatte im Wald gewartet und wollte jetzt Newa schützen. Er stürzte sich todesmutig auf den Leoparden und biss ihn. Aber der Leopard wehrte sich und schlug mit seiner Pranke nach Schnee. Zum Glück hatte der ein dickes Fell und wurde nicht schwer verletzt. Trotzdem kullerte der Wolf über den Boden. Der Leopard verfolgte ihn aber Schnee war schneller und verschwand wieder im Wald. Newa atmete auf. Ihrem Wolf war nichts passiert. Der Leopard wirkte etwas durcheinander. Anscheinend wusste er nicht so richtig, was er machen sollte. Zuerst Newa, die ihn angegriffen hatte, oder doch besser der Mann auf dem Baum? Er drehte sich ein paar Mal hin und her. Immerhin hatte er den Wolf abgewehrt. Er leckte sich die Wunde, die ihm Schnee am linken Vorderbein zugefügt hatte. Newa beobachtete das Raubtier genau. Es ließ sich jetzt Zeit. Es wirkte so, als wolle der Leopard seine Feinde in aller Ruhe erledigen. Nachdem er sich genug geleckt hatte stand er auf und näherte sich dem kleinen Felsspalt, in dem sich Newa versteckt hatte. Sie packte den zweiten Wurfspeer fest mit der Hand und streckte ihn dem Leoparden entgegen.

Das Raubtier hatte die Felsspalte erreicht. Mit einer Pfote versuchte es Newa in der Spalte zu erreichen aber sie war zu tief in die Spalte hineingekrochen. Mit dem Wurfspeer stach sie in die Pfote des Leoparden und verletzte ihn. Wütend brüllte der Leopard und versuchte es mit der anderen Pfote, aber auch das klappte nicht. Immer wieder stach

Newa nach dem Raubtier, bis es endlich von ihr abließ. Newa beobachtete, wie der Leopard sich umdrehte und langsam auf den Baum, auf dem Tugor saß, zuging.

Newa stutzte. Es schien, als schwanke der Leopard beim Gehen. Sein Gang wirkte unsicher. Schließlich war er bei dem Baum angekommen. Er schlug die Krallen in die Baumrinde und versuchte erneut hinaufzuklettern aber schon bald kam er nicht mehr voran. Anscheinend hatte er keine Kraft mehr. Newa war erleichtert. Tugor war zumindest für diesem Augenblick in Sicherheit. Der Leopard brüllte wieder aber es hörte sich nicht mehr so laut und bedrohlich an wie zuvor. Mehrere Male lief er um den Baum herum und versuchte hinaufzuklettern. Immer wieder gelang es nicht. Dann torkelte er plötzlich. Seine Bewegungen wurden immer langsamer. Er blieb stehen. Nach einigen Minuten legte er sich auf den Boden. Er atmete auf einmal ganz schwer. Newa streckte ihren Kopf aus der Felsspalte, um genauer sehen zu können was passierte. Schließlich hatte sie sich ganz herausgearbeitet und stand vor den Felsen. Jetzt konnte sie besser sehen. Der Leopard atmete nicht mehr. Ganz still lag er unter dem Baum auf dem Tugor saß.

„Sei vorsichtig," rief Wasor. „Bestimmt ist es ein Trick." Newa, die schon beinahe beschlossen hatte zu dem Leoparden zu gehen, blieb stehen. Sie wusste nicht, was sie tun sollte. In diesem Augenblick kam Schnee aus dem Wald heraus. Er blutete aus einer Risswunde an seinem linken Vorderbein, wo der Leopard ihn beim Kampf erwischt hatte. Sonst ging es ihm gut. Er blickte sich um und als er Newa entdeckte lief er schwanzwedelnd auf sie zu. Newa beobachtete ihn genau. Sie hatte gelernt, dass sie sich auf Schnees Verhalten genau verlassen konnte. Wenn Gefahr drohte, wurde er sofort wachsam, seine Nackenhaare stellten sich auf und er starrte meistens leise knurrend in eine Richtung. Wenn keine Gefahr drohte, verhielt er sich wie gerade jetzt. Anscheinend war die Gefahr vorüber. Newa umarmte ihren Wolf und schaute sich die Risswunde an. Es war nicht so schlimm. Die Blutung hörte bereits wieder auf.

„Wie gut, dass du mich,.... dass du uns alle gerettet hast," sagte sie zu ihm und drückte ihn fest an sich. Schnee leckte ihr das Gesicht ab und bellte vor Freude. Dann drehte er sich mit einem Ruck herum und blickte zu dem Leoparden, der immer noch unter Tugors Baum lag. Er lief zu dem Raubtier und schnupperte lange an ihm herum. Dann kam er zurück zu Newa.

„Er ist tot, stimmts?" sagte Newa zu ihm. Dann ging sie zusammen mit dem Wolf zu dem Leoparden. Er lag reglos im Gras. Sie berührte ihn mit dem Speer. Nichts passierte. Das Schlangengift hatte gewirkt und ihn getötet. Newa hatte das zwischendurch nicht mehr für möglich gehalten. Sie beugte sich zu dem Leoparden herunter und untersuchte ihn genau. Plötzlich bemerkte sie über sich eine Bewegung. Tugor kletterte von seinem Baum herunter und auch Wasor war dabei seinen Baum zu verlassen. Schweigend standen sie bei Newa und schauten ungläubig auf den toten Leoparden. Dann starrten sie Newa an. Wasor fand als erster Worte.

„Du bist eine Hexe, eine Zauberin. Du hast den Leoparden getötet ohne ihn wirklich zu verletzen. Das ist ein Zauber." Auch Tugor starrte verwirrt auf Newa.

„Seit wann hast du solche Zauberkräfte?" fragte er ängstlich. Newa war zuerst erstaunt und verwirrt, dann musste sie aber anfangen zu lachen.

„Hey, ihr beiden. Beruhigt euch. Ich habe gar nichts gezaubert. Ich habe nur Hadurs Wissen angewendet um den Leoparden zu töten." Wasor und Tugor guckten noch irritierter.

„Hadur," fragte Tugor. „Was hat sie damit zu tun?" Newa hörte auf zu lachen. Die Angst der beiden Männer musste sie ernst nehmen. Sie zog ihr Messer aus dem Gürtel und schnitt die abgebrochene Speerspitze aus dem Hinterbein des Leoparden heraus. Sie legte sie neben den anderen Wurfspeer. Dann deutete sie auf die Spitzen.

„Seht her. Die Spitzen der Wurfspeere habe ich mit dem Gift der großen grünen Grasschlange beschmiert. Das Gift hat den Leoparden getötet. Nicht die Verletzung durch den Wurfspeer. Ich wusste genau, dass ich mit dem Speer allein den Leoparden nicht hätte töten können, da ich dafür nicht stark genug bin. Deswegen habe ich mir die Hilfe der Grasschlange geholt. Passt nur auf, dass ihr euch nicht an einer der Spitzen verletzt." Wasor, der gerade den Speer anfassen wollte zuckte zurück.

„Du kannst ihn ruhig nehmen," sagte Newa zu ihm. „Du darfst dich nur nicht stechen, so dass das Gift in deinen Körper eindringen kann." Ehrfurchtsvoll nahm Wasor den Speer und betrachtete die Spitze mit dem inzwischen getrockneten grünlichen Giftbrei. Er nahm die abgebrochene Spitze in die andere Hand.

„Seht ihr," sagte Newa. „Diese Spitze ist blank. Das Gift ist in dem Leoparden." Tugor umarmte Newa, drückte sie ganz fest an sich und sagte.

„Wenn du nicht gerufen hättest, wäre der Leopard über uns hergefallen und wir wären jetzt tot. Wir hätten ihn nicht bemerkt. Wie hast du die Gefahr erkannt, wo du doch so weit von uns entfernt warst? Bist du nicht doch eine Zauberin?" Newa schaute Wasor an. Er hatte die ganze Zeit stumm abwechselnd auf den Leoparden und auf das Mädchen geschaut, das ihn getötet hatte.

„Oh Wasor," rief Newa, „tut mir leid, ich habe ganz vergessen dein Bein zu behandeln." Sie griff in ihren Medizinbeutel und holte die blutstillenden grünen Blätter heraus. Diese legte sie auf Wasors Bein und begann sie mit ihrem Gürtel fest zu wickeln. Dabei erzählte sie, wie Schnee plötzlich so komisch gewesen war und sie ohne zu denken hinter ihm her in den Wald gelaufen war. Wasor unterbrach sie. Er war ganz ernst als er sprach.

„Schau mich an, kleine große Newa. Wieder einmal hast du Leben gerettet. Diesmal hast du dein eigenes Leben aufs Spiel gesetzt, um Tugor vor dem Leoparden zu schützen. Dein Wolf, den ich lange Zeit nicht mochte, hat ebenfalls dazu beigetragen uns zu retten. Ich bin dir und ihm sehr dankbar." Er streichelte Schnee bevor er weiterredete. „Du bist mutig und klug. Deswegen bekommst du jetzt einen neuen Namen. Du heißt ab jetzt Newa Leopardenjägerin. Kaum ein Mann überlebt das Zusammentreffen mit einem Leoparden. Noch weniger Männern gelingt es, einen zu töten. Diese Männer genießen hohes Ansehen in ihren Clans, da sie als besonders mutig gelten. Ich werde später das Fell des Leoparden abziehen. Es gehört dir. Auch die Zähne und Krallen des Leoparden gehören dir." Newa blickte ihn erstaunt an. Das war eine lange Rede gewesen, die Wasor gerade gehalten hatte. Sie bedankte sich bei Wasor und versorgte seine Wunden. Dann brachen sie auf und gingen zurück zu der Ziegenherde.

Die Ziegen grasten friedlich in ihrem Gehege. Anscheinend hatten sie sich an ihre Situation bereits gut gewöhnt. Newa ging in den Pferch und molk einige der Ziegen. Die Milch brachte sie Wasor und Tugor, die sie gierig tranken. Inzwischen war es dunkel geworden. Es war zu spät, um noch eine Hütte oder einen Pferch zu bauen. Deswegen machten sie ein großes Feuer. Da sie inzwischen alle Hunger hatten, schlachteten sie eine der Ziegen und brieten das Fleisch über dem Feuer. Es schmeckte köstlich. Satt legten sie sich am Feuer nieder und Wasor teilte die Wachen ein. Die Wache musste dafür sorgen, dass das Feuer nie aus ging, denn es war ihr Schutz vor anderen Tieren. Wasor glaubte zwar, dass es keine anderen Raubtiere in der Nähe geben würde, da sie im Revier des Leoparden waren aber mit dem Feuer waren sie sicherer.

Als Newa an diesem Abend alleine das Feuer bewachte, gingen ihr viele Gedanken durch den Kopf. Sie machte sich Sorgen um Javor und Gor, und dachte an den Kampf zwischen Schnee und dem Leoparden und wie mutig Schnee gewesen war. Und nachdem Tugor sie abgelöst hatte und sie eingeschlafen war, träumte sie von den Pferden in dem Tal.

Liebe/r junge/r Leser/in...

In der Geschichte kommen verschiedene Formen des Zusammenlebens vor, die es beide in der Steinzeit gab. Die Feuerjäger und die Höhlenbewohner des Clans verkörpern diese Gruppen.

Die Wanderer, die den Tierherden folgten, man nennt sie auch **Nomaden**, *sind dafür verantwortlich, dass sich die Menschen über die ganze Erde verbreitet haben. Das haben sie bestimmt nicht gemacht, weil sie mal gerade Lust darauf hatten. Sicherlich sind die Menschen gewandert, wenn die Nahrung knapp wurde oder das Klima sich so veränderte, dass der Lebensraum nicht mehr gut genug war. Nomaden sind besser in der Lage auf eine solche Situation zu reagieren als sesshafte Menschen, denn sie bauen ihr Lager ab und folgen einfach der Tierherde. Nomaden gibt es heute noch in vielen Regionen Afrikas und Asiens. Wichtige Nomaden hast Du bereits kennengelernt. Der Homo Ergaster und noch mehr der Homo Sapiens. Diese beiden haben sich weit verbreitet. Der Homo Sapiens, der moderne Mensch, über die ganze Welt. Aber wie hat er es wohl geschafft über die Meere zu kommen, welche die einzelnen Erdteile heute voneinander trennen? Mit einem Boot?*

Die Erklärung dazu findet sich einmal wieder in den Veränderungen des Klimas. Während der langen Zeit der Menschheitsentwicklung seit der Altsteinzeit gab es immer wieder drastische Klimaveränderungen. Das waren die **Eiszeiten,** *Zeiträume über viele 1000 Jahre, in denen ein großer Teil der Erde (zum Beispiel wo wir heute leben!) von dickem Eis bedeckt war. Die heutigen Gletscher auf hohen Bergen sind Reste der letzten Eiszeit, die vor der Neusteinzeitlichen-Revolution zu Ende ging. Die Menschen haben diese Eiszeiten überlebt, indem sie sich an die Kälte anpassten (Kleidung, Höhle, Häuser) oder in wärmere Gegenden auswanderten.*

Die Eiszeiten haben aber auch bewirkt, dass ein großer Teil des auf der Erde befindlichen Wassers, das übrigens begrenzt ist, nicht flüssig, sondern gefroren war. Dies hat bewirkt, dass der Meeresspiegel weit unter dem heutigen Niveau lag. Die Erde sah völlig anders aus als heute, weil riesige Landmassen, die heute unter Wasser liegen, trocken waren. Und so konnten die Menschen von Afrika nach Europa und Asien ziehen. Von dort konnten sie dann irgendwann zu Fuß bis nach Amerika gehen.

Die Ausgestoßenen

Javor und Gor gingen zügig durch das Grasland. Sie waren schweigsam und redeten nur das Notwendigste. Ihnen war beiden bewusst, dass sie sich auf einer gefährlichen Unternehmung befanden. Wenn die Feuerjäger sie erwischten, würde es gefährlich für sie werden. Sie waren gut bewaffnet und glaubten, damit einen Vorteil gegenüber den Feuerjägern zu haben und sich außerdem auch gegen größere Raubtiere, die es im Grasland gab, verteidigen zu können. Als es langsam dunkel wurde, schauten sie sich nach einem geeigneten Lagerplatz um. Sie hatten beschlossen, kein Feuer zu machen, da dieses mit Sicherheit von den Feuerjägern gesehen werden würde. Also mussten sie auf Bäume klettern und dort schlafen. Sie entdeckten in einiger Entfernung einen kleinen Wald, der sich in der Nähe einer Felsengruppe befand. Dort sollte es auch Wasser geben, dachte Javor. Aber vermutlich auch größere Tiere. Also mussten sie vorsichtig sein. Ein Zusammentreffen mit einem Säbelzahntiger oder einem Höhlenlöwen wollten sie gerne vermeiden. Da sie nicht planten auf ihrer Unternehmung zu jagen, hatten sie genügend getrocknetes Fleisch und Wurzeln mitgenommen, um sich einige Tage gut ernähren zu können. Sie näherten sich langsam der Felsengruppe mit dem kleinen Wald. Kurz bevor sie ihn erreichten sagte Javor zu Gor.

„Lass uns anhalten und einige Zeit warten. Dann können wir den Wald beobachten und uns einen Eindruck verschaffen ob eine Gefahr droht." Sie setzten sich ins hohe Gras und beobachteten den Wald eine längere Zeit. Auf einmal kamen einige Rehe aus dem Wald heraus und begannen zu grasen. Gor deutete auf die Rehe und seine Wurfspeere aber Javor schüttelte den Kopf. Sie mussten absolut unauffällig bleiben. Kein Tier und kein Mensch sollte wissen, dass sie da wären. Die Rehe standen ganz ruhig am Waldrand und im Laufe der Zeit kamen noch andere Tiere dazu, um in der Dämmerung zu grasen. Anscheinend waren keine größeren Raubtiere in der Nähe. Javor und Gor schlichen leise zum Wald und suchten sich jeder einen hohen Baum. Javor fand einen geeigneten direkt am Waldrand, da er von dort einen guten Überblick über die Grasebene hatte. Sie kletterten hinauf und suchten sich dichtes Geäst, wo sie gut übernachten konnten ohne herunterzufallen. Javor machte es sich bequem. Seine Waffen hatte er in den Zweigen festgebunden. Ebenso hatte er sich mit einem Seil selbst am Baum gesichert. So konnte nichts passieren, selbst wenn ein starker Wind aufkommen würde. Er blickte in die Ferne, in die Richtung, in die sie morgen früh gehen würden, um die Feuerjäger zu finden. Wie Newa, Wasor und Tugor entdeckte er am Horizont eine große Rauchwolke. Die Feuerjäger waren auf der Jagd.

„Genauso wie unser Clan müssen sie sich um die Versorgung im Winter kümmern," dachte Javor. Er hoffte, die Sorge um den eigenen Clan würde die Feuerjäger davon abhalten, sie zu suchen. Aber schon der Ausbruch einer Hungersnot bei den Feuerjägern könnte dazu führen, dass sie sich auf eine Reise begeben müssten, um Nahrung zu finden. Und dann könnten sie auf die Idee kommen, nach Javors Clan zu suchen, nach dem Clan, der in ihren Jagdgebieten gejagt hatte und ihre Büffel stehlen wollte. Javor konnte verstehen, dass die Feuerjäger ärgerlich waren, aber das spielte keine Rolle, wenn es darum ging, den eigenen Clan zu schützen. Er blickte hinüber zu Gor. Der war bereits eingeschlafen und atmete tief. Auch Javor schloss seine Augen und war wenige Minuten später eingeschlafen.

Als er einige Stunden später die Augen aufschlug, brach gerade der Tag an. Die Sonne schob sich langsam über den Horizont und verbreitete im Frühnebel ein ganz diffuses Licht. Javor liebte diese Stimmung. Der Tag war noch ganz frisch, es war ruhig und eine gute Zeit, noch ein wenig zu träumen. Javor dachte an seine Tochter. Wie würde es Newa wohl gehen? Zusammen mit Wasor und Tugor? Er machte sich ein wenig Sorgen, denn er traute Wasor nicht so ganz. Zu sehr war er darauf erpicht gewesen Newa zu schaden, als herausgekommen war, dass sie eine Waffe trug. Javor befürchtete, Wasor könne Newa immer noch schaden wollen und machte sich deswegen seine Gedanken.

Er hörte eine Bewegung in seiner Nähe und schaute sich um. Gor wurde gerade wach und hatte im Laub seines Baumes geraschelt. Gor war ein guter Partner für die Unternehmung, dachte Javor. Auf ihn konnte man sich immer verlassen. Er war mutig aber gleichzeitig auch vorsichtig. Diese beiden Eigenschaften hielt Javor für die wichtigsten, wenn man in der Wildnis unterwegs war. Javor winkte Gor zu und kletterte dann den Baum hinunter. Er bewegte sich leise und vorsichtig durch den Wald und bald hatte er gefunden, was er gesucht hatte. Ein kleiner Bach floss die Felsen herunter und verschwand zwischen den Bäumen. Javor nahm einige große Schlucke und füllte dann seine Wasserflasche auf. Dann kehrte er zurück zu Gor, der inzwischen ebenfalls von seinem Baum heruntergeklettert war.

„Ich habe gestern Abend Rauchwolken gesehen," berichtete Javor, während sie etwas getrocknetes Fleisch aßen. Gor nickte.

„Wir werden sie bald erreicht haben, glaube ich. Es muss eine große Gruppe sein, wenn sie so dermaßen sorglos solche riesigen Feuer machen." Javor kaute an einem Stück Fleisch.

„Wir müssen sehr vorsichtig sein. Der einzige Vorteil, den wir haben, ist, dass wir wissen, dass wir kommen und sie das nicht wissen. Deswegen werden sie lauter sein als wir. Also werden wir sie vermutlich früher bemerken, als sie uns. Unser Vorteil ist, dass sie keine Angst haben." Wieder nickte Gor.

„Wir sollten uns mit irgendeinem Dreck beschmieren, einem Kadaver oder Büffelmist, damit sie uns nicht wittern können," sagte er.

„Gute Idee," meinte Javor. Etwas später brachen sie auf. Nachdem sie einige Zeit gegangen waren, entdeckten sie eine kleine Büffelherde im hohen Gras. Sie näherten sich vorsichtig und fanden nach kurzer Zeit, das was sie suchten. Büffelkot. Obwohl es sie ekelte, schmierten sie ihre Fellkleider mit dem Kot ein.

„Du stinkst," sagte Javor lachend zu Gor. „Wenn das deine Frau wüsste." Gor verzog sein Gesicht. Danach schlichen sie sich langsam bis zu der Büffelherde. Die großen Tiere nahmen kaum Notiz von ihnen, sodass sie immer näher an die Herde heran kamen bis sie irgendwann mitten zwischen den Büffeln standen. Der große Leitbulle näherte sich ihnen neugierig und beschnupperte sie. Javor hielt den Atem an und bewegte sich nicht. Der Bulle schnaubte laut und ließ dann von ihnen ab. Anscheinend stanken sie so stark nach Büffel, dass der Bulle sich täuschen ließ. Die Herde zog langsam weiter und Javor und Gor zogen mit der Herde. Auf diese Weise konnten sie leicht die Gegend beobachten ohne selbst gesehen zu werden. Es dauerte mehrere Stunden, bis die Büffel ein größeres Stück zurückgelegt hatten.

Plötzlich entdeckte Gor einen der Feuerjäger auf einem Hügel. Der Mann stand ganz aufrecht und blickte in Richtung der Herde. Javor und Gor duckten sich in das hohe Gras und beobachteten den Jäger.

„Sie müssen hier ganz in der Nähe sein," sagte Javor zu Gor. „Vermutlich hinter diesen Hügeln. Es wird das Beste sein, wir verschwinden aus der Herde bevor die Feuerjäger auf die Idee kommen, Jagd auf die Herde zu machen." Sie blieben im hohen Gras liegen während die Büffel weiter zogen. Erst als die Herde ein ganzes Stück von ihnen entfernt war, zogen sich die beiden Jäger zurück und versteckten sich bei einer Felsengruppe ganz in der Nähe. Dort kletterten sie auf den höchsten Felsen und beobachteten weiter den Feuerjäger, der immer noch auf dem Hügel stand. Plötzlich verschwand der Mann. Wenig später sahen sie, wie er schnell durch das hohe Gras davonlief und auf eine Hügelgruppe in der Nähe zusteuerte. Gor deutete in die Richtung.

„Dort muss das Lager der Feuerjäger sein," sagte er. Javor nickte. Er deutete in die Ferne auf die große Rauchwolke.

„Und dort hinten, wo die Sonne untergeht, haben sie ein Jagdfeuer gemacht. Man kann es bis hier riechen."

Auf einmal stutzte er. Weit weg sah er eine Reihe von Menschen durch das hohe Gras laufen. Sie zogen mehrere große Rutschen, die leer waren, zum Lager der Feuerjäger. Es waren bestimmt 20 bis 30 Menschen, Männer und Frauen. Anscheinend kamen sie von der Jagd nach Hause.

„Es macht nicht den Eindruck, als hätten sie eine sehr erfolgreiche Jagd gehabt," sagte Javor zu Gor, der die Menschen ebenfalls entdeckt hatte.

„Vielleicht gehen sie morgen noch einmal auf die Jagd," meinte Gor. „Dann könnten wir zu dem Lager schleichen und uns dort umsehen." Er blickte zum Himmel. Die Sonne stand schon sehr tief. Die Wanderung mit den Büffeln hatte doch sehr viel Zeit benötigt. Gor und Javor suchten einen sicheren Schlafplatz in den Felsen. Schließlich fanden sie eine kleine Höhle deren Eingang so schmal war, dass er leicht mit ein paar größeren Steinen verschlossen werden konnte. So waren sie sicher, dass keine größeren Raubtiere eindringen konnten. Sie kletterten noch einmal auf den hohen Felsen und beobachteten die Hügel, wo sie die Feuerjäger vermuteten. Als die Dunkelheit eingetreten war und sich ihre Augen an die Nacht gewöhnt hatten, bemerkten sie nach einiger Zeit einen schwachen Lichtschein bei der Hügelgruppe.

„Sie machen Feuer," sagte Gor zufrieden. „Da hinten ist wirklich ihr Lagerplatz. Und sie haben keine Ahnung, dass wir hier sind." Kurze Zeit später ging der Mond auf und sie konnten den Lichtschein nicht mehr erkennen, da es wieder zu hell geworden war. Aber sie wussten jetzt, wo sich das Lager der Feuerjäger befand. Sie legten sich in ihre Höhle, verschlossen den Eingang mit einem großen Stein und waren kurze Zeit später eingeschlafen.

Als sie am nächsten Morgen aus der Höhle kamen und auf ihren Beobachtungsfelsen geklettert waren, trauten sie ihren Augen nicht. Eine große Menschengruppe kam über die Hügel und bewegte sich in Richtung des Jagdfeuers. Anscheinend hatten die Feuerjäger ihr Lager abgebrochen und zogen jetzt der Büffelherde hinterher. Javor erinnerte sich, wie ihm Kato vor langer Zeit erzählt hatte, dass die Graslandjäger immer hinter den Tierherden herziehen mussten. Wenn sie ein Jagdfeuer gemacht hatten, waren die Tiere danach meistens für viele Monate verschwunden. In dieser Zeit konnten die Menschen nichts jagen und mussten hungern. Deswegen zogen sie immer mit den großen Tierherden, genauso, wie es die großen Raubtiere machten. Javor und Gor staunten. Die Feuerjäger hatten große Rutschen aus langen geraden Baumstämmen gebaut und sie mit Gepäck beladen. Genauso, wie es Newa damals bei ihrer ersten Jagd vorgeschlagen hatte. Anscheinend kannten die Feuerjäger diese Methode. Aber das war nicht das Erstaunlichste. Nicht die Menschen zogen die großen Rutschen. Es waren einige Büffel, die die Rutschen zogen. Das hatten Javor und Gor noch nicht gesehen. Sie schauten sich mit großen Augen an. Die Rutschen waren mit breiten Lederstreifen am Rücken der Tiere befestigt. Am Kopf eines jeden Büffels gingen zwei Männer und führten die Büffel an Leinen. Außerdem hatten sie dicke Knüppel in den Händen, mit denen sie die Büffel dirigierten.

„Wie kommt es, dass die Büffel nicht einfach weglaufen?" fragte Gor. Das war wirklich merkwürdig. Javor beobachtete die Gruppe genau. Auf einmal brüllte einer der Büffel und schüttelte heftig seinen Kopf. Es machte den Eindruck, als wollte er davonlaufen, aber er tat es nicht.

„Schau mal," sagte Gor zu Javor. „Nicht nur Newa hat ein Haustier. Die Feuerjäger sind ganz schön klug. Mit den starken Büffeln kommen sie viel schneller voran und müssen sich nicht so anstrengen. Wie sie das wohl gemacht haben? Ich glaube nicht, dass sie die Büffel gefangen haben."

„Bestimmt haben sie Kälber, deren Mütter gestorben waren, gefangen," antwortete Javor. „Genauso wie Newa das mit Schnee gemacht hat. Eine gute Idee." Plötzlich stutzte er. Er hatte gerade entdeckt, warum die Büffel nicht fliehen konnten. Die Feuerjäger hatten ihnen die Vorderbeine mit einem breiten Lederband so zusammengebunden, sodass sie nur kleine Schritte machen konnten und langsam laufen mussten. Ein guter Trick. Gor staunte, als Javor ihn darauf hinwies. Sie beobachteten die Feuerjäger so lange, bis sie in der Ferne verschwunden waren. Dann verließen sie ihr Versteck in der Felsengruppe und gingen durch das Gras zum Lager der Feuerjäger.

Es standen einige Hütten im Kreis um eine große Feuerstelle herum. Das Feuer schwelte noch und manchmal flammte es auf. Die Feuerjäger hatten anscheinend längere Zeit an dieser Stelle gelebt. Auf einmal hörte Javor ein Geräusch, das aus einer der Hütten kam. Schnell blickte er zu Javor. Der hatte es ebenfalls gehört. Die beiden Jäger ärgerten sich, dass sie so unvorsichtig gewesen waren, sich dem Lager ganz offen zu nähern. Was wäre, wenn noch Menschen im Lager geblieben wären? Vorsichtig näherten sie sich der Hütte und blickten hinein.

Ein Stein traf Gor am Kopf und er taumelte. Blut lief an seiner Stirn herunter.

„Verdammt," rief er. „Wer war das?" Wütend packte er sein Steinbeil und stürmte in die Hütte hinein. Aber er war zu spät. Javor hatte schon reagiert. Er stand bereits in der Hütte und hielt eine junge Frau fest, die heftig strampelte. An seinem Bein hing ein kleiner Junge und hatte sich in seinem Unterschenkel verbissen.

„Aufhören," rief Gor und schnappte sich den Jungen. „Sofort aufhören. Was macht ihr denn hier?" Der Kampf dauerte nicht lange. Dann saßen die Frau und der Junge auf dem Boden und Gor und Javor standen etwas verdattert vor ihnen. Gor lief immer noch das Blut aus der Wunde an seinem Kopf und Javor tat sein linkes Bein weh, aber sonst war nicht viel passiert. Die Frau fing an zu weinen und der Junge guckte grimmig und stumm vor sich hin. Javor griff in seine Felltasche und holte einige Stücke getrocknetes Fleisch heraus. Er hielt es der Frau und dem Jungen hin.

„Hier," sagte er. „Esst etwas. Danach können wir uns unterhalten." Gor nahm seine Wasserflasche und gab sie der Frau.

„Ich gehe mal raus und sehe mich im Lager um. Mal sehen, was wir hier noch alles finden," meinte er.

„Es ist niemand mehr hier," flüsterte die Frau plötzlich. „Nur wir beide..... mein Sohn und ich....wir sind ausgestoßen." Wieder fing sie an zu weinen.

„Essen," sagte Javor. „Dann reden wir." Gor verschwand aus der Hütte und man hörte ihn eine Zeitlang draußen herumlaufen. Javor beobachtete die Frau und den Jungen.

„Die Frau ist nur wenige Jahre älter als Gala," dachte er. „Und der Junge könnte in Moras Alter sein." Er beobachtete, wie sie begannen zuerst langsam und vorsichtig, danach immer schneller das Trockenfleisch zu verzehren. Anscheinend waren sie sehr hungrig und durstig. Endlich waren sie fertig. Javor blickte sie erwartungsvoll an.

„Was wollt ihr mit uns machen?" fragte die junge Frau und schaute Javor direkt ins Gesicht. „Wir sind vom Stamm ausgesetzt und müssen sterben. Das hat unser Anführer gesagt. Und der Medizinmann hat uns verhext. Wir sind eigentlich schon tot. Das hat er gesagt." Unwillkürlich musste Javor etwas lachen.

„Dafür habt ihr euch aber ordentlich gewehrt," sagte er. „Dein Sohn hat mich ganz schön gebissen." Er deutete auf seinen Unterschenkel. „Wir wollen gar nichts mit euch machen. Mich würde interessieren, was passiert ist, und warum ihr ausgesetzt worden seid." Die Frau wurde etwas ruhiger und fing an zu sprechen.

„Mein Mann ist vor wenigen Tagen gestorben. Gestern habe ich es erfahren, als die Jäger heimgekommen sind. Bei der Feuerjagd hatte er die Aufgabe den Feuerring zu schließen. Das hat er nicht geschafft und wurde von den Büffeln überrannt. So haben es mir die anderen Männer berichtet. Und so sind nur sehr wenige Büffel gestorben. Zu wenig für den Clan, zu wenig für den Winter. Alle sind sehr wütend gewesen auf meinen Mann. Sie sagen, er hat alleine die Schuld, dass alle hungern müssen. Sie haben sich gestern Abend noch entschieden unsere Hütten zu verlassen, da keine Großtiere mehr in der Gegend sind. Heute sind sie weitergezogen, um die kleine Herde zu finden, die gestern vorbeigezogen ist." Sie schwieg einen Moment. „Unser Anführer hat gesagt, wir seien unnütze Esser und verdienten es nicht im Clan zu bleiben. Und der Medizinmann hat uns verzaubert. Aber unser Sohn....er kann doch nichts dafür....." Sie begann zu weinen. Javor guckte den Jungen an.

„Mein Vater ist an allem schuld," flüsterte er wütend. „Jetzt müssen wir sterben, weil er nicht aufgepasst hat." Javor war erschrocken. Das war eine schlimme Geschichte. In diesem Augenblick kam Gor in die Hütte.

„Draußen ist alles ruhig," sagte er. „Niemand mehr da, aber viele Nahrungsreste. Es könnte also sein, dass wir heute Nacht Besuch von Raubtieren bekommen. Wir sollten ein Feuer machen." Er verschwand wieder und nach einiger Zeit prasselte draußen ein kleines Feuer.

Javor guckte die Frau und den Jungen an und traf eine Entscheidung.

„Ihr kommt mit uns," sagte er kurz und stand auf. „Wir lassen keine Menschen zurück in der Wildnis. Ihr müsst nicht sterben." Dann ging er hinaus zu Gor und setzte sich zu ihm an das Lagerfeuer. Er berichtete ihm, was die Frau und der Junge gesagt hatten und was er beschlossen hatte. Gor nickte nur stumm, dann sagte er.

„Wir sollten das Feuer ein wenig abdecken, damit es die Feuerjäger nicht sehen können am Himmel. Ich gehe gleich noch einmal hinauf auf den kleinen Hügel und schaue mal wo die Kerle sind." Dann verschwand er. Javor kümmerte sich um das Feuer. Nach einiger Zeit kamen die Frau und der Junge aus dem Zelt und setzten sich zu Javor. Sie sagten kein Wort und beobachteten Javor die ganze Zeit..

„Ihr könnt noch etwas Holz holen," sagte er. „Am besten ihr holt es aus den Hütten." Gor kehrte zurück.

„Die Feuerjäger sind weit weg," sagte er. „Ich bin ein Stück ihrer Spur gefolgt. Sie hatten es sehr eilig. Das kann man verstehen. Die kleine Büffelherde ist schnell weitergezogen. Sie hat einen Tag Vorsprung. Willst du die beiden wirklich mitnehmen?" Javor nickte.

„Ich lasse keine Menschen in der Wildnis alleine zurück. Unser Clan ist nicht sehr groß und wir können noch mehr Menschen ernähren. Ich sehe kein Problem. Zur Not bleiben die beiden an meinem Feuer." Gor schaute ihn an.

„Bestimmt kann uns die Frau von den Büffeln erzählen," sagte er aufgeregt. „Vielleicht können wir von ihr etwas lernen. Sie scheint nicht so dumm zu sein. Jedenfalls ist sie echt mutig." Javor nickte. Der Gedanke war ihm auch bereits gekommen.

„Und sie können uns bestimmt etwas darüber berichten, ob die Feuerjäger planen uns zu verfolgen. Heute Nacht müssen wir Wache halten. Wir sind in gefährlichem Gebiet." Gor übernahm die erste Wache und Javor legte sich schlafen, als die Sterne am Himmel erschienen. Er drehte sich um. Die Frau schlief bereits aber der Junge schaute ihn direkt an.

„Ich bin Javor," sagte er. „Wie heißt du?" Der Junge schwieg einen Moment. Dann sagte er.

„Ich heiße Morg. So wie mein Vater heiße ich ab heute. Vorher hieß ich Sol, aber ab heute heiße ich Morg." Javor strich mit seiner Hand über Morgs Kopf.

„Das ist gut," sagte er. „Dein Vater hat nichts Schlimmes getan. Solche Dinge passieren auf einer Jagd. Ihr seid zu Unrecht ausgestoßen worden. Sei immer stolz auf deinen Vater. Er ist gestorben, um für euch zu sorgen, indem er Büffel gejagt hat. Er wird mit Freude auf dich schauen und glücklich sein, wenn du ihn ehrst und nicht verachtest." Der Junge schaute ihn mit großen Augen an und sagte nichts. Aber Javor merkte, dass sich sein verkrampftes Gesicht entspannte und sich die Spannung in ihm langsam löste.

Am nächsten Tag machte sich die kleine Gruppe auf den Weg zurück zur Höhle des Clans. Anfangs waren die Frau und der Junge noch misstrauisch aber je länger sie unterwegs waren, desto mehr löste sich das Misstrauen. Die Frau ging längere Zeit neben Gor und unterhielt sich mit ihm.

„Wie heißt du," fragte Gor sie.

„Mein Name ist Uda," sagte sie. „Ich bin Euch so dankbar, dass ihr uns mitgenommen habt. Wir hätten keine Chance gehabt zu überleben." Sie machte eine kleine Pause.

„Mein Clan ist mächtig. Er hat viele starke Männer aber sie sind nicht klug. Ihre Methode zu jagen ist zu unbedacht. Wenn das Grasland abgebrannt ist, gibt es kein Wild mehr und sie müssen immer weiterziehen. Bei der letzten Feuerjagd vor einigen Wochen haben sie gute Beute gemacht. Aber sie wurden von einer großen Gruppe anderer Männer angegriffen. Nur nach einem schweren Kampf konnten sie mit Mühe ihre Beute behalten. Aber sie haben den Männern ihre Werkzeuge und Fellrutschen abgenommen. Wart ihr diese Gruppe?" Sie sah Gor konzentriert an. Gor schluckte. Die Frau war klug, genauso, wie er es vermutet hatte.

„Ja," sagte er. „Wir waren diese Gruppe. Was haben die Männer genau erzählt?" Uda schaute ihn fragend an.

„Das was ich erzählt habe. Eine große Gruppe, die mit unseren Männern um die Beute gekämpft hat. Unsere Männer haben gewonnen. Es gab einige Verletzte aber keine Toten zum Glück."

„War Dein Mann dabei," fragte Gor. Uda nickte.

„Zum Glück war er nicht verletzt. Er war sehr sparsam mit seiner Erzählung über den Kampf. Aber alle Männer berichteten das gleiche."

„Es war anders," sagte Gor. Er blickte hinüber zu Javor, der sich mit Morg unterhielt. Gerade erklärte er dem Jungen den Weg zur Höhle. Uda stutzte. Gor begann ihr die Geschichte zu erzählen, wie sie sich wirklich zugetragen hatte. Wie sie in das Brandgebiet gekommen waren und Udas Clan ihnen den Weg abgeschnitten hatte. Er berichtete auch, wie Bra und Newa durch ihre überlegenen Waffen den eigenen Clan gerettet hatten und wie die Feuerjäger geflohen waren. Und wie sie ihr gesamtes Material zurücklassen mussten. Nachdem er geendet hatte, schwiegen Uda und er eine lange Zeit. Immer wieder klang Lachen von Morg herüber und Uda begann irgendwann ebenfalls zu lächeln.

„Danke Gor, dass du mir so ehrlich berichtet hast. Du bist ein guter Mann und dein Freund Javor anscheinend auch. Wir werden in eurem Clan gute Mitglieder sein und uns allen Regeln unterwerfen. Wir sind keine Mitglieder mehr in dem Clan der Feuerjäger, wir gehören jetzt zu Euch, wenn die anderen Clanmitglieder uns haben wollen. Wenn nicht, werden wir in die Wildnis gehen, um zu sterben, aber wir werden niemals versuchen, zu dem Clan der Feuerjäger zurückzukehren."

Als es wieder Abend wurde waren sie noch weit von ihrer Höhle entfernt. Sie fanden einen Unterschlupf in einer Felsgruppe, die die Grasebene etwas überragte. Von dort hatte man einen guten Überblick. In der Ferne konnten sie bereits die Berge sehen wo sich ihre Höhle befand. Morgen würden sie endlich wieder zuhause sein. Javor setzte sich auf einen Felsen und beobachtete die Gegend. Alles war ruhig. Nachdem es ganz dunkel geworden war, warteten sie noch eine Weile, bevor sie ein kleines Feuer entzündeten. Es waren keine fremden Feuer sichtbar. Gor holte sein Feuerbesteck heraus, sein kleines Holzbrett und seinen Stab und begann mit seinen Händen den Stab zu drehen, wie es alle im Clan machten. Die Frau schaute einen Moment zu, dann fing sie an zu lachen. Gor guckte wütend zu ihr hinüber.

„Wenn du es besser kannst," schimpfte er und warf ihr sein Feuerbesteck vor die Füße. Die Frau hatte aufgehört zu lachen.

„Verzeih mir," sagte sie ängstlich. „Verzeih mir, aber ich kann es wirklich besser." Sie holte aus ihrem Umhang einen dünnen elastischen Stab heraus, an dessen einer Seite eine Sehne mit einer Schlaufe angebunden war. Den Stab bog sie und hängte die Sehne an der anderen Seite ein. Dann nahm sie Gors Feuerstab und drehte die Sehne einmal um den Stab. Sie setzte den Feuerstab auf das Holzbrett, fixierte das Drehholz mit einem flachen Stein und bewegte dann den Bogen mit der Sehne ein paarmal schnell hin und her. Das Drehholz drehte sich sofort sehr schnell und nach wenigen Sekunden begann das Holzbrett zu qualmen. Sie fügte etwas trockenes Gras dazu und kurze Zeit später flackerte ein kleines Feuer. Javor und Gor staunten nicht schlecht.

„Du bist eine Zauberin," stammelte Gor. Uda beruhigte ihn.

„Nein, ich bin keine Zauberin. Mit dieser Methode kann man den Drehstab nur viel schneller und kraftsparender drehen als mit der Hand, wie du es gemacht hast. Da die Feuerjäger immer sehr schnell Feuer machen müssen, benutzen sie gerne diese Methode. Mein Mann hat sie irgendwann erfunden, aber das haben die anderen Feuerjäger längst vergessen. Jetzt ist er tot und sie haben uns ausgestoßen. Sie sind alle so dumm."

„Das stimmt," sagte Javor. „Du bist eine kluge Frau. Danke, dass du das Feuer gemacht hast. Wir Männer kriegen das nicht so gut hin. Wir freuen uns, dass du und Morg bei uns bleiben werdet."

Am nächsten Tag erreichten sie um die Mittagszeit die Berge und die Höhle, wo sie vom Clan erwartet wurden.

Liebe/r junge/r Leser/in...

In Südfrankreich (Lascaux) und Spanien (Altamira) hat man Höhlen gefunden, in denen Menschen über viele hunderte von Jahren gelebt haben müssen. Man nennt sie **sesshafte Menschen**. *Die frühen sesshaften Menschen haben sicherlich anders gejagt und gelebt als die Nomaden. Sie mussten mehr im Einklang mit der Natur leben, um ihren Lebensraum nicht zu zerstören. Vielleicht waren die Neandertaler eher sesshafte Menschen, denn sie sind niemals aus Europa ausgewandert obwohl sie über 40 000 Jahre dort gelebt haben. Sie waren trotzdem keine Ackerbauern, sondern hervorragende Jäger.*

Es wäre interessant zu wissen, wie sie gedacht haben. Sicherlich anders als Homo Sapiens. Übrigens weiß man heute, dass Neandertaler vermutlich keineswegs dümmer waren als die modernen Menschen. Sie hatten sogar größere Gehirne als wir heute.

Während der Neusteinzeitlichen Revolution wurde der Homo Sapiens ebenfalls sesshaft. Diese Entwicklung begann in einer Gegend, die heute den Raum Israel, Syrien, Türkei und Irak umfasst. In der Bibel wird dieses Land auch das „Zwei-Strom-Land" genannt.

Mit der Sesshaftigkeit und der Herstellung eigener, also nicht „natürlicher" Nahrung durch Ackerbau und Viehzucht haben die Menschen sich von der Natur und dem dort sinkenden Nahrungsangebot im Vergleich zur großen Zahl der Menschen unabhängiger gemacht. Aber sie haben angefangen das Gleichgewicht in der Natur zu stören.

Gleichzeitig mit der Veränderung der Nahrungsmittelherstellung begann auch die vermehrte Produktion des Gases CO_2 durch die Menschen. Das haben Wissenschaftler gemessen und berechnet. CO_2 ist entscheidend für den heutigen Klimawandel und die Erwärmung unserer Welt verantwortlich. Es wird durch viele Dinge, wie Heizung, Industrie, Autos, Reisen, Viehzucht..., die in unserem heutigen Leben völlig normal sind, erzeugt. Die Konzentration des CO_2 in der Luft begrenzt heute unsere weitere Entwicklung, ähnlich, wie vor 10 000 Jahren das sinkende Nahrungsangebot in der Natur.

Was können wir tun, um den CO_2-Gehalt in unserer Luft zu vermindern? Schließlich können wir nicht die Zeit zurückdrehen und auf einmal wieder alle als Nomaden durch die Gegend ziehen und uns durch Jagd ernähren. Das würde bei der großen Zahl der Menschen auf unserem Planeten nicht funktionieren.

Die Leoparden

„Ich überlege, ob wir heute und morgen noch einmal Ziegen fangen sollen, oder ob wir genug haben für den Winter," sagte Wasor zu Newa. Sie war zu ihm an das Feuer gekommen, da es ihr kalt geworden war.

„Im Hochtal ist es doch wesentlich kälter als in der Höhle", dachte sie. Newa nickte, war aber mit ihren Gedanken nicht bei der Sache. Sie machte sich Sorgen, weil ihr irgendetwas im Kopf herum ging, was sie nicht erfassen konnte.

„Hm, vielleicht sollten wir noch einige von ihnen fangen," sagte sie. „Jetzt sind wir mal hier und noch später im Jahr, wenn der Schnee fällt, wird es nicht mehr gelingen hierher zu kommen. Und je mehr Ziegen wir haben, desto mehr werden übrigbleiben, die im nächsten Jahr Junge bekommen werden. Iso und Mora werden viel zu tun haben." Wasor nickte zustimmend.

„Ich denke genauso wie du," sagte er und schaute sie lange an. „Woher bist du so klug geworden, kleine Newa? Du bist so viel klüger als die anderen im Clan." Newa wurde ganz verlegen und sagte.

„Aber Klugheit ist nicht alles. Man muss mutig, stark, erfahren und klug sein. Ich bin nur klug und vielleicht ein bisschen mutig. Aber ich habe wenig Erfahrung und bin eine schwache Jojo. Wir alle brauchen den Clan und jeder im Clan trägt dazu bei, dass wir zusammen stärker sind als die wilden Tiere, als der Winter oder auch andere Clans. Das ist das Wichtigste überhaupt, dass wir zusammenhalten." Wasor nickte.

„Da hast du ganz recht, kleine, große Newa, es ist das allerwichtigste. Jeder gehört dazu." Plötzlich stutzte Newa. Ihr war auf einmal eingefallen, was ihr Kopfzerbrechen machte. Es war ein winziger Traumgedanke gewesen. Sie sprang auf und lief zu dem toten Leoparden, den Wasor und Tugor neben das Feuer gelegt hatten. Sie bückte sich und untersuchte das tote Tier. Das war es. Im Traum hatte sie das Gefühl gehabt, etwas stimme nicht mit dem Tier. Sie hatte nicht verstanden, warum der Leopard dermaßen wütend und angriffslustig gewesen war. Sie hätte erwartet, dass er sich zurückziehen würde, wenn es ihm nicht gelang seine Beute sofort zu erwischen. Dieser Leopard hatte aber alles daran gesetzt die Eindringlinge in seinem Gebiet zu töten. Er wollte sie nicht verjagen, sondern töten. Es musste einen Grund dafür geben und Newa hatte ihn gerade gefunden. Stolz richtete sie sich auf und winkte Wasor.

„Wasor, komm her, ich will dir etwas zeigen." Sie bückte sich und befühlte das Bauchfell des Tieres. Der Leopard hatte dicke Milchdrüsen. Er war also kein Leopard, sondern eine Leopardin. Und sie musste Junge haben, denn ihre Milchdrüsen waren voll. Newa drückte und es traten einige Tropfen Milch aus. Wasor staunte.

„Zum Glück sind Leoparden Einzelgänger sonst müssten wir jetzt mit einem Angriff des Männchens rechnen," sagte er. „Jetzt wird mir klar, warum sie uns so wütend angegriffen hat."

„Anscheinend hat sich Wasor ebenfalls seine Gedanken gemacht," dachte Newa. Tugor war inzwischen aufgewacht und kam zu ihnen ans Feuer. Er war beeindruckt von Newas Entdeckung.

„Vielleicht finden wir die Jungen," sagte er. Newa guckte ihn an.

„Sicher findet Schnee die Jungen," sagte sie schnippisch. Wasor lachte.

„Beruhigt euch, lasst uns den Tag planen," beruhigte er die beiden Jojos. Sie setzten sich an das kleine Feuer, nahmen etwas Nahrung zu sich und planten, wie sie die Ziegen fangen wollten. Im Wesentlichen, wollten sie es so ähnlich machen wie beim ersten Mal. Schnee sollte die Tiere zusammentreiben und die Menschen mussten aufpassen, dass sie nicht ausbrachen. Tugor hatte eine Idee.

„Wir könnten eine von den gefangenen Ziegen als eine Art Köder verwenden. Wenn sie alleine herumsteht und blökt, gehen die anderen vielleicht dort hin und wir können sie besser einkreisen." So machten sie es. Besser als beim ersten Mal hatte Schnee verstanden wohin er die Ziegen treiben sollte und Newa musste nicht so viel herumrennen. Der

Trick mit dem Köder funktionierte so gut, dass sie viel mehr Ziegen einfingen als beim ersten Mal. Newa versuchte sie zu zählen. Mehrmals probierte sie es. Es klappte nicht. Immer wenn sie für jeden Finger ihrer beiden Hände eine Ziege gezählt hatte waren noch mehr da. Es war ganz egal wo sie begann zu zählen.

„Tugor, komm mal her," rief sie. Tugor trabte zu ihr.

„Womit kann ich der Leopardentöterin helfen," fragte er spitz.

„Ich kann die Ziegen nicht zählen. Du musst mir helfen." Tugor lachte laut. Was war das? Die superkluge Newa, die immer alles besser wusste, konnte die Ziegen nicht zählen? Das war ein Spaß für Tugor.

„Ich zeige dir mal wie man das macht," sagte er stolz. Newa sagte nichts und wartete nur. Sie beobachtete, wie Tugors stolzes Gesicht beim Zählen immer länger wurde. Auch bei ihm reichten merkwürdigerweise die Finger nicht aus. Ratlos guckte er Newa an.

„Es klappt nicht," murmelte er enttäuscht.

„Wir nehmen unsere beiden Hände," sagte sie. Nochmal versuchten sie es. Endlich klappte es. Tugors beide Hände und Newas eine Hand und noch drei Ziegen hatten sie gefangen. Sie liefen zu Wasor, der die Seile sortierte und überlegte, wie er die Ziegen zusammenbinden sollte.

„Wie viele sind es," fragte er Tugor.

„Meine beiden Hände und Newas Hand und drei Ziegen sind es," antwortete Tugor. Wasors Blick zeigte Unverständnis.

„Hä....." sagte er. Tugor wiederholte es und dann zeigten die beiden Wasor ihre Hände.

„So kann man doch nicht zählen," schimpfte er und stand auf. Newa und Tugor guckten sich an und kicherten. Nach wenigen Minuten kam Wasor ratlos zurück. Auch ihm war es nicht gelungen, die Ziegen richtig abzuzählen. Newa dachte nach. Auf einmal hatte sie eine Idee. Sie nahm einen kleinen Holzstock, der neben ihr auf dem Boden lag und zog ihr Steinmesser aus dem Gürtel. Dann schnitzte sie an einem Ende für jede Hand, also für fünf Finger, eine große Kerbe in den Holzstock.

Dann drehte sie den Stock um und schnitzte am anderen Ende des Stockes drei kleine Kerben hinein.

„Schaut mal," rief sie. „Es ist ganz einfach. Drei Hände und drei Finger, so viele Ziegen haben wir gefangen. Und wenn morgen noch einmal welche gefangen werden, schnitzen wir sie einfach dazu. Dann brauchen wir nicht noch einmal alle zu zählen....." sie zögerte. „Und so viele Hände haben wir vielleicht auch gar nicht." Wasor und Tugor guckten blöde auf den Holzstock. Sie kapierten nicht was Newa da gemacht hatte. Wasor bekam einen ganz roten Kopf vor lauter Nachdenken und Tugor ließ sich den Rechentrick immer wieder erklären aber es war einfach zwecklos. Er kapierte es nicht.

„Wo willst du morgen reinschneiden?" fragte er immer wieder.

„Schau mal, wenn du sagst drei Hände und drei Finger und morgen kommen zwei Hände und ein Finger dazu........" Newa schaute ihn erwartungsvoll an. „.......dann sind das.......?" Tugor strengte sich mächtig an. Auf einmal freute er sich. Er strahlte.

„Dann sind das fünf Hände und vier Finger....? Stimmts???" Newa klatschte in die Hände.

„Du hast es geschafft Tugor," rief sie. „Prima. Dann sind es eine Hand Hände und vier Finger." Tugor hörte auf zu lachen. Das hatte er wieder nicht kapiert aber Newa ließ nicht mehr locker. Immer wieder übte sie mit Tugor. Sie schnitzten viele Holstücke voll und irgendwann hatte Tugor es richtig kapiert. Er steckte sich stolz einen Holzstab in den Gürtel und marschierte los und zählte die Ziegen noch einmal. Zufrieden kam er zurück und zeigte den Stab Wasor. Der guckte gar nicht hin.

„Hör mit dem Kram auf Tugor. Lass mich in Ruhe, ich kapiere eure komische Zählweise nicht. Weißt du was, du bist ab jetzt für die Ziegenherde zuständig. Zähle sie jeden Morgen, damit wir merken, wenn eine Ziege fehlt. Aber lass mich jetzt in Ruhe." Tugor zog ein wenig beleidigt davon aber er war auch stolz, dass er für die Ziegenherde verantwortlich war und dass er jetzt viel besser zählen konnte.

Sie beschlossen noch eine Nacht im Hochtal zu bleiben und am nächsten Tag ein letztes Mal auf Ziegenjagd zu gehen. Nachmittags streiften Tugor und Newa durch den Wald. Sie wollten die kleinen Leoparden finden. Schnee tollte um sie herum und freute sich, wenn Newa Stöcke warf, die er dann suchen musste. Es war friedlich und die Vögel zwitscherten.

„Keine Raubtiere in der Nähe," sagte Tugor. „Schnee wird gut auf uns aufpassen und uns warnen, wenn eines kommen sollte." Er hatte diesmal seine Wurfspeere dabei und immer wieder übte er mit ihnen. Newa war beeindruckt mit welcher Kraft und Genauigkeit Tugor bereits mit den Wurfspeeren umgehen konnte. Er würde einmal ein guter Jäger werden, so viel war sicher. Die Bäume waren etwas lichter geworden und sie konnten auf die Grasebene blicken, die den größten Teil des Hochtals ausmachte. Es war unglaublich zu sehen wie viele Tiere dort grasten. Sie konnten große Büffel sehen, die in einer Herde zusammenstanden. Antilopen, Rehe waren auf der Grasebene zu sehen. Und dann waren da noch diese merkwürdigen Tiere, die größer waren als Rehe aber kleiner als die Büffel. Pferde hatte Wasor sie genannt.

„Weißt du etwas über diese Tiere?" fragte Newa Tugor. Der nickte.

„Ja, das sind Pferde," sagte er. „Sie sind schwer zu jagen, da sie recht schnell und fast nie in Wäldern zu finden sind. Sie haben gute Ohren und Nasen. Deswegen ist es schwierig sie zu beschleichen und zu töten. Jag hat mir früher von ihnen erzählt. Sie leben in Herden in den großen Graslandschaften. Er hat sie früher gejagt." Sie beobachteten die Tiere noch eine Weile, dann gingen sie weiter.

Auf einmal kroch ihnen ein widerlicher Geruch in die Nase. Es war der Gestank eines verwesenden Tieres. Es musste ganz in der Nähe sein. Auch Schnee hatte es gerochen. Seine Ohren waren jetzt aufmerksam nach vorne gedreht. Das Interesse am Stöckchenspiel hatte er verloren. Langsam gingen sie weiter. Schnee wollte losrennen aber Newa hielt ihn zurück. Schließlich kamen sie an eine kleine Lichtung. Ein totes Pferd lag mitten auf der Lichtung. Sein Hals und sein Bauch waren aufgerissen. Teile seiner Beine fehlten.

„Die Leopardin," sagte Tugor leise. Newa nickte. Da erschrak sie. Sie hatte eine Bewegung wahrgenomen. Unter einem Baum stand ein kleines junges Pferd. Ein Fohlen. Mit ängstlichen Augen schaute es auf die beiden Menschen, die sich näherten. Ganz langsam, um das Pferd nicht zu verjagen, legte Tugor einen Wurfspeer in den Wurfarm ein und holte sehr langsam aus. Das Fohlen zitterte am ganzen Körper. Es wirkte völlig verängstigt und ausgehungert.

„Warte einen Moment," flüsterte Newa. „Wenn du es jetzt tötest, müssen wir das Fleisch zusätzlich mitnehmen. Wir können es hier oben gar nicht mehr aufessen. Wenn wir es hier lassen, liegt es tot herum und sein Geist wird uns verfolgen, denn wir haben es ohne Grund getötet." Tugor stutzte. Er dachte kurz nach. Newa hatte recht. Sein Vater und sein Großvater hatten ihm diese Regel immer wieder beigebracht. Man durfte nur Tiere töten, wenn man in Gefahr war oder wenn man sie essen wollte. Andernfalls kamen die Geister der Tiere immer wieder zu einem, bis man sie irgendwie versöhnt hatte. Das wollte Tugor nicht riskieren. Schnee begann zu knurren und bewegte sich langsam auf das Fohlen zu. Newa griff in sein Nackenfell und hielt ihn fest.

„Nein, Schnee, bleib hier," sagte sie. Tugor hatte sich gebückt und einige Büschel Gras ausgerissen. Ganz langsam näherte er sich dem Fohlen. Mit der anderen Hand öffnete er seine Wasserflasche. Dabei sprach er leise murmelnd auf das Fohlen ein. Schritt für Schritt kam er ihm immer näher, bis er direkt vor dem Tier stand. Behutsam hielt er ihm das Gras vor das Maul. Zögernd nahm das Fohlen einen Bissen und riss dann, als nichts passierte, das Gras aus Tugors Hand.

„Jo, Jo, Jo...." sagte er. Dann schüttete er Wasser in seine hohle Hand und hielt sie dem Fohlen unter die Schnauze. Sofort begann das Fohlen zu schlecken. Es musste sehr durstig sein. So stand Tugor eine Weile bei dem kleinen Pferd. Dann streichelte er dem Fohlen über den Kopf. Mit der anderen Hand wickelte er vorsichtig ein Bastseil, das er sich um den Bauch gebunden hatte, ab. Newa begriff sofort, dass er das Fohlen fangen wollte. Immer wieder gab er ihm frisches Gras und sprach die ganze Zeit mit ihm. Das Tier schien Vertrauen zu ihm zu fassen. Ganz spielerisch streichelte er wieder den Hals des Fohlens und legte ihm dabei das Seil über den Hals. Dann bückte er sich und riss noch einmal frisches Gras ab. Beim Aufstehen fasste er unter dem Hals durch und zog das Seil herum. Die Schlinge war fertig. Während er weiter mit dem Pferdchen sprach verknotete Tugor das Seil. Er hatte das Fohlen gefangen. Es schien so, als hätte es nichts gemerkt. Newa entspannte sich.

„Jetzt hast du ein Pferd gefangen," sagte sie zu Tugor. „Jetzt heißt du Pferdefänger." Tugor redete immer noch mit dem Pferdchen, kraulte ihm die Ohren und streichelte seine Nase. Das Tier war inzwischen ganz ruhig geworden. Nachdem Newa noch einige Minuten zugehört hatte, sagte sie genervt.

„Du kannst jetzt endlich aufhören." Tugor schreckte hoch.

„Was ist los," fragte er. „Ist etwas passiert? Ich war gerade ganz weit weg mit meinen Gedanken. Irgendwie habe ich mit einem Pferd gesprochen. Es hat zu mir gesagt, dass ich ihr Kind mitnehmen soll." Er guckte ganz verdattert. „Ich glaube der Geist der Mutter war gerade bei mir gewesen. Ich kann fühlen, dass es wirklich die Leopardin war, die die Mutter des Fohlens gerissen hat. Und ich kann fühlen, dass die Leopardin zwei kleine Junge hat. Das war vielleicht komisch." Tugor guckte Newa ganz irritiert an. Schnee, der die ganze Zeit regungslos im Gras gelegen hatte, sprang plötzlich auf und flitzte in den Wald. Nach wenigen Minuten hörten sie ihn laut bellen.

„Er hat bestimmt die Jungen gefunden," sagte Newa. Sie gingen in den Wald, um Schnee zu suchen. Tugor führte langsam das Fohlen. Wieder redete er mit ihm. Nach einiger Zeit hatten sie das Lager der Leopardin erreicht. Es befand sich an einer hohen Felswand. Dort hatte die Leopardin eine kleine Höhle gefunden und mit ihrem Nachwuchs gelebt. Newa guckte in die Höhle hinein. Zwei Leopardenjunge lagen auf dem Boden und bewegten sich nicht. Newa erschrak. Langsam krabbelte sie in die niedrige Höhle und berührte vorsichtig die Körper. Sie waren gestorben. Newa musste weinen. Das hatte sie nicht erwartet. Zu gerne hätte sie die beiden Jungen mitgenommen in ihre Höhle.

„Sie sind tot, Tugor," rief sie traurig. „Wir sind zu spät gekommen. Es ist so schlimm." Tugor hatte das Fohlen an einem Baum festgebunden und krabbelte zu ihr in die Höhle. Gemeinsam holten sie die beiden toten Leoparden aus der Höhle heraus.

„Ich wollte sie mitnehmen in unsere Höhle," sagte Newa zu ihm. Tugor schaute sie lange an. Dann meinte er.

„Das hätte nicht funktioniert. Stell dir mal vor, wir hätten irgendwann zwei ausgewachsene Leoparden in der Höhle gehabt. Dazu Alascha, Krikri, Mora und die anderen. Und die Ziegen. Wer hätte solch große Raubtiere ständig kontrollieren können? Es sind immerhin Raubtiere, Fleischfresser. Und es sind keine Rudeltiere. Vermutlich wären sie irgendwann für uns gefährlich geworden und wir hätten sie töten müssen. Oder sie wären weggelaufen. Ich glaube es ist besser so." Newa schniefte und nickte dann. Vermutlich hatte Tugor ganz recht. Sie hätten die beiden Leoparden nicht in der Höhle halten können. Sie wären früher oder später zu einem großen Problem geworden.

„Dann lass sie uns wenigstens würdig verabschieden. Schließlich sind wir für ihren Tod verantwortlich," sagte sie. „Kennst du den Gesang?" Tugor nickte. Er hatte schon einmal an einer Beerdigung teilgenommen. Sie begannen mit dem Ritual. Tugor stellte sich vor die beiden Leoparden und begann zu singen.

„Geh zum Geist Deiner Eltern und aller Leoparden,
Geh über die Erde, geh über die Wiesen,
geh über die Wälder, geh weiter und weiter.
Geh über die Erde, geh über die Wasser,
geh über die Wolken, geh weiter und weiter.
Geh über die Tiere, geh über die Menschen,

geh über die Geister, geh weiter und weiter.
Geh zum Geist Deiner Eltern und aller Leoparden,
Geh bis du angekommen bist beim Geist Deiner Eltern
und aller Leoparden. Geh weiter und weiter."

Newa hatte still zugehört. Während Tugor gesungen hatte, war sie drei Mal um die beiden Leoparden herum gegangen und hatte sie dann mit einigen Zweigen bedeckt. Zum Schluss standen sie beide still vor den Leoparden und schauten sie an. Dann war das Ritual beendet und die Geister der beiden Leoparden hatten ihren Frieden gefunden. Newa war zufrieden.

Wasor wartete ungeduldig auf sie, als sie endlich zurückkamen.

„Ich muss mich ganz alleine um diese blöden Ziegen kümmern," schimpfte er. „Das kann wirklich nicht die Aufgabe vom Anführer des Clans sein, findet ihr nicht auch? Was hast du da schon wieder mitgebracht, Newa?" Er deutete auf das Fohlen. Newa schluckte und sagte nichts. Wasor war anscheinend richtig sauer. Tugor ging zu ihm hin und redete mit ihm. Er erzählte ihm die ganze Geschichte, auch wie sie das Totenritual für die Leoparden abgehalten hatten. Wasor hörte ernst zu. Dann meinte er.

„Das habt ihr gut gemacht. Der Geist der kleinen Leoparden wird uns nicht strafen. Und das mit dem Pferd ist merkwürdig. Bist du sicher, dass der Geist der Mutter mit dir gesprochen hat?" Tugor nickte.

„Ich bin mir sicher. Sie hat mir gesagt, ich soll mich um ihr Kind kümmern. Und...." er zögerte einen Moment. „Ich habe sie ganz intensiv gespürt. Ich habe ihren Schmerz gespürt. Und deswegen muss ich das Fohlen mitnehmen in die Höhle. Ich kann gar nicht anders." Wasor nickte.

„Na, dann ist das eben so. Wir werden sehen. Jedenfalls werden wir morgen früh das Tal verlassen und zur Höhle zurück gehen. Ich glaube, wir haben genug Ziegen gefangen und auch genug erlebt."

Später saß Newa auf einer kleinen Anhöhe und schaute über das Tal. Schnee saß neben ihr und sie kraulte seinen Kopf. Immer noch war sie ganz traurig über den Tod der kleinen Leoparden. Die Natur war manchmal schrecklich und nicht zu verstehen. Warum ließen die Schutzgeister, die ja jedes Lebewesen besaß, das alles zu? Sie wusste es nicht und beschloss mit ihrem Großvater darüber zu sprechen, wenn sie wieder zuhause war. Sie freute sich auf die Höhle und ihre Bewohner. Sie war ihr Heim. Dort gehörte sie hin. Dann dachte sie an ihren Vater, der mit Gor in der großen Grasebene unterwegs war, um die Feuerjäger auszuspähen. Hoffentlich war ihnen nichts passiert.

Eine Frage kam ihr in den Sinn. Waren die Feuerjäger eigentlich alle böse und die Menschen im Clan waren alle gut? Irgendwie konnte das ja so ganz nicht stimmen. Kodar aus ihrem Clan war eigentlich auch eher böse, jedenfalls zu ihr. Zu seiner Familie war er nicht böse, da wollte er nur das Beste. Sie dachte an die Feuerjäger, wie sie durch das hohe Gras auf sie zugelaufen waren. Sie wollten ja nur ihre Jagdbeute zurückholen. Die Jäger des Clans hatten sie schließlich gestohlen. Das konnte Newa gut verstehen. Also waren in dieser Situation die Feuerjäger gut und die Jäger des Clans böse gewesen? Auf einmal war ihr alles zu verwirrend. Sie beschloss auch diese Frage mit Kato zu besprechen, wenn sie wieder zuhause war. Newa schaute noch eine Weile den Tieren im Hochtal zu. Als die Sonne langsam unterging, machte sie sich auf den Weg zum Lager.

Liebe/r junge/r Leser/in...

*In einigen der Höhlen in Süd-Frankreich und in Spanien finden sich unglaubliche **Höhlenmalereien**. Die meisten sind so um 10 000 bis 40 000 Jahre alt, passen also in die Zeit der modernen Menschen vor der Neusteinzeitlichen Revolution.*

Die Altamira-Höhle in Spanien wurde übrigens von einem Jäger entdeckt, dessen Hund sich in der Höhle versteckt hatte. Als die Höhle erforscht wurde, entdeckte ein kleines Kind die Malereien an der Höhlendecke, da es in der niedrigen Höhle die einzige war, die aufrecht stehen konnte und nach oben blickte. Die Erwachsenen rutschten auf dem Bauch und den Knien herum und konnten den Kopf nicht zur Decke drehen.

Es ist erstaunlich, wie gut einzelne Menschen damals bereits malen konnten. Nicht jeder konnte das, wie man an den Höhlenwänden sehen kann. Die Fähigkeit schön zu malen hat also gar nichts mit Wissen oder Intelligenz zu tun. In der Geschichte beginnt Gala damit die Höhle zu bemalen. So muss es in der Steinzeit auch gewesen sein. Die Menschen malten bereits mit ganz ähnlichen Farben, wie die Maler heute. Schwarz, Holzkohle aus dem Feuer, war sicher die erste Farbe. Die Menschen fanden aber auch bunte Steine (Lapislazuli) und gefärbte Erden (Ocker) und machten daraus Pulver. Diese Pulver nennt man Pigmente. Die Pulver wurden dann mit einer Flüssigkeit vermischt, sodass eine Art Brei entstand, mit dem man dann malen konnte. Die Flüssigkeit nennt man Bindemittel. (Wasser, Milch, Öl....) Auch mit Casein (Du erinnerst Dich sicher noch an den Quark...) als Bindemittel und verschiedenen Pigmenten kann man gut Farben herstellen.

Vielleicht hast Du in Deinem Farbenkasten ja schon die Farbe „Ocker" „gebrannte Siena" oder „Umbra" entdeckt. Dies sind Farben aus der Steinzeit. Ebenso fanden die Menschen Steine (Rötelstein), mit denen man direkt auf den Stein malen konnte wie mit Kreide. Auch die Kreide (Kalkstein) ist im Prinzip nichts anderes. Außerdem gibt es Farben, die aus Pflanzen (z.B. Johannisbeersaft, rote Beete-Saft...) gewonnen werden. Diese Farben werden aber weniger als Malfarben verwendet, sondern mehr als Färbemittel für Kleidung.

Die Rückkehr

Dichter Nebel lag am nächsten Morgen über der Landschaft und die Sonne war nicht zu sehen, obgleich sie bereits aufgegangen war. Erst nach einiger Zeit brach sie durch den Nebel und tauchte die Gegend in ein unwirkliches Zwielicht. Newa sah einen großen schwarzen Vogel bei dem Fohlen sitzen, das neben den Ziegen angebunden stand. Als sich Newa erhob, um dem Fohlen etwas Wasser zu bringen, flog er krächzend auf.

„War das der Geist des Pferdes?" fragte sich Newa. „Oder einfach nur ein Rabe....?" Sie würde darauf nie eine Antwort bekommen.

„Es kommt darauf an den Unterschied zu kennen zwischen dem, was man weiß und was man glaubt," dachte sie an die Worte Hadurs, die diese ihr einmal im Unterricht gesagt hatte. Newa entschloss sich zu glauben, dass der Geist des Pferdes einen Besuch bei dem Fohlen gemacht hatte und gab dem Tier Wasser. Sie aßen gemeinsam die letzten getrockneten Fleischstücke und jagten ein letztes Mal Ziegen. Dieses Mal fingen sie zwei Hände und drei Finger. Tugor zählte sie und schnitt stolz die Kerben in seinen Zählstock.

„Sechs Hände und ein Finger," verkündete er stolz das Ergebnis. Newa lachte und Wasor schüttelte verständnislos seinen Kopf. Dann machten sie sich auf den schwierigen Abstieg. Es war mühsam, die aneinander gebundenen Ziegen die Schlucht hinunter zu führen. Wasor und Newa mussten das zu zweit machen, da Tugor ganz damit beschäftigt war, das aufgeregte Fohlen zu führen. Wasor schimpfte die ganze Zeit vor sich hin aber er meckerte seinen Sohn nicht mehr an. Irgendwie hatte er akzeptiert, dass Tugor jetzt auch ein Haustier hatte. Nach mehreren Stunden hatten sie es irgendwann geschafft und kamen im Wald an. Sie machten eine kleine Pause. Wasor hatte auf einmal wieder gute Laune. Er war froh, dass auf dem Abstieg nichts passiert war.

„Ich bin zufrieden," sagte er. „Wir haben genug Ziegen. Es war eine gute Idee mit den Ziegen. Und es war eine gute Jagd." Er setzte sich und nahm einen Schluck aus seiner kleinen Flasche. „Jetzt haben wir es nicht mehr weit bis zu Höhle." Newa schaute die Schlucht hinauf. Auf einer Seite war ein großer Steinbrocken von der Felswand abgebrochen und hatte merkwürdiges Gestein freigelegt. Newa ging zu der Stelle und schaute sie sich genau an. Eine gelbbraune Linie und eine rötliche Linie zogen sich quer durch das Gestein. Newa kratzte mit ihrem Messer daran herum. Ein feines Pulver rieselte herab. Sie fing es mit ihrer Hand auf und leckte daran. E schmeckte nach nichts aber nachdem ihre Spucke das Pulver berührt hatte, wurde es zu einem gelblichen Brei. Das hatte sie nicht gewollt. Sie versuchte es abzuwischen aber das klappte nicht richtig und sie verteilte das Gemisch auf ihre beiden Hände.

„Na toll," dachte sie. „Jetzt habe ich eine, nein … zwei gelbe Klebehände." Sie drehte sich um und wollte wieder zurück zu Tugor und Wasor gehen, da rutschte sie aus. Mit dem Hintern landete sie auf dem Boden.

„Verdammter Mist," entfuhr es ihr. Zum Glück hatte sie sich nicht verletzt. Sie stand auf und drehte sich um. Da fiel ihr Blick auf einen Stein. Dort sah sie eine wundersame gelbe Hand. Es war ihr Handabdruck, den sie hinterlassen hatte, als sie sich beim Aufstehen abgestützt hatte.

„Gala……," dachte sie. „Das muss ich Gala mitbringen." Sie wusste wie gerne Gala malte und wie gut sie es konnte. Über eine Farbe zum Malen würde sie sich sehr freuen. Immer nur die schwarze Holzkohle war schon irgendwie langweilig. Schnell brach sie mit ihrem Messer einen kleinen Klumpen der gelben und der roten Streifen aus dem Stein und steckte sie in ihren Medizinbeutel. Sie brachen nach kurzer Rast wieder auf und erreichten nach einiger Zeit die Höhle.

Alle Höhlenbewohner standen vor der Höhle und winkten ihnen zu, als sie sich näherten. Mora kam auf sie zu gerannt und rief immer wieder.

„Newa, Newa bist du endlich wieder da? Hast du Ziegen dabei?" Endlich hatte sie ihre Schwester erreicht und umarmte sie. Auch Newa freute sich, Mora zu sehen. Sie gab ihr einen Kuss auf den Kopf aber Mora reagierte sauer.

„Aber Newa, du kannst mich doch nicht einfach so küssen. Ich bin doch kein Baby mehr." Newa lachte. Ihre kleine Schwester war einfach zu komisch. Inzwischen hatten sich alle begrüßt und bewunderten die vielen Ziegen. Der neue Pferch war inzwischen fertig geworden. Er hatte einen hohen festen Zaun mit einem Gatter, das man auf die Seite ziehen konnte. Mitten in dem Pferch stand eine große feste Holzhütte mit einem Dach. Kodar und Bandur waren mächtig stolz auf die Konstruktion und erklärten sie Wasor, der ziemlich beeindruckt war. Aber der Mittelpunkt der ganzen Aufregung war Tugor mit seinem Pferd. Iso, Gala und alle Frauen standen um ihn herum und streichelten das kleine Pferd. Newa guckte sich um. Sie suchte ihren Vater und Gor. Anscheinend waren sie noch nicht wieder von der Reise in das große Grasland zurück. Hoffentlich war ihnen nichts passiert. Die Ziegen wurden in den Pferch zu Wolke, Flecki und den anderen gebracht. Sie fühlten sich sofort wohl und begannen zu fressen. Auch Tugors Fohlen wurde in den Pferch gebracht. Zuerst stand es etwas verloren herum aber schließlich begann es ebenfalls zu fressen.

„Dann kann ja nichts mehr schief gehen," dachte Newa. Auf einmal hörte Newa einen lauten Schrei. Iso hatte das Fell der Leopardin entdeckt. Sofort liefen alle dort hin und betrachteten das Fell. Sie schauten Wasor ehrfurchtsvoll an aber der deutete wortlos auf Newa.

„Es gehört ihr, sie hat ihn getötet," sagte er. „Die Geschichte dazu erzähle ich euch allen später in der Höhle." Auf Newa hatte niemand mehr geachtet. Sie streichelte Schnee und verschwand in der Höhle. Auf einmal merkte sie, wie müde sie eigentlich war. Sie ging zu ihrem Lagerplatz und legte sich an das warme Feuer. Wie schön war es, endlich wieder zuhause zu sein, dachte sie noch, bevor sie in einen tiefen Schlaf fiel. So hörte sie nicht, wie Wasor und Tugor erzählten, was im Hochtal alles passiert war. Sie sah nicht, wie Wasor das große Leopardenfell in die Höhe hob und die Stelle zeigte, wo Newas Speer das Raubtier getroffen hatte. Als er berichtete, wie das Gift die Leopardin getötet hatte, bekam Hadur ganz große Augen und Andar fing an zu weinen, da sie sich die große Gefahr vor Augen führte, in der sie alle geschwebt hatten. Erst sehr spät an diesem Abend gingen alle schlafen. Aber es gab auch Sorgen, denn Javor und Gor waren immer noch nicht zurückgekehrt.

Am nächsten Morgen war Newa ausgeschlafen. Sie rannte hinaus und ging zu dem Ziegenpferch. Sie war erstaunt nicht die erste zu sein, die nach den Tieren schaute. Tugor war bereits dort und sprach mit seinem Pferd. Es war ganz zutraulich geworden und freute sich, dass Tugor es besucht hatte.

„Du musst ihm noch einen Namen geben," sagte Newa. „Erst wenn du ihm einen Namen gegeben hast, gehört es ganz dir."

„Ich habe schon darüber nachgedacht," sagte Tugor. „Ich wollte es Rana nennen. Irgendwie ist dieser Name seit einigen Tagen in meinem Kopf. Was meinst du dazu?" Newa nickte. Sie fand den Namen schön. Und man konnte ihn gut rufen.

„Ist es eigentlich ein Mädchen oder ein Junge?" fragte sie Tugor.

„Ich habe nachgesehen und auch Hadur schon gefragt," meinte er. „Es ist ein Mädchen." Er deutete zum Himmel hinauf.

„Es wird bald kalt werden und dann wird es Schnee geben. Wir sind gerade noch rechtzeitig zurückgekehrt bevor der Winter beginnt." Es stimmte. Heute morgen war es sehr kalt. In den wenigen Tagen, in denen sie unterwegs gewesen waren, hatte sich das Wetter deutlich geändert. Newa fiel etwas ein. Schnell rannte sie zurück in die Höhle.

„Ich muss mir warme Kleider machen," rief sie ihrer Mutter zu. „Meine Felle sind kaputt und zu dünn. Und den Umhang aus dem letzten Winter will ich nicht mehr haben. Erstens ist er zu klein und der ist für ein Kind. Jetzt bin ich eine Jojo." Sie stürzte sich auf die Felle, die neben dem Feuer lagen. Ahh....da war das Fell der Wildkatze. Daraus konnte man etwas machen. Viele der anderen Felle waren aber zu dünn. Ein Fell eines der Büffel, die sie auf der Jagd erlegt hatten lag da. Aber Andar nahm es weg.

„Das ist für Javor und mich," sagte sie. „Und für Mora. Die braucht auch warme Kleidung." Das hatte Newa sich anders vorgestellt. Sie hatte sich bereits einen Plan gemacht, wie sie eine richtige Jacke und Beinkleider machen wollte. Bereits vor einigen Wochen hatten Iso und sie sich unterhalten, dass sie an ihren Beinen immer so schnell froren, wenn es kalt wurde. So waren sie auf die Idee mit den Beinkleidern gekommen. Und jetzt sollte kein Fell für sie da sein.

„Du bist blöd," schimpfte sie mit ihrer Mutter. Aber Andar schaute sie nur böse an.

„Stell dich nicht so an. Wenn ich Wasor gestern richtig verstanden habe, wirst du bald in einem Leopardenfell herumlaufen." Newa schluckte. Das hatte sie in ihrem Wunsch, jetzt schnell Winterkleider zu machen, ganz vergessen.

„Das tut mir leid," stotterte sie. „Ich habe das ganz vergessen." Das Leopardenfell. Irgendwie wollte sie es gar nicht haben. Es erinnerte sie zu sehr an die beiden kleinen Leoparden, die gestorben waren, weil sie ihre Mutter getötet hatte. Und da war noch etwas. Jeder konnte sehen, dass sie die Leopardin getötet hatte. So wollte sie nicht gesehen werden, so besonders, so toll. Die Vorstellung war ihr auf einmal sehr unangenehm. Sie war traurig und wusste gar nicht mehr, was sie machen sollte.

Da fielen ihr die Farben ein, die sie für Gala mitgebracht hatte. Bei der Ankunft gestern war so ein Trubel gewesen, dass sie die Farben ganz vergessen hatte. Sie holte sie aus ihrem Beutel und lief zu Gala, die gerade aufgewacht war.

„Schau mal, was ich dir mitgebracht habe." Sie hielt ihrer Freundin die Farben hin. „Wenn du sie zerreibst, gibt es ein Pulver und zusammen mit Spucke gibt es eine dunkel-gelbe Malfarbe," erklärte sie ihr. „Das rote habe ich noch nicht probiert."

„Das ist ja toll," meinte Gala. „Ich habe immer nur die Holzkohle. Komm mal mit, ich zeige dir die Bilder. Danach probieren wir deine Farben aus." Gala nahm Newa mit in eine Ecke der Höhle, wo sie Bilder an die Wand gemalt hatte. Newa staunte. Büffel konnte man da sehen. Einer rannte mit einem Speer im Rücken davon. Dann hatte sie Schnee gemalt, wie Newa auf ihm ritt. Es gab die Wildkatze, einen Luchs, Rehe und Hirsche. Newa war ganz beeindruckt. So gut wollte sie auch gerne malen können aber das hatte sie bereits versucht. Gala war eindeutig die beste von allen. Da hatte sie eine Idee. Sie bröselte ein wenig von dem roten Farbstoff auf Galas Hand und spuckte hinein. Den entstehenden roten Brei verrieb sie in der Hand und drückte sie anschließend auf die Felswand mit den Bildern.

„Jetzt kann jeder sehen, welche Hand das gemalt hat," sagte sie als der rote Handabdruck zu sehen war. Gala freute sich. Sie umarmte Newa. Dann gingen sie zurück zu ihrem Feuerplatz. Auf einmal sauste Schnee an den beiden Mädchen vorbei und rannte aus der Höhle hinaus ins Freie. Sein lautes Bellen wurde schnell leiser, als er den Berg hinunter in Richtung der großen Grasebene lief. Newa und Gala rannten ebenfalls hinaus. Tugor stand auf einem hohen Stein und blickte angestrengt in die Ebene. Auf einmal begann er zu winken.

„Sie kommen zurück," rief er laut. „Sie kommen zurück, schnell kommt alle heraus. Javor und Gor sind wieder da." Nach und nach kamen alle aus der Höhle heraus, um die Ankunft der beiden Jäger zu sehen. Die Freude darüber wich aber einer merkwürdigen Stille, als sich die beiden Jäger der Höhle näherten und sie besser zu erkennen waren. Sie waren nicht allein. Wer war bei ihnen? Was war passiert? So wurde es ein recht stiller Empfang, den Javor und Gor hatten, als sie endlich an der Höhle angekommen waren.

Alle schauten die junge Frau und den kleinen Jungen misstrauisch an. Wasor blickte böse auf die beiden und winkte Javor und Gor in die Höhle. Auch die anderen Erwachsenen gingen in die Höhle nur die Jojos blieben vor der Höhle und beobachteten die Frau und ihren Sohn, die sich furchtsam auf einen Felsen nahe des Ziegenpferches gesetzt hatten und wortlos in die Gegend starrten. Bra traute sich als erster das Schweigen zu brechen. Er ging zu den beiden und bot ihnen Wasser aus seiner Flasche an. Die Frau schaute ihn erstaunt an aber der kleine Junge nahm dankbar einige Schlucke. Jetzt ging auch Iso zu den Neuankömmlingen und brachte ihnen etwas frisch gebratenes Fleisch. Alle konnten sehen, wie hungrig die beiden waren. Als sie sich bedankten, begann ein Gespräch. Nach kurzer Zeit saßen alle Jojos bei der Frau und ihrem Sohn und ließen sich die Geschichte erzählen, wie Javor und Gor sie gefunden hatten. In der Höhle hörten Wasor und die anderen Gor und Javor zu, wie sie die gleiche Geschichte berichteten. Am Ende war Javor aufgestanden und hatte gesagt, dass die Frau an seinem Feuer leben könnte, wenn der große Rat es so bestimmte. Wasor war nicht zufrieden.

„Wie hast du das machen können, Javor? Jetzt ist sie bei uns und wir müssen uns um sie und ihren Sohn kümmern. Wir können sie ja jetzt schlecht zurück in die Wildnis schicken. Du hättest sie dort lassen sollen. Sie ist eine von den Feuerjägern. Sie ist gefährlich."

„Wenn ich sie dort gelassen hätte, wären Gor und ich mit Schuld am Tod der beiden gewesen. Ihre Geister hätten uns verfolgt," antwortete Javor. „Das konnten wir nicht machen. Oder sieht das jemand anders?" Alle schüttelten den Kopf.

„Und sie hat uns geholfen," erklärte Gor. „Sie kann schneller Feuer machen als wir alle zusammen." Später am Abend gab es einen großen Rat, in dem beschlossen wurde, dass die junge Frau und ihr kleiner Sohn in der Höhle beim Clan bleiben durften. Bis auf Kodar und Kisa waren alle dafür gewesen. Andar war mürrisch, als sich Uda und Morg an ihr Feuer setzten. Alle mussten ein bisschen zusammenrücken und schauten sich aufmerksam an. Was würde passieren? Wie würde jetzt alles funktionieren? Dadurch, dass auch Hadur an Javors Feuer lebte, musste er als Jäger die meisten Menschen ernähren. Nur Mora freute sich.

„Endlich habe ich wieder jemand mit dem ich spielen kann. Newa ist ja eine Jojo und nicht mehr für mich da. Willst du mit mir kommen und meine Ziegen sehen?" fragte sie Morg ganz unbekümmert. Morg schaute seine Mutter an, die unsicher am Feuer saß. Aber Mora ließ nicht locker.

„Komm jetzt mit mir oder willst du hier sitzen bleiben bis du festgewachsen bist?" Da seine Mutter nicht reagierte, sprang Morg auf und lief Mora, die bereits auf dem Weg zu den Ziegen war, hinterher. Auch Schnee sprang auf und rannte schwanzwedelnd hinter den Kindern her.

„Huch....." dachte Newa. „Was mache ich hier eigentlich noch?" Sie wollte ebenfalls aufstehen aber Andar bremste sie.

„Halt, du wolltest gestern anfangen warme Kleider für dich zu nähen," sagte sie. „Was ist damit? Hast du das Leopardenfell schon von Wasor geholt?" Newa ärgerte sich. Dass sie das vergessen hatte! Die Sache mit dem Leopardenfell. Sie hatte noch keine Lösung gefunden für ihr Problem. Wie sollte sie sich warme Kleidung machen, wenn sie das Fell nicht benutzen wollte?

„Jaaaa....." sagte sie widerwillig. „Ich geh ja schon." Als sie zu Wasor ging, merkte sie, wie Uda sie neugierig beobachtete.

„Auch das noch," dachte sie. Als sie wieder zurückkam, saß Uda ganz alleine am Feuer. Andar war zu Kolgi gegangen und redete aufgeregt mit ihr.

„Vermutlich reden sie über die Neuen...." dachte Newa und setzte sich hin. Lustlos und ratlos fummelte sie mit dem Fell herum.

„Ein wunderbares Fell," sagte die junge Frau auf einmal. „Wie kommt es, dass du so ein wertvolles Fell besitzt? Wer hat es dir geschenkt?" Newa druckste herum und wollte erst nicht antworten aber dann erzählte sie Uda die Geschichte, wie sie die Leopardin getötet hatte. Und dann erzählte sie ihr auch, wie sie die beiden toten Leopardenjungen gefunden hatten und wie schlimm das alles für sie gewesen war und dass sie sich keine Kleidung aus dem Leopardenfell machen wollte. Als sie endlich fertig war, merkte sie, wie Uda sie verständnisvoll anschaute.

„Ich habe eine Idee," meinte sie. „Nimm doch einfach dein Schlaffell und mache Kleider daraus. Das Leopardenfell nimmst du dann zum Schlafen." Newa blieb der Mund offenstehen. Darauf war sie nicht selbst gekommen?.....so einfach....?

„Danke, Uda," sagte sie. „Das ist wirklich eine gute Idee. Das gefällt mir." Sie holte ihre Schlafdecke. Es war ein altes, weiches, dickes Büffelfell, schwarz und braun, nicht auffällig und sehr warm. Sie freute sich. Gleich wollte sie anfangen und das Fell mit ihrem Messer zuschneiden. Aber Uda bremste sie.

„Hm... Wenn ich dir helfen darf..." stotterte sie. „Ich weiß nicht ...aber.... ich kann sehr gut Felle verarbeiten ... hast du denn Erfahrung damit?" Newa schüttelte den Kopf und wurde neugierig. Hatte nicht Javor gesagt, man könne von der Frau etwas lernen?

„Ja, bitte hilf mir," sagte sie. Udas Gesicht verzog sich zu einem freudigen Lächeln.

„Das mache ich. Komm stell dich hin." Uda nahm sich Newas Messer und schnitt zuerst einige schmale Fellstreifen zurecht. Mit diesen Streifen begann sie Newas Arme, Beine, Bauch- und Brustumfang, ja, einfach alles an ihr zu messen. Die einzelnen Streifen legte sie in einer bestimmten Reihenfolge zurecht. Dann legte sie das große Büffelfell auf den Boden und begann einige Streifen auf das Fell zu legen. Mit dem Messer ritzte sie dann Linien auf das Fell.

„Zuerst die Jacke," sagte sie. „Leg dich mal drauf, damit wir sehen, ob wir einen Fehler gemacht haben." Newa legte sich auf die Zeichnung. Es schien alles zu passen. Uda schnitt die Zeichnung aus dem Fell aus. Wieder musste Newa sich hinstellen und jetzt wurde das Fell um ihre Arme und ihren Körper herumgewickelt. Es schien gut zu passen. „Danke," sagte sie. „Jetzt machen wir die Löcher." Gerade wollte sie mit dem Messer die Löcher für die Fellstreifen machen, womit die Ärmel zusammengebunden werden konnten, da wurde sie schon wieder von Uda gebremst.

„Was machst du da?" fragte sie. „Hast du keine Nähspitze?" Entgeistert blickte Newa Uda an. Was meinte sie damit?

„Ich meine Knochenspitzen für die Sehnen....." Sie zeigte auf ihre Felljacke. Erst jetzt bemerkte Newa, wie sauber und eng die Ärmel ihrer Jacke zusammengenäht waren. Mit feinen Sehnennähten. Sie verstand was Uda meinte. Schnell lief sie zu Hadur.

„Hadur, kannst du mir ein paar von deinen Knochenspitzen geben? Uda braucht sie." Hadur guckte sie verständnislos an, gab ihr aber die Spitzen. Uda hatte inzwischen einige Sehnen gefunden, die Andar zum Trocknen aufgehängt hatte. Als sie die Spitzen sah, lächelte sie Newa an.

„Es fehlt etwas.....an den Spitzen....weißt du was?....." Newa guckte sich die Spitzen genau an. Was meinte Uda wohl? Sie dachte angestrengt nach.

„Spitze, Sehne, kleine Löcher im Fell ... kleine Löcher ... im Fell ... für die Sehne ... kleine Löcher in der Spitze ..." Sie hatte es gefunden.

„In die Spitze muss ein Loch hinein," sagte sie zu Uda. Jetzt staunte Uda.

„Allerhand, dass du das so schnell herausgefunden hast. Aber du hast recht. Ich zeige dir wie das geht....." Jetzt war Newa wirklich gespannt. In eine kleine Knochenspitze ein noch kleineres Loch zu machen, damit die Sehne durch das Fell gezogen werden konnte? Wie sollte das gehen? Uda holte aus einer Tasche ihrer Jacke einen kleinen gebogenen Stein heraus, der an einer Seite einen sehr scharfen Dorn hatte. Newa musste die Knochenspitze festhalten und Uda bohrte ganz vorsichtig in das breite Ende der Spitze ein kleines Loch. Es dauerte einige Zeit bis sie das geschafft hatte, denn sie mussten genau aufpassen, dass der Knochen nicht splitterte. Aber schließlich war es so weit. Die Nähspitze war fertig. Stolz betrachteten die beiden ihr gemeinsames Werk. Uda fädelte eine Sehne durch das Loch und begann Newas Jacke zusammenzunähen. Newa konnte sehen, wie geschickt und geübt Uda war. Nach kurzer Zeit war die Jacke fertig. Nur der Verschluss am Bauch fehlte noch. Uda befestigte auf der einen Seite mehrere Lederschlaufen und an der anderen Seite kurze Knochenstücke an der Jacke, die man durch die Schlaufen stecken konnte. Dieser Verschluss war viel praktischer als der mit Lederstreifen zum Knoten, den sie bisher verwendet hatten. Sie zog die Jacke über und ging stolz zu Andar, die immer noch bei Kolgi saß.

„Was hast du gemacht?" fragte diese. „Was ist mit dem Leopardenfell?" Newa war sauer. Sah ihre Mutter gar nicht, wie gut ihre Jacke verarbeitet war? Erst als Newa ihr alles erklärt hatte, verstand Andar. Sie untersuchte die Jacke ganz genau und zeigte sie allen Frauen des Clans. Es dauerte nicht lange, da standen alle Frauen am Feuer Javors und schauten Uda zu, die Newas Hose mit der Knochen-Nadel zusammennähte. Schnell kamen die ersten Fragen an Uda und immer lauter wurde es, als alle durcheinander plapperten, sich hinsetzten und sich von Uda alle Tricks erklären ließen.

Newa wurde es irgendwann zu laut und sie verließ die Höhle. Draußen war es richtig kalt geworden. Sie blickte zum Himmel hinauf. Er war ganz grau und in der Ferne hingen dunkle Wolken.

„Es wird Winter," dachte sie. „Wann wohl der erste Schnee kommt? Er kam in der nächsten Nacht.

Liebe/r junge/r Leser/in...

*Dich interessiert bestimmt auch, was vor dem ersten Auftreten der Menschen gewesen ist. Und bestimmt hast Du schon mal von den **Dinosauriern** gehört. Diese Tiere existierten lange vor den Menschen. Und wenn Du denkst, dass die Menschen allen anderen Lebewesen überlegen sind, könnte es sein, dass Du Dich irrst. Wir existieren schließlich erst seit etwa 3 Millionen Jahren.*

Das finden wir eine lange Zeit, aber die Dinosaurier lebten länger als 150 Millionen Jahre auf der Erde. Vor etwa 66 Millionen Jahren sind die Dinosaurier ausgestorben. Es ist aber nicht so, dass die Saurierarten, die es ganz am Anfang, also vor 200 Millionen Jahren, gab, auch zur Zeit des Aussterbens noch existierten. Es war bei ihnen genauso wie bei den Menschen. Neandertaler existieren ja auch nicht mehr. Aber immerhin ist damals eine ganze, bis zu diesem Zeitpunkt sehr erfolgreiche Tierart, komplett ausgestorben.

*Die Ursache war - wie sollte es anders sein - mal wieder ein **Klimawandel** gewesen. Vermutlich war dieser Klimawandel durch einen Meteoriteneinschlag ausgelöst worden. Den Krater, der dazu gehört, hat man in Mexiko gefunden. Dadurch, dass die Sonnenstrahlen durch den Staub in der Luft die Erde nicht mehr so gut erreichten, wurde es für viele tausend Jahre dunkler und wesentlich kälter. Deswegen starben damals die allermeisten Pflanzen- und Tierarten aus.*

Auch heute befinden wir uns in einer Zeit des Klimawandels. Aber diesmal ist es so, dass es immer wärmer wird auf der Erde, was aber ähnlich schlimm ist. Der heutige Klimawandel geschieht langsam aber er nimmt ständig an Geschwindigkeit zu. Da die Menschen durch die Wissenschaft inzwischen wissen, welche unglaublichen Auswirkungen das Klima auf unser Leben haben kann, sind wir alle besorgt und versuchen diesen Klimawandel zu stoppen. Hoffentlich gelingt es uns.

Es ist nicht so einfach, denn die Versorgung mit Nahrung, die während der ganzen Geschichte über Newa die wichtigste Rolle gespielt hat, muss für alle Menschen gesichert bleiben. Die Lösung des Problems erfordert unsere gemeinsamen Anstrengungen. Wir leben heute nicht mehr in kleinen Gruppen in Höhlen sondern in einem die ganze Welt umspannenden System. Eins hängt vom anderen ab. Jeder Eingriff in dieses System hat Auswirkungen auf die Gesamtheit.

Der Frühling kommt

Der Schneesturm tobte mehrere Tage und danach lag vor der Höhle eine große Schneewehe. Die ganze Gegend war unter einer dicken Schneedecke verschwunden. Nur mit Mühe konnten die Menschen danach die Höhle verlassen. Zuerst mussten große Schneemassen weggeräumt werden, um überhaupt aus der Höhle hinaussehen zu können. Newa machte sich Sorgen um die Ziegen und das Fohlen. Auch die anderen Jojos waren unruhig. Wenn der Schneesturm alle Tiere getötet hätte? Dann wäre der ganze Plan umsonst gewesen. Dann wäre die Versorgung des Clans im Winter nicht gesichert. Eine schlimme Vorstellung. Endlich hatten sie es geschafft und hatten den Schnee weggeräumt.

Die Jojos zogen sich ihre Schneeschuhe an. Das waren kleine, breite, aus dünnen Weidenzweigen geflochtene und mit Fell verstärkte Matten mit einem festen Rahmen, die man sich an die Füße binden konnte. Man konnte mit diesen Schuhen zwar nur sehr langsam gehen aber da sie so breit waren, sank man im Schnee nicht ein. Alle waren froh, dass es diese Schuhe gab.

Kodars Mutter Krom hatte sie vor vielen Jahren, als sie noch jung war, erfunden. Sie war auf die Idee gekommen, als sie in einem schlimmen Winter einmal Holz holen musste und sich lange durch den tiefen Schnee gequält hatte. Als sie das Holz zurück zur Höhle brachte, war sie gestürzt. Das gesamte Holz war im Schnee versunken, nur ein großer Ast, an dem noch alle Zweige waren, lag auf dem Schnee und war nicht versunken. Er lag so sicher auf dem Schnee, dass sich Krom sogar darauf abstützen konnte, als sie aufstand. Das hatte ihr zu denken gegeben. Als sie zurück in der Höhle war, hatte sie von ihrer Mutter den Auftrag erhalten, einen Korb zu flechten und dabei kam ihr die Idee, einmal auszuprobieren, ob der Korb ebenfalls auf dem Schnee liegenbleiben würde. Das Ergebnis war damals eindeutig gewesen und es hatte nicht lange gedauert, da hatte sie für sich ein paar Schneeschuhe gebaut. Alle hatten sie damals ausgelacht als sie sich ihre komischen Schuhe an die Füße gebunden hatte. Aber als sie das nächste Mal Holz holen ging, lachte niemand mehr.

Newa musste an diese Geschichte denken, als sie ihre Schuhe festzog. Es gab immer wieder gute Ideen. Man musste nur immer wieder nachdenken. Als die Jojos den Ziegenpferch erreichten, staunten sie nicht schlecht. Die Ziegen waren alle wohlauf und hatten bereits den meisten Schnee vor der Hütte platt getreten. An einigen Stellen hatten sie ihn weg gescharrt, um an die darunter liegenden Pflanzen zu kommen. Tugor ging in die Hütte hinein und kam mit Rana wieder heraus. Das Pferd wieherte laut, als es aus der Hütte kam und die Jojos sah. Alle Tiere hatten überlebt. Glücklich gingen die Jojos zurück in die Höhle, um den anderen zu berichten. Die Angst, die alle Menschen in der Höhle während des Schneesturms befallen hatte, löste sich in eine große Freude und viel Gelächter auf. Die Versorgung des Clans war gesichert.

Der Winter war langweilig. Zumindest fand das Newa. Sie konnte die Höhle nicht verlassen, um mit Schnee in der Gegend herumzustreifen. Nur zur Versorgung der Ziegen und zum Holz holen konnten sie nach draußen gehen.

„Wir müssen im Winter immer auf Raubtiere gefasst sein, die in unsere Nähe kommen. Sie sind im Schnee immer schneller als wir, selbst wenn wir Schneeschuhe tragen," hatte Wasor gesagt. Und daran musste sie immer denken. Es hatte keinen Zweck sich aufzuregen. Manchmal stand Newa vor der Höhle und beobachtete die Gegend. Die weite Grasebene war jetzt ganz weiß. Wenn man genau hinschaute konnte man manchmal Tiere sehen, die sich dort bewegten.

„Mammuts und Büffel," hatte Jag ihr erklärt, als sie ihn gefragt hatte. „Aber auch Rentiere, Pferde und andere. Es sind die großen Herden, die sich jetzt bewegen und die immer die Raubtiere hinter sich herziehen. Immer geht es um Fressen und gefressen werden, kleine Newa. Immer das gleiche."

Eines Tages wollte Gala ein Bild an die Höhlenwand malen. Sie suchte ihre Farben. Als sie ihre kleine Schwester Krikri am Feuer sitzen sah, erschrak sie. Krikri hatte einen gelben Mund und lachte.

„Was hast du gemacht...?" schrie sie. „Hadur, komm schnell,.... Krikri hat meine Farbe gegessen." Hadur und Newa, die gerade wieder Unterricht hatte, rannten an Kodars Feuer und schauten Krikri an. Sie machte einen gesunden Eindruck aber ihr ganzer Mund war voll mit Galas gelber Farbe und Quark. Newa schaute sich die Bescherung an. Anscheinend hatte Krikri das gelbe Pulver in den frischen Quark gekippt und gleich eine Ladung davon gegessen.

„Der gute Quark," fing Kisa sofort an zu schimpfen. „Wenn Kodar das erfährt. Dann kannst du deine blöden Farben alle wegwerfen und deinen anderen Kram ebenfalls." Gala guckte betreten. Sie nahm den Topf mit dem Quark und der Farbe. Weder die Farbe noch der Quark waren noch zu retten. Sie nahm einen kleinen Stock und rührte den Quark um. Nach kurzer Zeit hatte sie eine gelbe weiche Masse in der kleinen Tonschüssel.

„Komm," sagte Newa zu ihr. „Es ist sowieso zu spät. Lass uns etwas malen." Gemeinsam gingen sie zu Galas Malwand. Newa staunte. Die Wand hatte sich total verändert. Wo vorher nur schwarze Striche gewesen waren, gab es jetzt leuchtende Farben, gelb und rot. Ein Büffel hatte sogar ein braunes Fell bekommen.

„Ich habe die Farben gemischt," erklärte Gala als Newa sie danach gefragt und wissen wollte wie sie das gemacht hatte. Sie begann das Gemisch aus Quark und dem gelben Pulver auf die Wand zu malen und war erstaunt.

„Es geht viel besser als mit einfachem Wasser," sagte sie. „Schau mal, die Farbe ist viel intensiver. Und sie lässt sich viel besser malen." Newa nahm auch ein Stöckchen und malte mit dem Quarkgemisch auf die

Felswand. Es machte richtig Spaß. Sie machten auch wieder Handabdrücke unter ihre Kunstwerke. Newa bemühte sich sehr, auch so schön zu malen, wie Gala es konnte. Aber es gelang ihr nicht. Ärgerlich wischte sie ein kleines Reh, das sie gemalt hatte und das ihr nicht gefiel, mit einem Fellstückchen weg und verschmierte es dabei.

„Pass auf," rief Gala aufgeregt. „Nimm viel Wasser dazu, dann geht es besser ab." Aber Newa hatte etwas anderes bemerkt. Sie bohrte ihren Finger in das Fellstück und tunkte es in den Quark. Dann malte sie einen dicken, satten Strich auf die Wand.

„Schau mal Gala, so kannst du einen ganz dicken Strich malen. Und so kannst du auch die Flächen besser ausmalen." Gala schaute sich Newas Technik an und probierte es sofort aus. Sie war begeistert. Auf einmal wurde es viel leichter mit dem Malen. Das war doch viel besser als die dünnen Striche, die mit den Stöckchen möglich waren, die sie bisher benutzt hatte. Jetzt wickelte Gala ein Fellstück um eines der Stöckchen und begann damit zu experimentieren. Nach kurzer Zeit war sie ganz versunken in ihre Malerei und nahm von Newa gar keine Notiz mehr.

„Ob ihr die Geister diese Bilder eingeben?" dachte Newa. Es war erstaunlich, wie Gala die Unregelmäßigkeit der Felswand in ihre Malerei einbaute. Der Schulterhöcker eines Büffels kam durch einen Felsvorsprung noch besser zur Geltung und mit der Farbe, die Gala gerade auftrug, sprang er einem geradezu ins Auge. Sie schaute Gala noch einige Zeit beim Malen zu und verließ dann die Höhle. Es war sehr kalt geworden nach dem Schneesturm, aber die Sonne schien von einem blauen Himmel herunter. Winzige Eiskristalle schwebten in der Luft und glitzerten in der Sonne. Sie war froh, dass Uda ihr geholfen hatte, warme Kleider und Stiefel zu nähen. Newa hatte das warme Fell nach innen gedreht und musste trotz der Kälte nicht frieren. Mora und Morg flitzten an ihr vorbei und tobten im Schnee vor der Höhle. Man konnte sie gar nicht auseinanderhalten. Uda und Andar hatten beiden aus dem Fell der Wildkatze eine Jacke genäht und aus dem Rest von Newas Schlaffell Hosen. Deswegen sahen sie jetzt beinahe gleich aus. Newa freute sich, dass sich die beiden so gut verstanden. Kato war ebenfalls draußen und blickte über die weite Ebene.

„Hallo kleine Newa," sagte er, als sie sich zu ihm setzte. „Ich habe gehört, dass du das Leopardenfell nicht tragen willst und es als Schlafdecke benutzt. Willst du mir nicht erzählen warum du das tust?" Newa kuschelte sich an ihren Großvater und erzählte ihm die ganze Geschichte mit der Leopardin, dem Giftspeer und den kleinen Leoparden aus ihrer Sicht. Sie musste wieder weinen als sie fragte.

„Großvater, das ist doch nicht gerecht, dass die kleinen Leoparden sterben mussten. Es sterben auch kleine Kinder, wenn der Hunger kommt. Und die Feuerjäger, sie haben Uda und Morg ausgestoßen aus ihrem Clan damit sie sterben. Und sie haben gegen uns gekämpft und wollten uns töten. Sie sind böse. Warum lassen die Geister das zu? Sie sollen uns doch schützen. Aber manchmal sind auch sie böse." Kato streichelte über ihr Haar.

„Viele Fragen auf einmal. Ich habe dir schon einmal erzählt, dass wir alle in einem großen Kreislauf der Natur leben. Wir alle werden geboren und wir alle müssen sterben. Die Menschen glauben, dass wir alle irgendwann bei den Geistern unserer Vorfahren sind und es uns allen zusammen dort, wo wir dann sind, gut gehen wird. So gesehen ist der Tod nichts schlimmes und die kleinen Leoparden sind längst wieder bei ihrer Mutter. Außerdem haben die Geister dich, Wasor und Tugor beschützt, als die Leopardin angegriffen hat. Wir wissen nie warum die Geister etwas tun oder warum nicht. Wir vertrauen ihnen einfach, dass es irgendwie in Ordnung ist. Die Feuerjäger sind nicht alle böse. Du hast inzwischen die Feuerjägerin Uda und ihren Sohn kennengelernt. Sie sind nicht böse. Im Gegenteil. Morg ist ein prima Spielkamerad für Mora und Uda hilft uns allen sehr. Wir alle kämpfen um unser Überleben in dieser Welt und da geraten wir immer wieder mit anderen in Streit um Nahrung oder Lebensraum. Daran kann niemand etwas ändern." Newa schaute ihn mit großen Augen an. Sie fühlte sich durch die Worte ihres Großvaters endlich getröstet. Kato fuhr fort.

„Niemals gibt es Menschengruppen, die ohne einen Grund böse sind. Es gibt Gruppen, die andere Interessen haben als du oder dein Clan, wie zum Beispiel die Feuerjäger, das ist etwas anderes. Aber es gibt einzelne Menschen, die wirklich böse sind. Die können überall sein. Sie wollen anderen schaden und sind gefährlich. Man muss lernen, diese Menschen zu erkennen und sich vor ihnen hüten." Er schwieg einen Moment. „Da spielt häufig der Neid eine entscheidende Rolle und damit kommen wir zum Leopardenfell. Es war eine gute Entscheidung, die du getroffen hast, finde ich. Sie wird den Neid der anderen verhindern und das ist gut so. Warst du schon mal neidisch?" Newa nickte.

„Gerade vorhin," sagte sie. „Gala malt so wunderschöne Bilder. Das könnte ich auch gerne, aber es geht einfach nicht." Kato lächelte.

„Da siehst du es. Der Neid droht überall. Tugor ist der stärkste Jojo und besitzt ein Pferd, Newa ist die Leopardentöterin und hat Schnee, Bra kann die besten Speere bauen, Iso ist die beste Ziegenmama und Gala kann am schönsten malen. Jeder ist etwas besonders, kann etwas, was die anderen nicht können und ist gleichzeitig neidisch auf die anderen. Das ist unser Schicksal, wir müssen nur darauf achten, dass der Neid uns nicht böse macht. Denn das ist eine Besonderheit. Gute Menschen können böse werden und böse Menschen können gut werden. Tiere können das nicht so wie wir. Wir können uns immer entscheiden, wie wir sein wollen und was wir tun wollen. Und vor einer Entscheidung sollen wir immer nachdenken." Kato schaute lange in die Ferne. Er schien an etwas zu denken.

„Eine zweite Sache ist die Angst vor dem Fremden," sagte er dann auf einmal. „Erinnere dich mal, wie misstrauisch wir alle waren, als Javor Uda und Morg mitgebracht hat. Angst ist unser stärkstes Gefühl. Sie schützt uns, wenn Gefahr droht. Aber sie blockiert uns, wenn wir sie nicht besiegen und sie unser Leben bestimmt. Dann kann es dazu kommen, dass wir das, was wir nicht kennen, töten und zerstören wollen."

Sie schwiegen lange. Newa war nach dem Gespräch mit ihrem Großvater erleichtert und bedrückt gleichzeitig. Wie schwierig das doch alles war. Sie hing ihren Gedanken nach.

„Komm, lass uns ein Feuer machen, hier draußen," sagte Kato endlich. „Mir wird langsam kalt aber der Tag ist so schön, dass ich noch nicht in die Höhle zurück will." Newa stand auf und lief in die Höhle, um die Sachen zum Feuermachen zu holen. Sie hatte inzwischen von Uda die neue Technik gelernt und freute sich darauf, sie ihrem Großvater einmal zu zeigen. Als sie wieder nach draußen kam, hatte sich Jag zu Kato gesetzt und die beiden unterhielten sich. Newa sammelte ein wenig Holz von dem großen Vorratsstapel, der neben dem Räucherofen aufgestapelt war. Dann begann sie mit dem Feuermachen. Wie sie es von Uda gezeigt bekommen hatte, drehte sie die Sehne des Bogens ein Mal um den Drehstock herum und drückte den Holzstab auf das Brett in die dafür vorgesehene Kuhle. In die Kuhle legte sie ein wenig trockenes Gras. Dann bewegte sie den Bogen mehrere Male schnell hin und her. Der Stab drehte sich mit hoher Geschwindigkeit und rasch begann es auf dem Holzbrett zu qualmen und das Gras fing Feuer. Sie fügte kleine Zweige hinzu und nach kurzer Zeit brannte ein kleines Feuer. Sie blickte auf und schaute in zwei erstaunte Gesichter. Jag und Kato hatten ihre Unterhaltung unterbrochen und aufmerksam beobachtet, was Newa da gemacht hatte.

„Da staunt ihr," sagte Newa. „Das hat Uda uns beigebracht. Die Feuerjäger haben diese Technik entwickelt, um schnell Feuer machen zu können, wenn sie auf der Jagd sind." Jag streckte wortlos seine Hand nach dem Gerät aus. Newa reichte ihm den Bogen, den Stock und das Brett.

„Willst du es auch mal probieren," fragte sie. Aber Jag beachtete sie gar nicht. Er hantierte mit dem Bogen, dem Drehstab und dem Brett.

„Das ist ja ein interessantes Werkzeug," sagte er. „Das habe ich noch nie gesehen. Darf ich es einmal mitnehmen?" Newa nickte.

„Uda hat mir erzählt, dass die Feuerjäger damit die Sehnen, die sie aus den Tieren entfernen, zum Trocknen spannen," antwortete Newa. „Wir hängen sie ja auf und spannen sie mit einem Gewicht. Aber Feuerjäger sind ja oft unterwegs und da sind diese Bögen einfach praktischer, hat Uda gesagt." Jag hörte aufmerksam zu.

„Sie scheint ja ganz klug zu sein, diese Uda," sagte er und verschwand kurz danach in der Höhle. Newa saß noch eine ganze Weile zusammen mit Kato vor der Höhle. Irgendwann zogen Wolken auf und die Sonne wurde zuerst ganz rot und verschwommen und verschwand dann ganz.

„Es kommt wieder Schnee," sagte Kato. Dann gingen sie in die warme Höhle.

Der Winter war lang, kalt und es gab viel Schnee. Aber den Menschen im Clan ging es gut. Das erste Mal seit vielen Jahren hatten sie genug zu essen und keiner von ihnen wurde krank oder musste sterben. Irgendwann fiel Newa auf, dass ihre Mutter und Uda immer dicker wurden. Auch Kisa und Kolgi hatten einen Bauch bekommen. Eines Tages fragte sie Hadur während ihres Unterrichts danach.

„Na, denk mal nach, kleine Medizinfrau," antwortete Hadur. Newa hatte es bereits vermutet.

„Alle kriegen Babys, stimmts?" sagte sie. Hadur nickte.

„Ja, wenn der Frühling kommt, werden auch die Babys kommen. Auch die Ziegen werden wieder Babys bekommen. Iso hat es mir erzählt. Die meisten Ziegen, die nicht geschlachtet worden sind, haben dicke Bäuche." Newa freute sich. Die Ziegenherde würde weiter wachsen. Und der Clan ebenfalls. Es war das schönste, wenn Babys auf die Welt kamen. Dann waren immer alle ganz entspannt und freuten sich. Langsam wurden die Tage wieder länger und die Sonne bekam jeden Tag mehr Kraft. Der hohe Schnee fing langsam an zu schmelzen. Der Bach, an dem die Menschen ihr Wasser holten, wurde ein reißender Sturzbach und sein Rauschen war ständig zu hören.

Eines nachts hörten sie die Wölfe. Kodar hatte Wache gehabt. Am nächsten Morgen berichtete er allen.

„Vielleicht kommen sie, um die Ziegen zu holen," meinte er. „Wir müssen besonders gut aufpassen. Zum Glück ist den ganzen Winter über nichts passiert. Vermutlich war der Schnee einfach zu hoch gewesen. Aber jetzt könnten sie kommen." Newa beobachtete Schnee. Sie merkte, dass er unruhig wurde. Immer wieder hob er seinen Kopf als lausche er. Wenige Tage später, als Newa morgens aufwachte, war er verschwunden. Sie suchte ihn verzweifelt aber er war wieder weg.

„Schon wieder," dachte sie traurig. „Er sucht sein Weibchen. Und ich muss wieder Angst haben, ob er zurückkommt." Javor beruhigte sie und erinnerte sie an die Nacht im letzten Sommer, als sie von dem großen Wolf angegriffen worden waren.

„Er kommt ganz bestimmt zurück," sagte er. Er war sich ganz sicher. Trotzdem blieb eine Unruhe in Newa, die sie gar nicht richtig los werden konnte. Sie lief ständig in der Höhle herum und wusste nicht, was sie machen sollte. Beim Unterricht mit Hadur war sie nicht bei der Sache, so dass Hadur unzufrieden mit ihr war. Sie dachte ständig an Schnee. Eines Tages kam Bra zu ihr ans Feuer.

„Komm mit raus," rief er ihr zu. „Tugor hat die Jojos geholt und will heute auf Rana reiten. Das wird spannend." Newa wurde neugierig, Für einige Momente vergaß sie Schnee und rannte mit Bra aus der Höhle. Draußen standen die Jojos, Mora und Morg an dem Ziegenpferch und lachten immer wieder laut. Als Bra und Newa näher kamen sahen sie Tugor, der versuchte auf das inzwischen zu einem jungen Pferd herangewachsene Fohlen zu steigen. Das war lustig. Immer wieder versuchte er auf den Rücken des Pferdes zu kommen und immer wieder fiel er herunter. Das Pferd stand zuerst ganz ruhig da, wenn Tugor sich ihm näherte. Es war im Laufe des Winters richtig zutraulich geworden. Tugor sprach ruhig mit ihm, streichelte es und griff dann in seine Mähne. Dann schwang er sich mit seinem Bein auf den Rücken des Pferdes. Meistens rutschte er sofort auf der anderen Seite wieder hinunter. Aber immer häufiger schaffte er es auf dem Rücken sitzen zu bleiben. Immer wieder bockte Rana, so dass er in hohem Bogen auf den Boden fiel. Es war unglaublich lustig und alle mussten lachen. Endlich blieb er auf dem Rücken sitzen und Rana bockte nicht.

„Hmmmm....guuuuuut..." sagte er in Ranas Ohr. Das Pferd blieb immer noch ruhig stehen. Dann setzte es sich langsam in Bewegung. Nur wenige Schritte aber Tugor hatte Mühe sich auf seinem Rücken zu halten. Mit den Händen krallte er sich in die Mähne des Pferdes und presste seine Beine so fest zusammen wie er konnte.

„Juuhhhh...ich reite...." rief er. Alle Zuschauer klatschen und freuten sich, aber im nächsten Augenblick plumpste er schon wieder herunter, weil Rana einen kleinen Sprung gemacht hatte. Es war einfach zu lustig. Die Jojos riefen ihm aufmunternde Worte zu.

„Du schaffst das. Halte durch." Enttäuscht stand er auf und klopfte sich den Dreck ab.

„Ich kriege das schon noch hin," sagte er, während er sich Rana wieder näherte. „Das werde ich jetzt jeden Tag üben und bald kann ich richtig reiten. So wie Newa auf ihrem Wolf." Da wurde Newa wieder schmerzlich daran erinnert, dass ihr Wolf nicht mehr da war und sie rannte davon. Sie musste alleine sein. Hinter den Felsen legte sie sich auf den Rücken und starrte in die Luft. Einige Raubvögel zogen ihre Kreise.

„Die Raubvögel sind eigentlich immer da," dachte sie. „Wenn man so fliegen könnte. Was könnte man alles sehen. Bestimmt würde ich sehen wo sich Schnee befindet." Auf einmal sah sie einen der Vögel in einen Sturzflug gehen. Er hatte die Flügel angelegt und raste auf ein nicht sichtbares Ziel zu. Der Vogel verschwand. Nach einiger Zeit sah sie ihn wieder aufsteigen mit einer Beute in den Krallen. Anscheinend hatte er gut getroffen.

„Wie gut diese Vögel sehen können," dachte Newa. „Ein Luchs kann gut hören, Wölfe können gut riechen, Pferde können schnell rennen und Vögel können gut sehen. Was können eigentlich wir Menschen besonders gut?" Als sie darüber nachdachte und die Vögel weiter beobachtete, kam ein anderer Vogel auf den Vogel mit der Beute zu geschossen und griff ihn an. Dieser wich aus und es begann ein Kampf in der Luft um die Beute. Eine ganze Weile dauerte der Kampf und Newa beobachtete gespannt die Flugmanöver der beiden Vögel. Unglaublich welche schnellen Wendungen sie in der Luft machen konnten. Irgendwann hatte der Angreifer genug und flog davon.

Die Tage gingen ins Land und es wurde immer wärmer. Der Schnee verschwand völlig und die Blätter wurden grün. Das Gras begann wieder zu wachsen und bald wollten die Männer das erste Mal auf die Jagd gehen. Wasor und Javor hatten bereits mit der Planung begonnen. Normalerweise hätte Newa sich gefreut aber dieses Jahr war es anders. Schon so viele Tage war Schnee verschwunden, viel länger als im Sommer. Sie glaubte inzwischen nicht mehr daran, dass er zurückkommen würde. Bald hatte sie auch wieder Geburtstag und sie dachte daran, was vor einem Jahr passiert war und wie glücklich sie gewesen war, als sie endlich eine Jojo werden durfte. An diesem Tag hatte sie ihren Schnee gefunden. Es war so ein schöner Tag gewesen.

In diesem Jahr würde Tugor seinen wichtigsten Tag erleben. Er würde ein Jäger werden und dürfte dann ein Feuer gründen. Auch dieses Fest würde mit einem großen Ritual begangen werden. Tugor war schon sehr aufgeregt. Aber Newa interessierte das alles gar nicht. Jeden Abend saß sie vor der Höhle, schaute über die große Grasebene und wünschte sich, dass Schnee zurückkäme. Jeden Abend hörte sie das Geheul der Wölfe, die aber niemals näherkamen. Anscheinend hatten sie genug zu fressen und kein Interesse an den Ziegen.

„Ich sollte mir Sorgen machen wegen der Wölfe," dachte sie dann. „Aber ich mache mir Sorgen, dass die Wölfe eines Tages nicht mehr heulen. Wenn dieser Tag kommt, sind sie weitergezogen und Schnee ist endgültig weg." Als sie einige Tage danach zusammen mit Gala und zwei der Ziegen an den Bach ging, um Wasser zu holen, entdeckten sie am Rand des Pfades, den sie immer gingen, dass dort ganz junge Gerstentriebe gewachsen waren. Gala wies Newa, die in Gedanken versunken den Weg entlang ging, darauf hin.

„Schau mal," sagte sie. „Hier müssen wir Gerstenkörner verloren haben, als wir im letzten Jahr die Gerste vom See geholt hatten. Sie sind aufgegangen. Demnächst müssen wir nicht mehr ganz so weit laufen, um Gerste zu finden." Sie lachte. „Vielleicht säen wir sie das nächste Mal direkt vor der Höhle aus. Dann müssen wir gar nicht mehr laufen."

„Gute Idee," sagte Newa. „Das musst du mal Hadur und Wasor vorschlagen. Ich könnte mir denken, dass sie das gut finden." Sie gingen weiter und erreichten den Bach und etwas später den kleinen See. Kurz überlegten die beiden Mädchen, ob sie einmal ins Wasser gehen sollten. Gala hielt ihren Fuß ins Wasser.

„Uhhhh....." rief sie. „Das ist vielleicht noch kalt. Wenn wir da rein gehen, erfrieren wir." Dann schlug sie mit ihrer Hand aufs Wasser und spritzte Newa nass. Newa spritzte zurück und bald waren sie mitten in der tollsten Wasserschlacht.

Auf einmal stutzte Newa. Irgendetwas stimmte nicht. Es war plötzlich ganz still geworden. Die beiden Ziegen standen dicht aneinander gedrängt an einem Baum und zitterten. Newa wusste, was das bedeutete. Gefahr drohte. Sie schluckte.

„An dieser Stelle war noch nie ein Raubtier gewesen," dachte sie. „Hier ist es doch immer sicher." Sie schubste Gala an, die noch nichts gemerkt hatte und deutete auf einen Baum. Gerade wollten sie loslaufen, da stand ein Wolf vor ihnen und schnitt ihnen den Weg ab. Er starrte sie mit glühenden Augen an und knurrte. Wie aus dem Nichts war er aufgetaucht. Gala stieß einen spitzen Schrei aus und plumpste ins Wasser. Newa hatte bereits zu ihrer Schleuder gegriffen und legte einen Stein ein. Sie war sich sicher, dass sie den Wolf treffen würde. Aber sie wusste auch, dass Wölfe meistens im Rudel jagen und selten ganz alleine sind. Die Situation war gefährlich. Sie schwang ihre Schleuder und wollte gerade den Stein abschießen, da sah sie von der

Seite einen großen Schatten auf sich zu kommen. Im nächsten Augenblick wurde sie von einem schweren Körper getroffen und fiel auf den Boden.

„Verdammt......," dachte sie. „Das war die Ablenkung... ich hätte das wissen müssen... die anderen Wölfe haben uns eingekreist... sie kommen von allen Seiten... verdammt." Sie versuchte an ihr Messer zu kommen und gleichzeitig mit dem anderen Arm ihren Hals vor einem Biss zu schützen. Da schlabberte eine nasse Zunge durch ihr Gesicht. Der Wolf wollte sie seltsamerweise nicht töten, sondern ihr Gesicht ablecken. Er wollte mit ihr spielen. Er war fast weiß und hatte einen schwarzen Fleck auf der Stirn.

„Schnee," rief sie und die Tränen schossen ihr aus den Augen. „Schnee, du bist wieder da ... ohh... wie schön... du hast mich ja reingelegt." Sie umarmte ihren Wolf und drückte ihn fest an sich. Da fiel ihr ein, dass da noch ein zweiter Wolf war. Sie sprang auf. Der andere Wolf hatte sich nicht gerührt. Aufmerksam beobachtete er die Kinder und Schnee. Aber er griff sie nicht an. Schnee stupste Newa und lief dann zu dem anderen Wolf. Auch diesen leckte er ab. Newa entspannte sich. Sie bückte sich auf den Boden, öffnete ganz langsam ihre Tasche und holte ein Fleischstückchen heraus. Ganz vorsichtig schob sie es dem fremden Wolf hinüber. Dabei beobachtete sie genau, was passierte.

„Bleib ganz ruhig Gala," flüsterte sie ihrer Freundin zu, die immer noch im Wasser saß, „und beweg dich nicht. Ich glaube Schnee hat jemanden mitgebracht." Als der andere Wolf begann langsam näher zu kommen, um das Fleisch zu fressen, konnte sie ihn genau anschauen. Der andere Wolf war deutlich kleiner als Schnee. Er war dunkelgrau, fast schwarz und hatte einen dicken Bauch. Newa stutzte. Er hatte sogar einen sehr dicken Bauch.

Auf einmal fing sie an zu lachen. Die ganze Anspannung der letzten Wochen löste sich und floss aus ihr heraus. Die Erleichterung kam so schnell über sie, dass sie nicht mehr aufhören konnte gleichzeitig zu lachen und zu weinen. Endlich begriff sie, was passiert war. Schnee war zurückgekommen und hatte seine Freundin mitgebracht. Auch sie würde demnächst Mitglied in einem neuen Rudel werden, nämlich in Newas Clan. Und sie würde im Frühling Babys bekommen.

Newa war endlich wieder glücklich.

ENDE